U0804540

中外故事书系 非物质文化遗产故事丛书

中国郡望故事

韦明铧 著

齐鲁书社

图书在版编目（CIP）数据

中国郡望故事 / 韦明铧著. -- 济南：齐鲁书社，2021.7
（中外故事书系. 非物质文化遗产故事丛书）
ISBN 978-7-5333-4481-8

Ⅰ. ①中… Ⅱ. ①韦… Ⅲ. ①姓氏－文化－中国－通俗读物 Ⅳ. ①K810.2-49
中国版本图书馆CIP数据核字(2021)第146154号

策划编辑　傅光中
责任编辑　李　珂　刘　强
封面设计　刘羽珂
版式设计　王其宝

中国郡望故事
ZHONGGUO JUNWANG GUSHI
韦明铧　著

主管单位　山东出版传媒股份有限公司
出版发行　齊魯書社
社　　址　济南市英雄山路189号
邮　　编　250002
网　　址　www.qlss.com.cn
电子邮箱　qilupress@126.com
营销中心　（0531）82098521　82098519　82098517
印　　刷　山东星海彩印有限公司
开　　本　710mm × 1000mm　1/16
印　　张　18
字　　数　260千
版　　次　2021年7月第1版
印　　次　2021年7月第1次印刷
标准书号　ISBN 978-7-5333-4481-8
定　　价　48.00元

序

小时候看见家里用的白油纸灯笼上，贴着三个扁扁的老宋体红字“京兆堂”，我当时完全不解其意，后来才渐渐明白，京兆堂是韦氏的郡望。郡望是谁都有的，无论富贵贫贱。鲁迅在《阿Q正传》中谈到阿Q的郡望时写道：“倘他姓赵，则据现在好称郡望的老例，可以照《郡名百家姓》上的注解，说是‘陇西天水人也’。”阿Q尚且有郡望，遑论他人。

郡望一词，由“郡”加上“望”构成。郡是行政建制，望是名门望族。郡望的意思，简而言之，就是指某个地方的大户人家。中国的每个姓氏，按理都有郡望。郡望，往往是姓氏的发祥之地或中兴之地，总之是对于本姓氏具有特殊意义的地方。一姓之人看到自己的郡望，便知道自己的祖先来自何方，从而不忘来处。

郡望概念的出现，约在魏晋间。那时的显贵家族，往往为天下所仰望，各自也以居住地相标榜，如太原王氏、范阳卢氏、荥阳郑氏等。郡望的出现具有满足家族利益诉求的作用，因而越是贵族越是愿意炫耀自己的郡望。在皇室的权威减弱之时，取而代之的是家族主义和地方主义，由此形成了士族门阀。而当皇权稳固之后，郡望便不再是家族的护身符，而是逐渐淡化为后人对祖先的遥远记忆并凝聚着相对安定时期的同姓家族。随着家族人员的四处播迁，郡望到后来只是辨识和维系共同姓氏的象征性纽带了。

郡是中国古代的行政区划，相当于现在的省、市或县。秦初置三十六郡，汉代增至四十六郡。隋朝废郡，以县隶州，唐朝又改州为郡。宋代以后郡的行政区划废除，但宋人仍以郡望标榜。例如刘攽的书名题作《彭城集》《中山诗话》，其实刘攽是江西新余人，彭城和中山只是古代刘氏的郡望罢了。

郡望时常指一郡之望族，这些人家常常聚族而居，门第高贵，家世显赫，冠盖连云。清人王士禛于《池北偶谈》云："唐人好称族望，如王则太原，郑则荥阳，李则陇西、赞皇，杜则京兆，梁则安定，张则河东、清河，崔则博陵之类，虽传志之文亦然。"不过，郡望只是一个约定俗成的名词，有些郡如延陵郡、江浙郡等，在历史上并不一定真的存在。如延陵郡是指古代延陵，江浙郡是指江浙地区，由此看来，郡望中的"郡"可能只是泛指某一地方。尽管郡是一个虚虚实实的地理概念，对古人却往往能够带来实际的利益。正如钱大昕《十驾斋养新录·郡望》所云："自魏晋以门第取士，单寒之家，屏弃不齿，而士大夫始以郡望自矜。"

与郡望相联系的堂号，是家族文化的重要组成部分。族人为了祭祀先祖，往往在宗祠或家庙的匾额上题写堂名，堂号由此而生。堂号是一个家族世系、族属、支派的徽记，是弘扬祖德、敦宗睦族的标志，也是寻根意识、祖先崇拜的依据。

在狭义上，堂号本是祠堂的名称。祠堂是国人供奉祖先神位和商议宗族事务的场所。堂号往往有深刻的含义，一是表明本世系的来历，二是彰显前人的德行，铭刻着鲜明的乡土观和荣誉感。古代中国人在族谱封面、客厅题名、店铺字号上，多写堂名，甚至在生活器具如升斗、包袱、钱袋、农具上，也书写某某堂记。有些少数民族因受汉文化影响，也有自己的堂号，如匈奴的呼延氏太原堂、回纥的爱氏西河堂、柔然的茹氏河内堂等。

堂号的得名，有源于血缘的，有源于地域的，有源于先世的嘉言懿行的，有源于祖宗的功业勋绩的，也有源于某种祥瑞吉兆的。我们看到王姓家族的墙上常嵌有“三槐堂”石碑，因为宋人王祐曾手植三槐于庭，认为子孙必有位居三公者，后来儿子果然位列宰相，王氏堂号“三槐堂”名称即来源于此。明人寸庆曾梦见一地山明水秀，池中荷花竞开，天上彩云飘逸，紫光照射在荷塘之上，以为吉兆，后来家族中果然人才辈出，寸氏便将“紫照堂”作为本族堂号。

堂号的名称都有典故或者出处，而且往往对后人有启发作用。如刘氏蒲编堂，因汉末刘备幼年丧父，贫苦无依，依靠编织草鞋为生，后人遂以蒲编为堂名，也含有告诫子孙艰苦创业之意。东汉杨震清廉自守，有人深夜求见，以黄金贿赂杨震，并称无人得知。杨震说此事“天知、神知、我知、你知”，怎能说无人知晓，故杨氏以“四知堂”为号。西晋孙康自幼好学，但家境贫寒，无钱买烛，冬夜利用白雪反光刻苦研读，终于官拜大夫，故孙氏有映雪堂，旨在激励子孙发奋读书。唐人崔颢游黄鹤楼，在楼上题诗，后来李白到此，见到崔颢的诗而不敢再题，故崔氏号称噤李堂。宋人范仲淹遣子至姑苏运麦，船至丹阳时，遇石曼卿无资葬亲，其子即以麦船相赠，此举深得范仲淹嘉许，故其后世以麦舟作为堂号。近代名人的居住地址也常称某某堂，如袁世凯居所称“树德堂袁”，黎元洪居所称“大德堂黎”，徐世昌居所称“宝墨堂徐”。这样做，一则赓续了家族的声望，二则隐含了个人的兴趣追求。

我们在探讨姓氏来源的时候，有一个奇怪的发现，就是绝大多数姓氏的起源都与黄帝或炎帝有关。哪怕是远离中原的那些少数民族，他们也往往自称是黄帝或炎帝的子孙，或者至少与汉族文化有某种渊源。例如拓跋氏，民族属鲜卑，相传他们也是黄帝的后裔。据说黄帝娶妻嫘祖，生子昌意，然后繁衍出拓跋氏。又如耶律氏，民族属契丹，他们在汉化后常用姓氏是刘和萧。据说辽朝统治者敬仰汉高祖刘邦和相国萧何，所以其皇族称刘氏，皇后称萧氏。这种现象，说明中华民族在文化上有逐渐趋同的倾向，一方面是主观上的努力，另一方面是客观的需要。

姓氏起源的趋同，并不掩盖族群与族群之间的差别。郡望和堂号都与门阀制度有关，与名门望族相对的是所谓“寒门”“庶族”。寒门庶族难得有出人头地的机会，纵能入仕，地位与豪族也无法相比。铨选官吏的九品中正制是根据门阀家世、才行品德进行推选的，但门阀士族垄断了荐举权，结果是只论门第、不论人品。衣冠子弟即便无才无德，也会优先入仕；寒门子弟纵然才德超群，也往往被列为下品。东汉民谣云：“举秀才，不知书。举孝廉，父别居。寒素清白浊如泥，高第良将怯如鸡。”“直如弦，死道边。曲如钩，反封侯。”这些民谣就是对门阀制度的辛辣讽刺。

等级观念的流风所及，使本来只是符号的姓氏有了贵贱之分。典型的例子是宋人编的《百家姓》，其中的前八姓是“赵钱孙李，周吴郑王”，第一姓赵是国姓，故居榜首；钱为吴越王之姓，其余六姓为皇后外戚之姓。甚至同一姓氏中，不同郡望、堂号也有了尊卑之别。为了维护这种尊卑等级，谱牒之学应运而生且盛行不衰。南宋郑樵《通志》云：“隋唐而上，官有簿状，家有谱系。官之选举必由于簿状，家之婚姻必由于谱系。”由姓氏而郡望而堂号而谱牒，形成了俨然有序而又纷繁复杂的中国姓氏文化。

郡望的实用价值，似乎已经成为历史。如今谈论郡望的故事，一是增加对于中国历史文化的了解，从而热爱祖国文化；二是可以为漂泊的游子们提供寻根问祖的基本线索。就这两点而言，郡望的价值就不可低估，其作用也永远不会过时。

韦明铧

2019年2月16日于扬州

目 录

一 清河张氏

“张家长，李家短。”这句谚语是说那些鸡毛蒜皮的邻里小事，不值得我们多费心。尽管我的太太也姓张，但我对张氏的来历很少关注。原因之一是张姓太常见，常见的东西往往被人忽视。民间有“张王李赵遍地流（刘）”之说，据统计，全世界姓张的人口可能超过一亿。还有人统计过，在司马迁的《史记》、班固的《汉书》里，张氏有传者有十人左右。而民间最为熟知的，应是八仙之一的张果老。

张姓的郡望，一般认为是位于河北的清河。清河张氏在隋唐时就是名门大族。关于张姓清河郡望形成的原因，学者倾向于张氏起源于清河。据唐人《元和姓纂》等记载，张氏是黄帝第五子青阳氏之后，职能和专长是制造弓箭。《新唐书·宰相世系表》记载：“黄帝子少昊青阳氏第五子挥为弓正，始制弓矢，子孙赐姓张氏。”意思是张氏源于黄帝，始祖的名字叫“挥”，“挥”发明了弓箭，子孙也得赐姓为“张”。“张”有开弓射箭之意。

张果老骑驴（《百仙图》）

张姓的郡望除了清河郡，还有范阳郡、太原郡、京兆郡、南阳郡、敦煌郡、安定郡、襄阳郡、洛阳郡、河东郡、始兴郡、冯翊郡、平原郡、河间郡、中山郡、武威郡、犍为郡、沛郡、河内郡、高平郡、上谷郡、汲郡、魏郡、吴郡、蜀郡、梁郡等。以上郡望的情况大致如下：

清河郡，汉时所置，治所在清阳（今河北清河东南）。其地包括今河北清河、枣强等部分地区，以及今山东临清、夏津、武城各一部分。

范阳郡，三国魏时改涿郡置范阳郡，治所在涿县（今河北涿州）。其地相当今河北内长城以东、永清以西，以及北京房山以南。

太原郡，战国秦时所置，治所在秦时晋阳（今山西太原南），包括今阳曲、交城、平遥、和顺间的晋中地区。

京兆郡，汉时置京兆尹，为三辅之一。三国魏时改称京兆郡。治所在长安（今陕西西安西北）。其地相当于今秦岭以北、西安以东、渭河以南一带。

南阳郡，秦时所置，治所在宛县（今河南南阳），包括今河南熊耳山以南、湖北大洪山以北一带。

敦煌郡，汉时所置，治所在敦煌，其地在今甘肃疏勒河以西、以南地区。

安定郡，西汉所置，治所在高平（今宁夏固原），相当于今甘肃景泰、靖远、会宁、平凉，宁夏中宁、中卫、同心、固原等地。东晋时移治安定即今甘肃泾川北。

襄阳郡，东汉所置，治所在襄阳，相当于今湖北襄阳、南漳、宜城、当阳等地。

洛阳郡，北朝东魏改河南尹置，治所在洛阳县（今河南洛阳东北）。汉时故城在今洛阳白马寺东洛水北岸，隋唐时故城在汉时故城之西。

河东郡，秦时所置，治所在安邑即今山西夏县西北，其地相当于今山西沁水以西、霍山以南。东晋移治蒲坂即今山西永济蒲州。

始兴郡，三国时所置，治所在曲江即今广东韶关南，其地在今广东连江、滃江流域以北。

冯翊郡，三国魏时置郡，治所在临晋即今陕西大荔，其地在今陕西韩城、黄龙以南，白水、蒲城以东，以及渭河以北。

平原郡，西汉所置郡，治所在平原即今山东平原南，包括今山东平原、禹城、齐河、临邑、商河、惠民、阳信等地。

河间郡，汉时所置，治所在乐城即今河北献县，其地在今河北献县、交河、东光、阜城、武强等地。

中山郡，汉时所置，治所在卢奴即今河北定县，相当于今河北狼牙山以南，保定、安国以西，唐县、新乐以东等地。

武威郡，汉时所置，治所在武威，相当于今甘肃黄河以西、武威以东。

犍为郡，西汉所置，治所在鳖邑即今贵州遵义西，相当于今四川简阳以南，贵州绥阳以西，岷江、大渡河和金沙江下游。

沛郡，西汉所置，治所在相县（今安徽濉溪西北），地在今安徽淮河以北、西淝河以东，以及河南夏邑、江苏沛县等地。

河内郡，楚汉时所置，治所在怀县即今河南武陟西南，相当于今河南黄河以北、京汉铁路以西一带。

高平郡，晋时所置，治所在今山东巨野南，相当于今山东金乡、巨野一带。

上谷郡，战国燕所置，秦代治所在沮阳（今河北怀来东南），地在今河北张家口、小五台山以东，北京延庆以西。

汲郡，晋时所置，治所在汲县（今河南汲县西南），包括今河南新乡、汲县、辉县、获嘉、修武等地。

魏郡，汉初所置，治所在邺县（今河北临漳西南），地在今河北大名、磁县、武安，河南滑县、浚县、内黄等地。

吴郡，楚汉时所置，治所在吴县（今江苏苏州），相当于今江苏、上海、浙江部分地区。

蜀郡，战国秦所置，治所在成都，相当于今四川松潘以南、洪雅以西、石棉以北、大渡河以东一带。

梁郡，汉时所置，治所在睢阳（今河南商丘南），相当于今河南商丘、虞城、民权和安徽砀山等地。

张氏除了郡望，还有堂号。张氏的堂号，有百忍堂、清河堂、金鉴堂、孝友堂、亲睦堂、冠英堂、燕贻堂、敦睦堂、宗岳堂、敬谊堂、源流堂等。其中，以百忍堂尤为著名。唐朝时候，有张公艺九世同堂，天下羡慕。高宗亲到张家，询问九世和睦相处的原因。张公艺拿起笔来，一连写了一百个“忍”字，呈给高宗。高宗看到一百个“忍”字，很是佩服，奖励张公艺一百尺绸缎。百事要忍，这是张氏九世和谐的根本原因，也成为百忍堂的来历。

清河张氏人才辈出，在全国是数得上的显赫望族。如十六国时的张幸，曾任东牟太守、青州刺史等，子孙几代都在朝中做官。又如唐代的张文瓘，曾任宰相，四个儿子都官居三品以上，更有张锡两次出任宰相，人称“一门三相”。

张三丰像（《百仙图》）

历史上张氏名人辈出，不但有张三丰那样的半人半仙式的人物，而且真实的名人也很多。

战国时政治家张仪，先后任秦相、魏相，首创连横外交策略。在被秦王封为相后，张仪游说各国，以横破纵，使各国纷纷由合纵抗秦变为连横亲秦。张仪因此被秦王封为武信君。

汉初谋略家张良，本是韩国公子。在韩为秦所灭后，张良发誓报仇，派人击始皇于博浪沙，失败后隐身下邳，而受太公兵法，后为刘邦第一谋士，被封为留侯。

西汉探险家张骞，凿通西域，开拓丝绸之路，曾出使乌孙，分遣副使至大宛、康居、大夏等国。自此西北诸国与汉交通，西域的葡萄、苜蓿和优良马种等进入中原内地。

东汉科学家张衡，于天文、地震机械等多有成就。相传张衡发明浑天仪、地动仪、指南车。国际天文学界特将月球上的一座环形山和小行星分别命名为“张衡环形山”“张衡小行星”。

道教创始人张道陵，亦称张天师，擅长符水咒法。从其学者须出五斗米，故其教派又被称为“五斗米教”。

医学家张仲景，被誉为医圣。他广泛收集医方撰成的巨著《伤寒杂病论》，记载了大量行之有效的中草药方剂。

蜀汉名将张飞，与刘备、关羽桃园结义，号称“万人敌”，获封西乡侯，谥号桓侯。

西晋文学家张华，搜艳猎奇，博闻强记，著有《博物志》。

南朝陈后主的妃子张丽华，以艳丽聪慧闻名，在陈亡时，与后主俱入井，后被奉为“芙蓉花神”。

唐代高僧张遂即僧一行，精通天文历法，是世界上第一位测量子午线的人。

名将张巡，安史之乱时死守睢阳，在内无粮草、外无援兵的情况下，力抗敌军十二万。

书法家张旭，有“草圣”之称。其草书与李白歌诗、裴旻剑舞，并称唐代“三绝”。相传，他往往大醉后一边呼喊狂走一边挥毫落笔，世称“张颠”。

北宋哲学家张载，理学创始人之一，程颢、程颐的表叔，与周敦颐、邵雍、程颐、程颢合称“北宋五子”。

画家张择端，所绘《清明上河图》本是进献给宋徽宗的贡品，画中描绘北宋都城市民的生活状况，是研究宋代城市经济与社会生活的形象资料。

明代政治家张居正，历史上著名内阁首辅之一，谥号文忠。

清代政治家张廷玉，在朝辅政五十年，主编《康熙字典》《雍正实录》《明史》《清会典》，死后配享太庙。

近代实业家张謇，先后参与创办复旦公学、南通博物馆、吴淞水产学校、军山气象台等。

在张姓名人中，最让人感佩的是留下“豺狼当道，安问狐狸”美谈的东汉广陵太守张纲。张纲是汉留侯张良的七世孙，也是蜀汉将军张翼的曾祖父。张纲一生的主要成就是弹劾权贵，收服盗寇，治理南州。《后汉书》记载，张纲年轻时通晓经学，虽然是官宦家庭的公子，却磨砺出布衣的节操，被举荐孝廉后他不赴命，后来被司徒任命为侍御史。当时顺帝纵容宦官，有识之士非常担心，张纲慨然感叹：“秽恶满朝，不能奋身出命扫国家之难，虽生吾不愿也。”

朝廷选派八位使者巡视各地民情，使者多是年高德劭的儒者和名士，有的担任过朝廷要职，只有张纲年纪最轻，官位最低。张纲离京出巡到近郊洛阳都亭时，将车轮卸掉，埋在地下，愤然宣称：“豺狼当道，安问狐狸！”意思是，真正的贪官就在京师，何必还要远求。从此以后，“张纲埋轮”的故事和“豺狼当道，安问狐狸”两句成了有名的典故。

“张纲埋轮”用来比喻不畏权贵，直言正谏，敢于弹劾当权者，出自《后汉书·张纲传》。南朝梁沈约《奏弹王源》云：“虽埋轮之志，无屈权右；而狐鼠微物，亦蠹大猷。”北魏杨炫之《洛阳伽蓝记》云：“牧民之官，浮虎慕其清尘；执法之吏，埋轮谢其梗直。”用的都是“张纲埋轮”的典故。

“豺狼当道，安问狐狸”的意思，是豺狼正在大路中央，为何去捕捉狐狸呢？比喻巨盗枭首在位，却只敢拿宵小之徒试刀。张纲所说的“豺狼”究竟指谁呢？是指东汉大将军梁冀家族。唐人李贺有《东洛梁家谣》长诗，描写梁家的奢靡和骄横，其中有两句是“绣段千寻贻皂隶，黄金百镒贶家臣”。梁氏一族本来也是忠孝传家，到汉顺帝时因梁家有两个女儿被选进宫，长女为皇后，次女为贵人，梁家就成了皇亲国戚。梁冀长得鸢肩豺目，沉湎于酗酒、赌钱、弹棋、六博、驾鹰、放狗、跑马、斗鸡等，无所事事。他还大肆屠戮仇家。张纲眼中的“豺狼”就是指梁冀一族。张纲埋车轮于洛阳都亭，慨然说“豺狼当道，安问狐狸”，就是决心扳倒梁冀。张纲列举了梁冀贪污受贿、陷害忠良等大罪，一时震动京师。顺帝派大臣巡视天下，本来也是想整顿纲纪的，但梁冀毕竟是皇亲，当时怎么能动他？直到后来，事情才有了转机。

延熹元年（158）发生日食，这种正常的天文现象，在当时被认为是上天对皇帝发出警告。太史令陈授解释说，之所以有这一次日食发生，是因为大将军梁冀作恶太多。梁冀得知此事，设法杀了陈授，此事使桓帝决心除掉梁冀。最终，桓帝借太监之手，除掉了奸臣梁冀，而且将梁家三族男女老少全都抓到闹市砍头。接着，桓帝又杀掉与梁冀亲善的大臣数十人，罢免梁家故吏、门人几百人，朝廷几乎为之一空。同时没收梁家财产，捣毁其宫苑园林。《资治通鉴》说，在梁冀被诛后，“官府市里鼎沸，数日乃定，百姓莫不称庆。收冀财货，县官斥卖，合三十余万万，以充王府用，减天下税租之半，散其苑囿，以业穷民”。这就是“豺狼”梁冀的下场。

“豺狼当道，安问狐狸”两句话的影响极大，台静农写过一副集句四言联：

且食蛤蜊，安问狐狸。

“且食蛤蜊”典出《南史·王弘传》。王融在酒席上与沈昭略谈话时，沈昭略说：“不知许事，且食蛤蜊。”意为不用说了。小说《孽海花》有“请君且食蛤蜊，今夕只谈风月”之句，也用此典。沈昭略在王僧佑家遇到王融，因不认识，就问主人这位是谁。王融对此大为不满，自吹说天下人谁不识自己。沈昭略却说：“我听都没听过，还是先吃蛤蜊吧！”

民国名士方地山对国家大势深感悲观，作对联贴在门上：“如此江山，多少豪杰？且食蛤蜊，莫问狐狸。”他感慨自己在乱世中无法报国，只得明哲保身，但求无过。

张纲做广陵太守，与梁冀有关。张纲向朝廷举报了梁冀。梁冀对张纲恨之入骨。这时正逢广陵张婴聚众作乱，梁冀就趁机举荐张纲为广陵太守，想借张婴之手杀掉张纲。原来，那时广陵郡有个叫张婴的人，聚集数万人在扬州和徐州之间反叛作乱，他们杀刺史，灭太守，已经有十多年之久，朝廷却一直不能降服他们。张纲与先前被派去任刺史的官员不同，他并没有带大量护兵去赴任，而是一个人单车赴职。一到广陵，他就带着州府从事直接赶到张婴的营垒门前。由于事出意料，张婴大惊，赶忙关闭营门。张纲把州府官员打发走，只留近侍十几人，在门前递入书信，请张婴出来相见。张婴见太守如此亲近，也被感动，就打开营垒大门，拜见张纲。张纲不摆官架子，他请张婴上座，慢慢劝导说：“以前的地方官，确实非常贪暴，这才使得你们相聚造反。但地方官固然有罪，你们这样做从道义上也讲不过去。当今皇上仁慈，只想用恩德降服乱民，所以派我到此地来，想以爵禄招安诸公，不想以刑杀相威胁。现在变祸为福、转危为安的机会来了，如果不抓住机会归顺朝廷，待天子震怒，附近三州大军一齐杀到，我想到那时诸位全军覆没，谁也跑不掉。要归顺还是要造反，请你们大家仔细想想。”张婴等人听了，不禁涕泪俱下，说：“我们这些草民，只是因为忍受不了地方官的逼迫，又不能向朝廷诉冤，才聚众闹事。就像鱼儿游在热锅内，我们也知道这样下去不是长久之计。现在明公的一席话，让我们看到生路了。”于是，张婴隔日带领部下连同家属一万多人，到张纲府前负荆请罪。张纲只身走进张婴带来的人马中，设置酒宴，与他们饮酒谈笑，好像对待朋友一般。

张纲在广陵还做了一件为后人所称颂的事——兴修水利工程。当时扬州东部一带连年干旱，颗粒无收，百姓苦不堪言。张纲轻车简从，亲临现场，勘察地形，测量水位，又组织数万民工筑坝拦水，围堤造田，开渠引水，灌溉农田，人皆称便。扬州人为了纪念他，把他修筑的水渠称为张纲沟或张公渠，把沟渠两岸形成的集镇称为张纲镇，还在镇上修了张纲庙、张纲桥。

张纲老街原以石头铺成，以桥为界，东头全是方石，西头全是条石。街上店铺林立，草行、木行、粮行等应有尽有。古镇倚河而建，一条鲜活的张纲沟为古镇带来生气。现在张纲庙没有了，但老街仍叫太守路。

民间流传着“张纲沟的驴子——两头赶”的歇后语，反映了张纲古镇商贸繁荣兴旺景象。张纲的驴子是运粮的主力，训练有素，它能自行往返于仙女庙与张纲镇之间，不需要主人跟随，人皆称奇。

民间还流传着“张纲沟的菩萨——烂脸”的歇后语，反映了张纲庙里张纲神像多次被修缮的史实。张纲庙的神像脸上贴有金箔，不久金箔被人刮去，修补之后又被破坏，屡坏屡修，故有此谚。

宋人杨万里有《过张王庙》诗云：

地迥人烟寂，山盘水势回。
怪松欹岸出，古庙背河开。
晚色催征棹，斜阳恋去桅。
丹徒谁道远，一眺正悠哉。

很多地方都有张王庙，但杨万里的《过张王庙》中有“丹徒谁道远，一眺正悠哉”之句，人们认为就是指江都张纲庙。“古庙背河开”的河，就是张纲为扬州人造福的张纲沟。

张纲在广陵郡守位上只待了一年，三十六岁就病逝了。扬州百姓老幼相扶，到张纲府邸吊唁，人多得无法计数。张婴等五百多人穿着丧服，为张纲操办丧事，背负泥土为他垒筑坟墓，直到安葬完毕才挥泪而去。

张姓名人中，还有一位以“孤篇盖全唐”的唐代诗人张若虚。张若虚生活于初唐，与贺知章、张旭、包融并称为“吴中四士”。他的诗仅存二首，收在《全唐诗》中，而以《春江花月夜》最为著名。《春江花月夜》沿用乐府旧题，抒写出真挚动人和富有哲理的人生况味。全诗澄澈空明，清丽自然：

春江潮水连海平，海上明月共潮生。
滟滟随波千万里，何处春江无月明。
江流宛转绕芳甸，月照花林皆似霰。
空里流霜不觉飞，汀上白沙看不见。
江天一色无纤尘，皎皎空中孤月轮。
江畔何人初见月？江月何年初照人？
人生代代无穷已，江月年年望相似。
不知江月待何人，但见长江送流水。
白云一片去悠悠，青枫浦上不胜愁。
谁家今夜扁舟子？何处相思明月楼？
可怜楼上月徘徊，应照离人妆镜台。
玉户帘中卷不去，捣衣砧上拂还来。
此时相望不相闻，愿逐月华流照君。
鸿雁长飞光不度，鱼龙潜跃水成文。
昨夜闲潭梦落花，可怜春半不还家。
江水流春去欲尽，江潭落月复西斜。
斜月沉沉藏海雾，碣石潇湘无限路。
不知乘月几人归，落月摇情满江树。

张若虚的这首《春江花月夜》，被清末学者王闿运誉为“孤篇横绝，竟为大家”，被闻一多赞为“这是诗中的诗，顶峰上的顶峰”。

除了才子张若虚，又有美人张丽华，史称绝色。宋代诗人苏轼有《虢国夫人夜游图》诗云：

人间俯仰成今古，吴公台下雷塘路。

当时亦笑张丽华，不知门外韩擒虎。

张丽华像（《百美图》）

张丽华是南朝陈后主陈叔宝的宠妃。在隋灭陈时，张丽华藏身于胭脂井中，被隋将韩擒虎俘获，随后被杀。《虢国夫人夜游图》是唐代流传下来的一幅名画，一说为张萱所绘，一说是出自周昉之手，先后被珍藏在南唐宫廷、晏殊府第。苏东坡在汴京任中书舍人时曾看到此图，作了这首七言古诗。诗人在观图之后，对历史上一些旧事产生了深沉的感慨。诗中说，历史上的隋炀帝杨广嘲笑过陈叔宝和张丽华一味享乐、不问国事，岂料韩擒虎已经带领隋兵迫近宫门，可是隋炀帝后来也步陈叔宝的后尘，落得类似下场。

张氏也真是富于传奇。我看过一册清代唱本，唱词以灶王爷的口气自白，头一句竟然是“说起灶王，叫个老张”。用民间的眼光看，天上人间没有什么不同，传说玉皇爷和阎王爷也都姓张。

在我熟悉的张姓人中，办事果断、处世圆融的不少，勤奋进取、孜孜以求的也有很多。有一位张天蓝，本是农村女子，但襄助丈夫在江河湖海行船数十年，风里浪里，毫无惧色，让人感到不可思议。还有一位张咏鹃，看上去似娇弱少女，独自来到城市创业，在商海里摸爬滚打，屡败屡战，绝无退缩心理。又有一位张闺芹，以小学教师的身份去考研究生，且热衷于《红楼梦》的研究。还有一位张锦媚，喜爱书画，朝夕挥毫，乐此不疲，令人感叹。在这些娇柔的女性身上，似乎有一种与她们的容貌身躯相反的能够与张飞相比的强大基因。

知名剪纸艺术家张慕莉是与本人交往最多的张姓名人。她出身于剪纸之家，上辈几代人都从事剪纸这一看起来很轻松的职业。但是她的成就超过了她的前辈。她出版《春华秋实——张慕莉剪纸艺术》的时候，我给她写了序。

说起来，我和张慕莉也是世交。她的父亲张永寿先生和我的父亲韦人先生都是扬州文艺界的知名人士，虽然一在工艺系统，一在文化系统，但交情颇深。1959 年底，扬州人民出版社出版了由郭沫若作诗、张永寿剪纸的名作《百花齐放剪纸》，我父亲很快得到此书，并向我们弟兄介绍了张老先生的艺术。从那时起，张永寿的名字就深深记在我的心间。数十年后，我在扬州冷摊上重新获见久违的初版《百花齐放剪纸》，毫不犹豫地将它买下。前些年，因为想研究一下近百年来扬州的文化世家，张氏剪纸世家也在我的研究视野之内，我便与慕莉有了更多的交往。慕莉告诉我，《百花齐放剪纸》并不是他父亲最早的书，更早的应是 1954 年江苏人民出版社出版的《张永寿剪纸集》。她还特地将这本书复制送我，让我对张氏剪纸有了更多的了解。另外，我的岳父张成镒先生是一位老派的中装裁缝师傅，他和张永寿先生也是老朋友。岳父对我多次谈过他印象中的张永寿。印象最深的一件事是，在抗美援朝时期，国内到处是反对战争、保卫和平的呼声，和平鸽成了广大市民喜爱的形象。有一天，张永寿先生挎着剪纸的篮子沿街叫卖，走到我岳父的裁缝店门前。我岳父递给他一支香烟，请他剪一只和平鸽。张永寿一支烟没吸完，一只生动玲珑的和平鸽就剪好了。岳父很高兴，就把它贴在裁缝店的玻璃窗上。

这些年来，张慕莉对于扬州剪纸在形式与内涵两方面锐意创新，取得了令人瞩目的成就。我惊讶地发现，她剪下的题材，不再是常见的折枝花朵，而是构图严谨、线条精美的国画。除了传统的花鸟艺术，她在人物、鞍马的塑造上也让人刮目相看。我认为她的《禅意》《古瓶》《百骏图》等系列作品体现的艺术造诣，已经超越了她的父亲。慕莉很随和，也很执着。她对于那些前来学习剪纸的小朋友和蔼可亲，对自己的要求却近乎严苛。因为几十年的坚守和行进，用心血与智慧浇灌剪纸这朵艺术奇葩，她终于成为一名杰出的剪纸艺术家。

在《三国演义》的人物中，给人印象最深的莫过于黑脸张飞——他不但忠，而且勇。刘备在长坂坡败退时，张飞仅率二十骑断后，曹军无人敢逼近，刘备因此幸免于难。“据水断桥”的成语由此而来。《三国志》的记载是：“飞据水断桥，瞋目横矛曰：‘身是张益德也，可来共决死！’敌皆无敢近者，故遂得免。”对于“据水断桥”的典故，有人认为是张飞依靠河水来冲毁桥梁，有人理解为张飞喝断长坂桥使河水倒流。究竟长坂桥是被喝断的还是冲毁的呢？我更希望它是被张飞喝断的。大丈夫身处困境，应该有据水断桥的气魄。

二 南阳仇氏

有些字作为姓氏时的读音，和平时的读音不一样。

例如“仇”字，不作姓氏的时候读音为“chóu”，作姓氏的时候读音为“Qiú”。印象中江苏如皋一带，姓仇的很多，那里的企业也有很多冠以姓氏，如仇氏酒业、仇氏农庄等。很多年前我在南京工作时，认识一位热情漂亮的女护士仇爱华，她就来自如皋。我在下关住院得到她的精心护理才提前痊愈。我因此对仇氏有好感。

仇氏的始祖仇牧，相传是宋国国君宋哀公的后裔、宋哀公第九子吾的长孙。《左传》记载，仇牧是春秋时宋泯公的大夫，后来南宫万要杀泯公，仇牧前往救主，可惜已迟，泯公已被南宫万杀死。仇牧在宫门口正遇南宫万，便手持长剑扑杀弑君的国贼，可惜寡不敌众，惨遭杀害。仇牧死后，他的儿子仇仲逃到宋国的附属国萧国，萧国国君留他当大夫。仇仲婉言谢绝，隐居林下，他的子孙后来都姓仇。姓仇的人都自认为源于河南南阳，然后逐渐繁衍于各地。仇牧可以说是忠义的楷模。据《元和姓纂》载，仇牧是在蒙泽即今河南商丘东北被杀的。因为望出南阳，故称南阳仇氏。

仇氏的由来，也有其他说法。有一种说法是仇氏出自九姓。夏时有诸侯九吾氏，商代称九侯。商朝末年，纣王诛杀九侯，其族人逃亡各地，为躲避厄运而将“九”字加上“人”旁，成为仇姓。也有仇氏之后改为裘氏、求氏的，所以九氏、仇氏、裘氏、求氏本是一家。

还有一说，仇氏出自侯姓。南北朝北魏时，有中山人侯洛齐，本是侯姓，后成为仇氏养子，故改仇姓。太武帝时他因平定凉州立功做了高官，渐成望族，成为中原仇姓一支。这支仇氏望族居平阳郡（今山西临汾西南）。

另有一说，仇氏出自后仇池政权。前秦灭亡后，苻坚的女婿杨定率部众返回陇右，自称龙骧将军、仇池公，后占领天水、陇城、翼城等地，自号陇西王。仇池政权后为北魏太武帝拓跋焘击破，部众取故政权名，称仇池氏，简称仇氏。

仇姓分布很广，人口亦众，主要集中于陕西、山东、河南、甘肃、四川、江西、浙江、江苏等地。

据古人所记，仇氏的郡望出南阳，即今河南南阳一带。南阳郡于秦代始置。汉承秦制，仍设南阳郡，治所仍在今河南南阳一带。

仇氏的堂号，有南阳堂、方正堂、德化堂等。南阳堂典出仇牧，仇氏宗祠的对联“系承仇牧，望出南阳”，就已隐含其堂号的由来。方正堂、德化堂两个堂号均源自东汉的仇览。仇览是汉桓帝时河南人，因有高德懿行，受到后世景仰。在仇览当蒲亭长的时候，其村中有个年轻人陈元，与母亲同住。有一天，陈母来见仇览，控告她的儿子陈元不孝。仇览惊讶地说：“我不久前经过你们家，看到陈元把房子整理得干净整齐，田地也能按时耕耘，想必他是个勤劳的人。我觉得他不会是恶人，一定是因为没有人教育他，他才不孝的。你辛苦抚养他，又常年守寡，现在你年老了，正要依靠儿子赡养，怎能为一时动气而置你儿子于不孝的境地呢？”陈母听了，感动得泪流满面。不久，仇览亲自到陈家，与其母子一起吃饭，告诉陈元如何行孝，说明不孝乃是过错，孝顺必有福报。陈元后来成为一个孝子。以是，朝廷征仇览做方正，这也是仇家的一段佳话。

各地仇氏的排行，用字多有不同。例如：

山东兖州仇氏的排行：“振林学科同衍尚，汉洪保士如天广。庭开兆恒唐争望，文武兴家邦更长。”

江苏连云港仇氏的排行："瑛尚廉玑，仁绪晋基。景云庚从，力如卫贤。仪来舜时，赋宪子美。"

湖北襄樊仇氏的排行："复立恒华达，兴德振国邦。汉锦传世远，荣昌兆吉祥。"

安徽繁昌仇氏的排行："正国德鸿士，为良孝敬先。家其传厚裕，治民达全贤。"

北京怀柔仇氏的排行："万国思永志，佐德可积世。"

广西灵山仇氏的排行："厚开基远，诗书继世。"

浙江杭州仇氏的排行："大兆士英范，庭钊正学昌。瑞朝登圣选，万世佐安邦。"

江西上高仇氏的排行："敏必通新，常守定乐。"

历史上仇氏名人不少。如：

东汉末年百济王仇台，因笃行仁信，人多归附。仇台居于东海之滨，以"百家济海"之故，建国百济，为百济国王。在他治理下，百济一度成为东方强国。

宋代才子仇博，聪颖博学，十三岁作《至乐堂记》，得到文豪苏轼的称赞。苏轼称他"后生可畏"。

元代文学家仇远，人称山村先生，工书法，曾任溧阳儒学教授。仇远生性雅澹，喜游历名山大川，每寄情于诗。其诗名与白珽并称于两浙，人称"仇白"。仇远著有《金渊集》。

明初武将仇成，早年投奔朱元璋，参与攻克采石、太平之战，又随大将徐达攻克溧水、溧阳。仇成每次作战都勇冠三军，因功劳显著，死后被追封为皖国公。

孝子仇养蒙，当饥荒之年，以粟奉亲，而与妻同食糟糠，年已八十，犹亲至父母墓前哭泣，状如孺子。

宿州吏目仇时济，五世同居，欢乐无间，曾与弟时茂作《仇家范》，以为家规。

清代名士仇兆鳌，以二十多年工夫著成《杜诗详注》，其网罗甚广，征引甚博，是杜诗注本中集大成者。

在仇氏名人中，影响最大的一文一武，都是明朝人。

文指仇英。凡是略懂书画的，不会不知道仇英。仇英字实父，号十洲，苏州人，与沈周、唐寅、文徵明并称“吴门四家”。他最喜欢画人物，尤工仕女。《红楼梦》中记载，贾探春房里挂着一幅米襄阳的《烟雨图》，秦可卿屋里挂着一幅唐伯虎的《海棠春睡图》，贾老太太屋里挂着一幅仇十洲的《双艳图》——仇十洲就是仇英。仇英出身寒门，幼年失学，曾做过漆工，通过勤奋努力而成为大家。仇英的画技，主要来自对宋画的临摹，自己也参以新意。其早期作品用笔细腻，刚中带柔；后期作品用笔刚直，自然流畅。仇英存世的画作，有《赤壁图》《剑阁图》《桃花源图》《汉宫春晓图》《桃园仙境图》《玉洞仙源图》《桃村草堂图》《松溪论画图》《仙山楼阁图》《莲溪渔隐图》《桐阴清话轴》《秋江待渡图》等。在香港拍卖会上，仇英的《文姬归汉图》成交价过亿港元。在北京拍卖会上，仇英的《浮峦暖翠图》以7280万元成交。在纽约拍卖会上，仇英的《西园雅集图》以9.5亿美元成交，刷新了仇英画作拍卖的世界纪录。

仕女图（仇英绘）

晚清以来，仇英之画作忽然走红。当时报刊多以表现女性与都市为时尚，所以仇英的《杨妃出浴图》风行一时。“出浴”一词隐含的对象，当然是女性。白居易《长恨歌》描写的“春寒赐浴华清池，温泉水滑洗凝脂”，成为历代画家跃跃欲试的题材。据说1910年1月《小说时报》刊登的仇英《杨妃出浴图》，是“出浴”这一画题进入上海时尚杂志的嚆矢。1911年的《国风报》刊有尧生的《仇英出浴图诗》曰：“春痕玉一池，照影避人窥。衣桁花前亮，香云露雪肌。翠涵湘女怨，红颜洛妃辞。小立羞明镜，芳情心自知。”诗虽无不雅，但是浮动着香艳气息。1913年汪石庵的《香艳集》内有樊增祥诗云：“解裙量度小腰围，犹著轻兜一色绯。记得华清池上见，一生心折画杨妃。”这些艳诗，都源自仇英的美人图。

武指仇维祯。明朝末年，社会动乱，但满朝文武罕有尽节者。仇维祯先后任户部、礼部、刑部、兵部尚书。因为他不屈于权奸魏忠贤一党，所以被派往蓟北驻守边疆。仇维祯带兵期间，天灾无收，民不聊生，军不足饷，仇维祯散尽财资，施舍粮米。李自成军攻占北京后，崇祯帝自缢，仇维祯闻讯即弃官携印回乡务农。顺治时，仇维祯年老病危，自知不久于人世，召集子孙立下遗嘱：“吾为官二十余年，资财散尽，囊空如洗，唯存圣书满箱。望尔等熟读圣书，忠义莫忘，此乃维祯一生之念。”又说：“一生愚忠，不事二朝。清人入关，我朝亡故，我仇氏子孙，忠义为先，打马回头，定不做满官。为告子孙后代，石马回头为鉴。”

“仇尚书打马回头”从此成为仇维祯家乡的美谈。淄川城东北有一个东官庄，原名东庄，因为仇维祯的缘故，人称东官庄。东官庄南面有石雕，其中两匹石马不是昂首向前，而是勒缰回首，这就是传说中的“仇尚书打马回头”。因为仇维祯遗嘱中有“仇氏子孙，忠义为先，打马回头，定不做满官”之语，故仇氏子孙立此石马，回头为鉴。仇维祯死后，经山东巡抚表奏，清顺治帝下旨谕葬，并御书碑文“赠资政大夫、南京户部尚书、北京兵部大司马仇公维祯之墓”。

姓仇的人数虽多，我周边姓仇的朋友却不多。现在和定居北京的仇爱华护士偶有联系，她的爽朗和细心都是令我难忘的。想不到病人与护士之间的感情，能够延续数十年之久。

三 博陵崔氏

博陵崔氏是汉唐时期的北方望族。看过《三国演义》的人可能记得博陵这个地名，博陵有个崔州平。刘备等人三顾茅庐时，偶遇博陵崔州平。司马徽向刘备举荐贤士，提到诸葛亮有四个密友，就是博陵崔州平、颍川石广元和徐元直、汝南孟公威。博陵之所以有名，当然并非只因崔州平，而是因博陵有一个历久不衰的名门望族——博陵崔氏。博陵崔氏自汉至宋，先后出了若干位宰相，至于将军、诗人更是不胜枚举。

崔氏源于姜姓，封地本是崔邑，故以邑为氏。崔氏的始祖应是崔季子。《新唐书·宰相世系表》载："齐丁公伋嫡子季子让国叔乙，采食于崔，遂为崔氏。"太公姜尚的儿子丁公伋，是西周时齐国第二代国君。他的嫡子名季子，本应按礼制继承君位，但季子让位于姜得，自己采食于封地崔邑。姜季子的后裔以先祖的封邑为姓氏，遂为崔氏。

崔姓世代在齐国担任重职，是当时的公卿世家之一。如季子八世孙崔杼是齐国权臣，独揽朝政大权多年。秦朝时崔意如被封为东莱侯。入汉后崔意如的长子崔业袭封爵位，定居于清河，其弟崔仲牟定居于博陵。两人的后代在汉魏隋唐间形成了强宗大族，史称清河崔氏和博陵崔氏。由于崔氏人口繁衍众多，又进一步分衍出郑州崔氏、鄢陵崔氏、南祖房崔氏、青州房崔氏、清河大房崔氏、清河小房崔氏、博陵安平房崔氏、博陵大房崔氏、博陵第二房崔氏、博陵第三房崔氏等分支。有人统计，在唐朝，博陵崔氏一共诞生了十多位宰相。

少数民族也有崔姓。据《新唐书》载，在唐朝的时候，朝鲜半岛新罗国有崔氏。据《清朝通志》载，蒙古族的崔珠克氏后来简化为汉姓崔氏。另外，京族、彝族、回族、土族等民族均有崔氏，多为唐、宋、元、明、清推行羁縻政策与改土归流时所改。崔姓在南北朝与隋唐时达到极盛，除了上述国内几省崔姓较多，海外则以朝鲜和越南为多。

崔氏最重要的郡望，是博陵和清河。

博陵，初为陵名，后成郡名，时在东汉。《后汉书·桓帝纪》载："葬孝崇皇后于博陵。"后来置博陵郡，治所在蠡吾（位于今河北）。汉桓帝时，博陵郡徙治安平（今河北安平）。汉献帝时废博陵郡，归安平县。西晋置博陵国，治所仍在安平。魏复博陵郡，隶于定州。隋废博陵郡，唐以博陵之名专属定州。博陵郡在历史上几经存废、迁移，所辖区域大体仍在今河北安平、博野、定州一带，故史书多称博陵崔氏为"博陵安平人"。现在安平境内，仍有许多崔氏族人的墓群。如安平县东黄城村有东汉崔寔墓，崔寔墓东有北魏崔敬邑墓，又有清人崔成轩墓等。东黄城墓群现为河北省级重点文物保护单位。

清河郡，西汉所置，因境内有清河而得名，治在清阳，辖境相当于今河北清河、枣强与山东临清、夏津、武城一带。

崔氏的堂号很多，各有含义。

噤李堂出自唐代崔颢的故事。"噤李"意为让李白不能开口吟诗。据记载，唐尚书员外郎崔颢游黄鹤楼，兴来题诗，文情俱佳。后来李白来游，见崔颢之诗，为之折服，只道是："眼前有景道不得，崔颢题诗在上头。"崔氏族人以此自豪，故以"噤李堂"为堂号。

三戟堂源自唐代"三戟崔家"的历史典故。唐人崔神基为宰相，五个儿子琳、珪、球、瑶、琨均做高官。崔琳为太子少保，崔珪官至太子詹事，崔球为郓州刺史，崔瑶官至光禄卿，崔琨为石州刺史。其中琳、珪、瑶兄弟三人居洛阳兴宁里，门前俱列戟，时称"三戟崔家"。今苏、鲁、豫、皖的崔姓，均号称博陵郡三戟堂。

三相堂缘于唐代崔氏三相出于一门。崔铉为唐武宗、宣宗时宰相，后封魏国公。崔铉的叔父崔元式亦是唐宣宗时宰相。崔铉之子崔沆为户部侍郎中书门下平章事，唐僖宗时为宰相。三相均出于崔氏一门，崔氏后人遂将堂号定为“三相堂”。

世德堂是博陵崔氏苏州阊门分支的堂号，取祖辈德行代代相承之意。元末义军风起云涌，虎墩崔氏始祖元三公参加义军，后为明宫廷羽林左卫军，在攻打庆阳时阵亡。

德聚堂是河北霸州崔氏堂名，为博陵郡大房分支。明永乐年间，崔敬先率家从山西兴县迁居霸州，是为博陵郡大房分支霸州崔氏始祖。这支崔氏在霸州繁衍生息，并移居天津、北京、上海、乌鲁木齐等地。在清代，霸州崔氏考中举人的有三十多人。

乐善堂是安徽凤阳怀远崔氏堂号，始祖为崔仲祥。据崔氏家谱载，崔仲祥之后在明朝官封左军都督佥事，在平息反叛中去世。宣德皇帝赐建忠义祠，赐号“乐善”。其后世以此为堂号。

铁岭堂是广州光塔路崔氏堂号。光塔崔氏始祖在清朝入主中原前居于辽宁铁岭，为汉军正白旗。康熙年间有福公奉调驻防广州，将其父灵骸与碑石都迁往广州。子孙不忘先祖原籍，故以铁岭堂为号。

各地崔氏还有不同的堂号，如山东德州崔氏德星堂、浙江兰溪崔氏余庆堂、安徽黄山仙源敦本堂、湖南宁乡博陵崔氏三戟堂、广东南海沙头崔氏永思堂等。

崔氏的排行，各地用字不同。如：

贵州、重庆、四川、广西、陕西、新疆崔氏用字：“启文万宣显，崇元广庆承。统正洪光照，道德永忠贞。”

安徽阜阳崔氏用字：“子富奇景玉，殿文镇国家。光裕业荣大，永昌万世华。”

江苏海安崔氏用字：“重大伯叔永，子朝道秉绍。克士之尔我，德隆昌宗广。”

河南修武崔氏用字："勋功万载垂，业绩百世名。朝泰安民乐，福德善兴隆。"

山东利津崔氏用字："化芳承传吉，世业永安长。"

上海崔氏用字："国正天星顺，官清民自安。"

崔氏的名人很多，如：

春秋时齐国大夫崔杼，又称崔子、崔武子，齐惠公时为正卿，以弱冠之年有宠于惠公，惠公死后被逐，出奔卫国。崔杼返齐国，曾率军伐郑、秦、鲁、莒等国，后为右相。

汉初隐士崔广，号夏黄公，与东园公、绮里季、角里先生同隐居商山（在今陕西商洛）。四人须眉皆白，故称"商山四皓"。

东汉文史学家崔骃，少与班固、傅毅齐名，曾为府掾，后改主簿。《文心雕龙》称："傅毅崔骃，光采比肩。"

汉代书法家崔瑗，善草书，师法杜度，时称"崔杜"，是汉代草书之集大成者。

崔浩像（《中国大百科全书》）

三国隐士崔州平，与诸葛亮等人常有来往。

曹魏大臣崔林，曾任御史中丞，后进封安阳乡侯，谥孝侯，其家族即属于清河崔氏。

北魏清官崔挺，曾任光州刺史，大行开化之风，累官本州大中正、北海王司马。为官清廉，有人曾赠以玉璧，被崔挺推却，曰："昔无杨震之金，今岂有崔挺之璧。"

北魏大臣崔浩，清河崔氏名流，在北魏统一北方过程中曾出谋划策，治政经商。后被拜为太常卿，封东郡公。

唐代诗人崔颢，早年多作闺情诗歌，晚期诗风慷慨。传说李白登黄鹤楼时，正欲题诗留念，忽见楼上崔颢《黄鹤楼》诗，遂掷笔作罢。

诗人崔护，也是博陵安平人，官至岭南节度使。其诗句《题都城南庄》中“人面桃花相映红”为千古传诵。

名臣崔玄暐，封博陵郡王。其弟官至尚书左丞，其子崔璩官至礼部侍郎，其孙崔涣官至御史大夫，其曾孙崔郢官至监察御史。后人称之为“五龙”。

崔宗之，历左司郎中、侍御史，谪官金陵，与贺知章、李适之、李琎、李白、苏晋、张旭、焦遂并称“饮中八仙”。

唐末名相崔胤，与朱温相勾结，先后四拜宰相，时号“崔四入”。宋人王禹偁《送赵令公西京留守》诗云：“永佐千年运，重颁九锡功。不同崔四入，正在乱离中。”

高丽文人崔致远，韩国历史上第一位留下个人文集的学者，被韩国学术界尊为“东国儒宗”，著有《桂苑笔耕集》。

南宋名臣崔与之，曾主管淮东安抚司公事，廉洁奉公，政声卓著，以观文殿大学士、提举洞霄宫致仕，所治儒家“菊坡学派”被认为是岭南第一个学术流派，有《崔清献公集》传世。

清代才子崔旭，曾任山西蒲县知县，后兼理大宁县事，政声卓著，深受乡民拥戴，著有《念堂诗话》《念堂诗草》《津门百咏》《津门杂记》等，与梅成栋、姚元之皆出自乾嘉诗人张问陶门下，合称“张门三才子”。

学者崔述，乾隆年间举人，曾任福建罗源、上杭知县，兴利除弊，为人称道。他考据群经注疏，辨别真伪，对近代史学界疑古风气有重要影响，著有《考信录》。

崔氏的宗祠，是崔氏家族祭祀祖先和先贤的场所，各地都有。宗祠的对联往往文义俱佳，突出了崔氏先人的德行。如：

“世推三虎；人羡五龙。”上联指唐代太子少保崔琳、太子詹事崔珪、光禄卿崔瑶三弟兄，因官阶都在三品以上，时号“三虎”，又称“三戟崔家”。下联指唐代博陵郡公崔玄玮与其弟，及子孙共五人均居高位，人称“五龙”。

“一门孝友；三礼义宗。”上联言唐朝崔邠，以耿直知名，三代同灶，和睦相处，被宣宗称为“一门孝友”，可为士族典范。下联言南朝崔灵恩，读遍“五经”，尤其精通《周礼》《仪礼》《礼记》，著有《周礼集注》《三礼义宗》等。

“五原贤守；四皓齐名。”上联谓东汉崔寔为五原太守。下联谓崔广为“商山四皓”之一。

“覆瓯待相；却璧鸣廉。”上联说唐人崔琳受玄宗器重，玄宗写下他的名字用金瓯覆盖。下联说北魏人崔挺，曾官光州刺史，为官廉洁，有人送他玉璧，他拒不收受。

崔莺莺像（《西厢记》）

“八行称于众口；三相出诸一门。”上联指宋人崔贡，端庄有学识，人尊为“八行先生”。下联指唐人魏国公崔铉，一门三相。

姓崔的名人，对于一般读者而言，《西厢记》里的崔莺莺也许最耳熟能详。在王实甫的《西厢记》里，崔莺莺是一位相国小姐，既有外在的稳重，又有内在的激情。家庭的礼法虽然严苛，并没有扼杀崔莺莺内心的青春觉醒。崔莺莺对张生一见倾心，月下隔墙吟诗，大胆吐露心声，深深陷入情网。她一方面想对张生以身相许，另一方面也未免犹豫不决，体现出她想爱不敢爱、不爱又不甘的两难心理。

并不是姓崔的女子都像莺莺那般情意绵绵。我在南京认识一个崔姓女子叫英子，质朴无文，粗鲁任性。她也敢于大胆示爱，但是绝少小鸟依人。她往往口无遮拦，一旦喜欢什么人也能不顾一切。她好像荒原上一朵带刺的野花，馥郁而娇艳，鲜艳而伤人。和同姓前辈崔莺莺小姐相比，她完全是属于另一种类型。我在扬州认识的另一个崔姓女子叫芸儿，别具一种风格，宛若行云，来去无踪。她对生活中的油盐柴米、衣食住行等家常琐事尤为上心，致力于各种“小妙招”“小秘方”“小窍门”的搜集整理。凡是感冒、牙疼、失眠之类的小病小痛，她有各种方法对付，并且立马见效。她也有情有义，但如同春风掠过园林一般，不留痕迹，与同姓前辈崔莺莺小姐相比，在一见钟情方面有几分相似。

我的岳母也姓崔，是名副其实的崔氏老夫人，长寿至九十多岁无疾而终。我由此觉得崔氏有长寿的基因。她出生于一个中医之家，本人并未学医，但懂得保健。她年轻的时候，有一回腹痛，父亲让她服食“白面”，大约就是鸦片之类，一剂而愈。她从此爱上此物。可是此物是禁物，平时无从得到。她就转而吸烟。岳母吸烟多年，一直延续到她晚年。她是九十多岁才去世的，也就是说，她大致吸了七八十年烟，然而绝无咳嗽哮喘一类的毛病。岳母一生大约生了十胎，存活七个，其中一女送给人家抚养。因为岳父靠裁缝为生，所以岳母的一生是很艰辛的。奇怪的是，她并无什么大病，所以我认为她的长寿得益于崔氏的基因。

四　彭城刘氏

我的外婆姓刘。外婆一生艰苦劳作，性格坚韧乐观，故得长寿，享年近九十。我们苏北有好多刘家庄。因为刘家庄太多，就称做大刘庄、小刘庄、前刘庄、后刘庄等。小时候听过一首民谣，现在还记得第一段歌词是："大刘庄，百十户，前面庄稼后面湖，我家就在湖边住。"那是很美的。

汉高祖刘邦"入关约法"（《百帝图》）

关于刘姓的来源，有三种说法。一说出自祁姓，为尧之后，因祁氏被封于刘国，子孙遂以国为姓。二说出自姬姓，为周之后，周成王封王季之子于刘邑，故后裔以邑为氏。三说出自他姓，系他族、他姓所改。例如汉代宗室女子远嫁匈奴单于为妻，按照匈奴习俗，子孙皆从母姓，故尽管是匈奴人，也姓刘。又如齐人娄敬曾向刘邦呈献入关中建都之策，刘邦称帝之后，赐其姓刘。

刘氏最早发源于刘国或刘

邑，地在河北境内，后向河南、江苏等地传播。刘邦建立汉朝后，子孙分布于全国。在汉末动乱之际，中原刘氏为避乱，不断往四方迁徙，向东南和西南繁衍。魏晋南北朝时，中原又经战乱，刘氏大举南迁，于是江南处处有刘氏的踪迹。唐宋之时，刘姓已经遍布全国。

汉高祖刘邦行赏图（刘俊绘）

刘邦建立了大汉王朝，刘氏在历史上也成为大姓。刘氏的郡望，主要有彭城郡、沛郡、京兆郡、南康郡、弘农郡、琅邪郡等。

彭城郡，原是西汉楚国之地，后改置为郡，治所在彭城（今江苏徐州）。隋初废郡，后又复置。唐时改为徐州，后又名彭城郡。彭城郡的辖地，包括今江苏徐州、铜山、沛县、邳县以及安徽、山东的一部分。刘邦祖籍丰县，起家于沛县，丰县和沛县后来都属彭城郡，故天下刘氏多以彭城为祖籍。

沛郡，亦称沛国郡，始建于汉，新莽时改为吾符郡，东汉时改为沛国。三国魏时移治沛县，南朝宋时移治萧县。早期沛郡所辖范围，包括今安徽淮河以北，以及河南夏邑、永城和江苏沛县、丰县等地。东汉后沛郡辖地大为缩小，郡治也屡有迁移。

京兆郡，始建于西汉，治所在长安（今陕西西安）。京兆刘氏兴起于隋唐时。

南康郡，始建于西晋，治所在雩都（今江西于都）。

弘农郡，始建于西汉，治所在弘农（今河南灵宝），新莽时改名右扶风，东汉复名弘农郡。

琅邪郡，始建于秦，治所在今山东胶南。西汉因之，移治东武（今山东诸城），辖地包括今山东半岛东南部及青岛等地。东汉改为琅邪国，移治开阳（今山东临沂）。

其他刘氏郡望，也多出刘汉之后。如：

南郡，始建于战国秦昭襄王时，治所在郢（今湖北荆州）。南郡刘氏为汉文帝之子代王刘参曾孙代王刘义的后裔。

长沙郡，始建于楚国，汉初改为长沙国，治所在临湘（今湖南长沙）。长沙刘氏为汉景帝之子长沙定王刘发的后裔。

南阳郡，为战国时秦始建，治所在宛（今河南南阳）。南阳刘氏为长沙刘氏的北派分支。

中山郡，始建于汉初，后改为中山国，治所在卢奴（今河北定州卢奴）。中山刘氏是中山靖王刘胜的后裔。

平原郡，始建于西汉，治所在今山东平原。平原刘氏支系众多，都出自汉朝皇族。

高密郡，初为封国，始建于西汉，由胶西国改置高密国，治所在今山东高密。高密刘氏是城阳王刘章的后裔。

东莱郡，始建于西汉，治所在掖县（今山东莱州），东汉时移治黄县（今山东龙口）。东莱刘氏是城阳王刘章的后裔。

东平郡，西汉时为东平国，治所在无盐（今山东东平）。东平刘氏出自汉皇族，支派不一。

临淮郡，始建于汉初，治所在徐县（今江苏泗洪）。临淮刘氏是东汉光武帝之子广陵思王刘荆的后裔。

东海郡，始建于汉初，由原郯郡改置，治所在郯县（今山东郯城）。东海刘氏是东汉光武帝长子东海恭王刘强的后裔。

河间郡，始建于西汉，后改为河间国，治所在乐成（今河北献县）。河间刘氏一支是西汉景帝之子河间献王刘德的后裔，一支是东汉章帝之子河间孝王刘开的后裔。

丹阳郡，始建于西汉，由原鄣郡改置，治所在宛陵（今安徽宣城）。

三国吴时移治今南京。丹阳刘氏是汉景帝之孙、江都王刘非之子丹阳侯刘敢的后裔。

广平郡，始建于西汉，由邯郸郡分置，治所在广平（今河北鸡泽）。广平刘氏是汉景帝之子赵王刘彭祖之后。

广陵郡，始建于西汉，治所在广陵（今江苏扬州）。广陵刘氏是汉武帝之子广陵厉王刘胥的后裔。

梁郡，本为梁国，始建于西汉，治所在今河南商丘。梁郡刘氏一支出自西汉文帝之子刘武，一支出自东汉明帝次子梁节王刘畅。

东莞郡，始建于东汉，治所在今山东沂水。东莞刘氏为西汉齐悼王刘肥的后裔。

庐陵郡，始建于东汉，治所在庐陵（今江西吉安）。庐陵刘氏是长沙王刘发的后裔。

高阳郡，始建于东汉，西晋设高阳国，治所在博陆（今河北蠡县）。高阳刘氏是淮阳宪王之子高阳侯刘并的后裔。

范阳郡，始建于三国魏，由原涿郡改置，治所在涿县（今河北涿州）。范阳刘氏是汉景帝之子长沙定王刘发的后裔。

竟陵郡，始建于晋，由江夏郡分置，治所在石城（今湖北钟祥）。竟陵刘氏是鲁恭王刘馀的后裔。

高平郡，系晋代改山阳郡所置，治所在昌邑（今山东巨野）。高平刘氏是汉景帝之子鲁恭王刘馀的后裔。

兰陵郡，始建于东晋，由东海郡分出，治所在丞县（今山东枣庄峄城）。兰陵刘氏是汉武帝之孙、广陵孝王之子兰陵侯刘宜的后裔。

刘氏历史名人极多，其中重要的如：

汉高祖刘邦，秦末起义后建汉称帝，迁都长安，史称西汉。

汉武帝刘彻，罢黜百家，独尊儒术，派张骞出使西域，任用卫青、霍去病大破匈奴，将汉朝推向全盛。

汉代经学家刘向，自幼聪明好学，偏爱天文经术，历仕宣帝、元帝、成帝三朝，长期从事经学研究和图书整理，著有《新序》《说苑》等。

汉代学者刘歆，刘向之子，子承父业，精通《诗》《书》，善写文章，才华出众。著有《七略》，为历史上第一部综合性图书分类编目著作。

汉光武帝刘秀，以恢复汉制为号召，联合贵族势力，打败赤眉军，建立东汉，定都洛阳。

三国时蜀汉建立者刘备，因得诸葛亮辅佐，联吴抗曹，建都成都，国号汉，与曹魏、孙吴呈鼎足之势。

魏晋名士刘伶，与阮籍、嵇康、山涛、向秀、王戎、阮咸并称为“竹林七贤”，纵酒避世，蔑视礼法，喜好老庄，追求自由。

南朝梁文学评论家刘勰，父母早亡，家境贫寒，拜僧佑为师，著有《文心雕龙》，在文学批评史上占有重要地位。

十六国时汉国建立者刘渊，匈奴人，西晋末年起兵反晋，称大单于，后改称汉王、汉帝，建都平阳。

刘采春图（《百美图》）

唐代史学家刘知几，一生从事史学研究，著述很多，以《史通》最具影响，是我国第一部比较全面系统的史学论著。

伶人刘采春，在扬州一带以唱“参军戏”闻名，曾到浙江演出，所唱歌词载入《全唐诗》。

诗人刘禹锡，曾在淮南节度使杜佑幕府中任记室，为杜佑所器重，后为监察御史，诗文俱佳，题材广泛，与柳宗元并称“刘柳”，与白居易合称“刘白”，与韦应物、白居易合称“三杰”，著有《陋室铭》《竹枝词》等。

理财家刘晏，八岁作《东封书》，为唐玄宗所赏识，成为朝廷秘书省年龄最小的儿官，从政多年，政绩显著，善于运用价格信息管理粮食市场和盐业市场，后因为人诬陷，蒙冤而死。

宋翰林学士刘敞，礼学专家，通晓礼制，著有《春秋权衡》。

文学家刘攽，刘敞之弟，博学多才，精通史学，协助司马光完成史学巨著《资治通鉴》。

词人刘克庄，号后村居士，官至工部尚书，文史、诗词都具时名，代表词作《贺新郎》。

明初政治家刘基，字伯温，辅佐朱元璋成就大业，任御史中丞兼太史公，后获封诚意伯。

明末哲学家刘宗周，官至南京左都御史，主张减轻人民负担以免人民沦为盗贼，南明灭亡时绝食而终。

清代学者刘献廷，别号广阳子，自幼苦读，通宵不睡，凡医学、礼乐、法律、农桑、财赋、军工、水利、方舆、音韵无所不通，著有《新韵谱》《广阳杂记》。

书法家刘墉，号石庵，官至体仁阁大学士，奉公守法，清正廉洁，书法造诣深厚，人称“浓墨宰相”，与王文治、梁同书、翁方纲齐名。

政治家刘铭传，喜爱天文、地理，又酷爱兵书，胸有大志，曾任督办台湾事务大臣，击退法国舰队，后任台湾巡抚，锐意改革，变法图强。

清末小说家刘鹗，字铁云，著有小说《老残游记》，在数学、医术、水利、金石、甲骨等方面均有造诣。

清代乾嘉学派中，吴派、皖派、扬派各领风骚，扬派中有宝应刘氏和仪征刘氏，人才辈出。西汉刘胥被封为广陵王，四个儿子均封为侯，子孙世居扬州。东汉时刘瑜在朝廷做官，晋代时刘颂任吏部尚书。扬州的刘氏，应该是汉时广陵王之后。今宝应刘氏和仪征刘氏两大家族，都是学术世家。

宝应刘台拱，字端临，六世祖刘永澄曾教授于东林书院，曾祖刘中从是康熙时举人。刘台拱为乾嘉学派中坚，治学极广，无所不涉，遗著有《论语骈枝》《经传小记》《国语补校》《淮南子补校》《方言补校》《汉学拾遗》《文集》等。其堂弟刘履恂、堂侄刘宝楠、刘宝树及后世子孙相继成为知名学者。

仪征刘文淇，字孟瞻，从舅氏凌曙精研古籍，贯串群经，与刘宝楠齐名，有“扬州二刘”之称，平生于《左氏传》用力最勤，惜草创四十年，长编虽具，未及写定遽尔离世，仅成《左传旧疏考正》八卷。其子刘毓崧、孙刘寿曾继之，三代共治，百年而成。

刘文淇的子孙多为学者，如刘毓崧、刘师培均为学问大家。尤其是刘师培，字申叔，著述甚多，《中国历史教科书》等受一时好评。但刘师培也是一个谜。刘师培夫妇曾经主张“破坏一切固有之社会，颠覆现今一切之政府，抵抗一切之强权，实现全人类的完全平等”，这种激进的思想在当时革命党人中是独树一帜的。刘师培以政治思想上的“善变”而著称。他最先提出“教育报国”，进而倡导“民主共和”，进而信仰“社会主义”，进而鼓吹“无政府革命”，进而表示“效力朝廷”，进而主张“恢复帝制”，善变得让人瞠目。

刘海戏金蟾图（刘俊绘）

在民间，有一位刘海很出名，《刘海戏金蟾》的戏曲流传极广。

我的朋友中姓刘的不少。有一位曾是军人，名叫刘苓，以女儿之身，入行伍之列，身着戎装，俨然巾帼，自有一种妩媚之气。有一位曾是司机，名叫刘熔，生性热心，助人为乐，曾经赡养一个素不相识的孤寡老人，直至为他送终，也是难得的好人。

五 太原王氏

在中国，大概每个村庄，每条街道，每家单位，都有姓王的。王氏是最常见的大姓之一。研究政治的人无不知道王安石，爱好艺术的人无不知道王羲之，喜欢历史的人无不知道王昭君。我去年到山西晋祠看到王子乔的祠堂时，才知道他不是神仙，而是王氏的祖先。

王子乔成仙（《百仙图》）

关于王氏的起源有几种说法：

一说源出姬姓。周灵王的儿子，人称太子晋，因为喜欢直谏，被废为平民。但他的儿子仍在朝中担任司徒，因为他是王族的后代，世人便称其为“王家”。这支族人遂以王为氏。

一说源出子姓。商朝末年，纣王无道，比干犯颜强谏，反遭杀害。他的子孙因为比干原是王子，就以王为氏。

一说源出妫姓。虞舜属于妫姓，虞舜的后代被周封于陈地，后在齐国任官，改姓田氏。秦灭齐后，田姓改为王氏。

一说出自少数民族改姓。汉代的匈奴人、北朝时代的高丽人、隋唐时代的月氏人、金代的女真人、宋代的西夏人、元代的蒙古人、清代的满洲人，都曾同化为汉族的王氏。

先秦至汉晋时期，王氏一直以华北为主要聚居地，隋代逐渐向各地迁播。五代十国时王氏在福建建立闽政权，史称开闽王氏。明永乐年间，王氏开始进入台湾。在全国，长江以北的王氏比长江以南的王氏更多。在北方，又以太行山为界，东部的王氏比西部的王氏更多。

王氏的郡望，主要有太原郡、琅邪郡、北海郡、东海郡等。

太原郡，战国时秦国所置，治所在晋阳（今山西太原），辖地包括今山西五台山一带。

琅邪郡，春秋时齐国有琅邪邑，在今山东胶州南琅邪台。秦朝统一后，设琅邪郡，附琅邪县，治所均在琅邪（今山东夏河），辖地主要是今山东半岛东南。西汉时增设琅邪国，东汉时期移置琅邪国于开阳（今山东临沂）。晋时改置琅邪省。隋时复置琅邪县。唐朝屡有变动，后在沂州置琅邪郡。另江苏南京亦有琅邪郡。

北海郡，汉时所置，治所在营陵县（今山东昌乐），辖地在今山东潍坊一带。

东海郡，秦时置郯郡，后改为东海郡。历史上东海郡有三：一在今山东郯城，属徐州刺史部，辖地在今山东郯城一带。二在今江苏常熟，后移治京口（今江苏镇江），辖地在今山东、江苏交界一带。三在今江苏连云港海州，辖地为今江苏东海以东、淮水以北一带。

高平郡，史上有二，一为晋朝将原山阳郡改为高平郡，治所在昌邑（今山东巨野）。一为北魏时置，属原州，治所在高平县（今宁夏固原）。北周改为平高郡。

京兆郡，本为京兆尹，治于长安（今陕西西安）。

天水郡，西汉所置，治所在平襄（今甘肃通渭），辖地在今甘肃通渭、秦安、定西、清水一带。东汉改为汉阳郡。三国时曹魏仍改为天水郡。

西晋时移治到上邽（今甘肃天水）。北魏时仍改为天水郡。

东平郡，西汉时为东平国，治所在无盐。南朝宋置东平郡，北齐废。隋唐曾改郓州为东平郡。

新蔡郡，原为周朝吕国地域（今河南新蔡一带）。春秋时从上蔡迁至下蔡，故名新蔡。汉置新蔡县。晋置新蔡郡。隋朝时改名为蔡州。

新野郡，汉时置新野县。西晋末置新野郡，治所在今河南新野。

山阳郡，一为汉代所置，在今山东独山湖一带。一为东晋时置，在今江苏淮安一带。

中山郡，汉时所置，在今河北定州。

陈留郡，秦时置陈留县，汉改置陈留郡，治所在陈留（今河南开封）。隋开皇初废，唐天宝初改汴州复置。

章武郡，西汉置县，西晋至隋初置郡，治所在平舒（今河北大城）。

东莱郡，始建于西汉，治所在掖县（今山东莱州）。东汉时移治黄县（今山东龙口）。晋时改为东莱国。南北朝分为东莱、长广两郡。隋唐时为莱州。

河东郡，历代治所多变，大致都在山西境内，如夏县、蒲坂、永济、太原。

金城郡，西汉所置，辖地在今甘肃兰州西、青海湖东，治所在允吾（今青海民和）。隋唐时曾改兰州为金城郡。

海汉郡，即居延海。汉时称居延泽，魏晋称西海，唐以后称居延海。其地在今内蒙古额济纳旗北境。

长沙郡，战国时楚国建郡，秦国承之，治所在临湘（今湖南长沙）。西汉改为长沙国并筑城，东汉仍改为郡。隋初废黜，又改潭州为长沙郡，治所在临湘（今湖南长沙）。

堂邑郡，春秋时称堂邑，晋代置郡，治所在堂邑（今江苏六合）。

河南郡，秦时名三川郡，西汉改为河南郡，治所在雒阳（今河南洛阳）。隋初废黜，后改豫州为河南郡。唐朝改为洛州。

王氏的堂号，有太原堂、三槐堂、槐南堂、渭北堂、半仙堂、六和堂、玉冰堂、三白堂、大本堂、五教堂、仁安堂、正义堂、世贤堂、世德堂、四合堂、四柏堂、永承堂、永思堂、存友堂、仰德堂、亦文堂、交德堂、孝友堂、孝睦堂、两仪堂、利文堂、尚德堂、思孝堂、叙伦堂、冠南堂、素风堂、恩义堂、务本堂、梓荫堂、崇本堂、崇孝堂、崇德堂、惇叙堂、植本堂、植槐堂、敦本堂、敦厚堂、敦伦堂、敦睦堂、敦义堂、槐荫堂、槐德堂、爱敬堂、源远堂、嘉会堂、辅德堂、余德堂、余庆堂、燕翼堂、燕誉堂、树德堂、兴仁堂、笃行堂、笃伦堂、笃亲堂等。

王氏宗祠的对联，富于文学色彩和历史意蕴。如写王维、王曾的“辋川书画；沂国方严”；写王昭君、西王母的“明妃青冢；金母瑶池”；写王守仁、王羲之的“阳明学术；逸少风流”等联。在扬州，因为唐人王播有碧纱笼典故，韩琦有金带围典故，所以流行“碧纱笼护诗人草；金带围开宰相花”的对联。

王氏的排行用字，各有不同。如：

山东峄城王氏：“道统广运，纯正自励。粹豫巽丰，百儒伟昌。”

安徽铜陵王氏：“远播芳名，从古相传。”

湖北汉川王氏：“松有本新，玉发奇光。培以英哲，锡尔嘉祥。学士叶广，贤臣名扬。崇道必显，敦善启昌。”

湖南浏阳王氏：“裔荣笃本，先德显扬。绍修世泽，远继廷芳。”

江苏润州王氏：“洪勋振立，世德克昌。绍承先志，永锡嘉祥。”

江西吉安王氏：“均旭源之，登尚曰一。启楚开德，百世应宗。传远先泽，文润家声。”

山西太原王氏：“有章汝焕，式德聊昌。修礼立义，守本安常。兴家成业，锡庆致祥。功昭道显，声远名扬。”

王氏名人，灿若群星。如：

东周纵横家王诩，又名鬼谷子，据说他通天彻地，智慧卓绝，人不能及。

西汉宫女王昭君，曾出塞和亲，与貂蝉、西施、杨玉环并称古代四大美女。

王莽，西汉末年，皇权旁落，王莽乘机窃取大权，建立新朝。

东汉末年文学家王粲，少有才名，后附于曹操，为“建安七子”之一。

东晋政治家王导，擅长书法，以行草最佳，为东晋名臣。

书法家王羲之，有“书圣”之称，代表作《兰亭序》被誉为天下第一行书。

“初唐四杰”之一王勃，幼被称为神童，擅长五律和五绝，代表作有《滕王阁序》。

诗人王维，精通诗、书、画，以诗名盛于世，多咏山水田园，与孟浩然合称“王孟”。

边塞诗人王昌龄，早年贫苦，后自立自强，以七绝见长，尤以边塞诗最著名。

宋代政治家王安石，曾经拜相，主持变法，名列“唐宋八大家”。

南宋学者王应麟，为人正直敢言，后辞官回乡，所作《三字经》流传甚广。

元代戏曲名家王实甫，杂剧《西厢记》作者，与关汉卿齐名。

元代画家王蒙，作品以繁密见胜，重峦叠嶂，长松茂树，气势充沛，变化多端，与黄公望、吴镇、倪瓒合称“元四家”。

明代哲学家王守仁，因曾

王羲之玩鹅图（马远绘）

筑室于会稽山阳明洞，世称阳明先生，精通儒、道、佛学。

清代诗人王士禛，诗论创“神韵说”，影响深远，与朱彝尊并称“南朱北王”。

国学大师王国维，晚号观堂，将西方哲学、美学与中国古典哲学、美学相融合，为新史学开山鼻祖。

在王氏名人中，我对王氏始祖王子晋的故事特别感兴趣。王子晋本名姬晋，字子乔，人称王子乔。他为什么会是王氏的始祖呢？原来周灵王虽是天子，却徒有其表，他的太子晋，倒是聪明而有胆识。太子晋十二三岁时，天降大雨，洪水漫堤，快要冲毁王宫。灵王急忙命人堵水，王子晋却在父王面前大讲堵和疏的道理。他的意见虽然没有得到采纳，他的名声却很快传到各诸侯国那里。霸主晋平公听了，既钦佩又担心，因为晋平公强占了周朝的两处田地，生怕将来太子晋继承王位后，要跟自己算账。晋平公派人赴周，想打听王子晋的情况。使臣回来说王子晋聪明。晋平公于是再派乐官师旷去打探。师旷见了太子晋，两人无所不谈。太子有问必答，口若悬河，见识确实高卓，学问渊博。接着，师旷鼓瑟，唱了一曲《无射》。太子晋也鼓瑟，唱了一曲《峤》。师旷回到晋国，对晋平公说，太子晋果然聪慧，但是他的声音中带点痰喘，应是痨病，三年后就会死。果然，不到三年，太子晋去世的消息传到了晋国。

其实太子晋并没有死，而是成了仙。王子晋喜欢音乐，擅长吹笙，吹出的声音像凤凰鸣叫。他到伊水、洛水漫游的时候，道人浮丘公见他有仙风道骨，就带他到嵩山修炼，一住就是三十年。有一次，王子晋在山上遇见老友桓良，请他带信回去，说七月七日这天让家人等在缑氏山下等他，他要和他们告别。到了那天，周灵王一家等候在山脚下，只见王子晋跨乘白鹤，降落在缑氏山顶，拱手向家人告别。几日后，王子晋飘飘然消失在白云蓝天之上，成了“神仙”。

相传王子晋的墓在长安城外的茂陵，被人盗挖过，墓中却一无所有，只见一把宝剑悬在半空。盗墓贼想盗取宝剑，忽听宝剑发出龙吟虎啸的声音，然后闪着寒光飞上了天。

还有一位以“昼了公事，夜接词人”闻名的清代诗人王士禛。王士禛是山东新城人，清初诗坛领袖，初任扬州推官，后为部曹，转至翰林，任国史副总裁、刑部尚书。他工诗词，论诗创“神韵说”，未仕时赋《秋柳》诗，崭露头角，官扬州五年，得江山之助，诗名大起。其诗作甚丰，著有《居易录》《池北偶谈》《带经堂集》《渔洋山人精华录》等。王士禛的名字因为其中的“禛”字犯雍正皇帝名讳从而改名王士正。乾隆皇帝赐其名士祯，但后人都是王士禛、王士祯并用。

王士禛出生于官宦家庭，祖父王象晋是明朝布政使。顺治年间，王士禛任扬州府推官，从此开始了他“昼了公事，夜接词人”的风雅生涯。王士禛担任的是推官，留下的是文名。他做扬州府推官的时候才二十六岁，正是年轻得志之时。王士禛在扬州五年，除了做他的推官，最有影响的事情是红桥修禊。红桥横跨在瘦西湖上，王士禛有《红桥游记》记其冶游之乐。其《浣溪沙》三首云：

北郭清溪一带流。红桥风物眼中秋。绿杨城郭是扬州。

西望雷塘何处是，香魂零落使人愁。淡烟芳草旧迷楼。

白鸟朱荷引画桡。垂杨影里见红桥。欲寻往事已魂消。

遥指平山山外路，断鸿无数水迢迢。新愁分付广

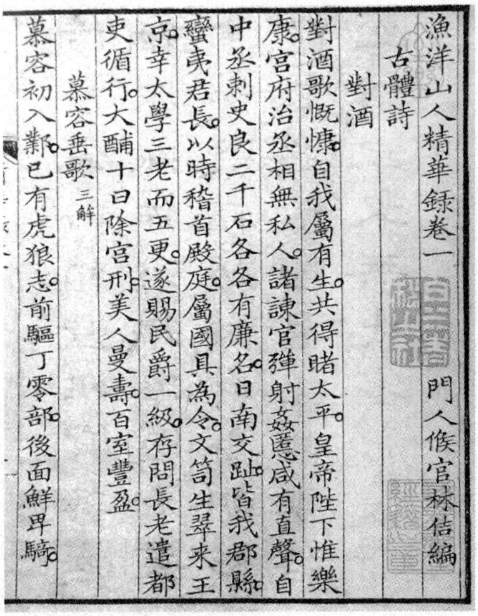
漁洋山人精華録卷一　門人侯官林佶編
古體詩
對酒
對酒歌慨慷自我屬有生共得睹太平皇帝陛下惟樂康宫府治丞相無私人諸諫官彈射姦慝咸有直聲自中丞刺史良二千石各各有廉名日南交趾皆我郡縣蠻夷君長以時稽首殿庭屬國具為令文笥生翠來王京幸太學三老而五更遂賜民爵一級存問長老遣都吏循行大酺十日除宫刑美人曼壽百室豐盈
慕容垂歌 三解
慕容初入鄴已有虎狼志前驅丁零部後面鮮卑騎

王士禛《渔洋山人精华录》（康熙版）

陵潮。

绿树横塘第几家。曲栏杆外卓金车。渠侬独浣越溪纱。
浦口雨来虹断续，桥边人醉月横斜。棹歌声里采菱花。

美国博士梅尔清曾经和我谈到扬州的红桥。这位对扬州文化充满兴趣的金发女郎，引用清代一位到过扬州的文人的话说："山川得名，多因人杰。"明显的例子，是黄州赤壁。东坡没去之前，赤壁只是一片顽石；既有东坡之后，赤壁赫然成为名山。扬州的红桥也是如此。桥的名声往往并非因为它本身的景致，而是因为它蕴含的人文内容。许多桥在建筑上并无特别之处，却享有文化上的盛名。如果说圯桥是因为孺子可教，断桥是因为人蛇之爱，灞桥是因为折柳离别，枫桥是因为渔火钟声，红桥则因为王渔洋的诗人雅集。乾隆年间进士张九镡《晚秋广陵泛舟》吟道：

红桥修禊冶春诗，载酒江湖似牧之。
谁信一官烟月地，欧苏鼎立见丛祠。

诗中所说的红桥，原是建于明代的一座红栏木桥，清代改为拱形石桥，又名虹桥。虽然《扬州梦香词》说"扬州好，第一是红桥"，但红桥其实只是一座普通的桥。它的盛名来自诗人的雅集。这种雅集有一个别致的名字，叫做"修禊"。修禊本是古人春日在水边沐浴除垢的风俗。诗人把饮酒赋诗称为修禊，原是一种借指。自从有了"兰亭修禊"和"红桥修禊"之后，修禊便总与诗人有关了。

王士禛论诗，以神韵为宗，追求清幽、淡雅、风韵、含蓄。他的诗与其说是描写客观世界，不如说是抒发主观感受。就是这样一位诗人，在扬州做官期间，却以"昼了公事，夜接词人"闻名，每天与名士相游，几乎一日不空。自欧阳修、苏轼之后，扬州人对这类文章太守尤为推崇，所以把他和欧阳修、苏轼并列，建了一座三贤祠以资纪念。

还有一位王石，我和他有数面之缘。他是个自信的人，当然我也很自信。他在扬州城东建立了一个赛艇基地。有一次开大会，我在主席台上见他坐在台下，就对着他说："王石先生，您决定在扬州开展赛艇运动，可惜您没有找过我。您知道扬州和赛艇有历史渊源吗？您如果不知道的话，我现在可以说给您听。"台下所有的听众都十分惊讶，王石也颇为意外。我却在台上气定神闲，口若悬河，把扬州从春秋战舰、汉唐漕船、明清画舫的演变历程，要而不繁地说了一通，台下掌声如潮，经久不息。

人生苦短。我有个姓王的学生，名叫王自立。有一天早上，一位朋友打来电话，说王自立死了。我听到这一消息，犹如晴天霹雳，难道有这种事情发生吗？犹豫片刻，终于拨通他的手机，电话那端传来的不是手机主人的声音，证实王自立昨晚死了。当我冒着瓢泼大雨前往联谊花园吊唁的时候，楼下已经放满花圈。生命就是如此脆弱！就在一个星期前，我和他还一起去仪征考察盐商的遗迹。当时他和我都穿了一件红色的上衣，彼此打趣，笑声不断。就在十天前，他还再三问我，为建城两千五百年所写的那套丛书插图怎么处理。在那套丛书里，我写的是《扬州戏曲史话》，他写的是《扬州盐业史话》。就在半个月前，我还和他说，我们合作的《比照扬州系列》将要再碰一次头，研究一下新选题。这个系列是我和王自立、朱韫慧两个弟子共同策划的。就在一个月前，他兴奋地告诉我，他对词人丁宁的研究又有了新发现。这些年来，他对刘细君、王微、丁宁等历史人物倾注了大量心血。而现在，他竟然走了！他还有许多事情没有做完，他怎么能够走呢？一天下午，王自立的女儿婧馨来电，恳请我为她的爸爸作墓志铭。我虽不忍下笔，却也难以推托，于是有了下面这篇《王君自立墓志铭》：

王将军（《返性图》）

王君自立，扬州人，一九六五年九月九日生，毕业于盐城师专。一生从事教育、创作与文化研究。教育则循循善诱，创作则孜孜不倦，研究则井井有条，做人则谦谦君子。对扬州文化研究用力最勤，于明代才女王微、现代词人丁宁之研讨独领风骚，举世无双。二零一一年七月十四日不幸病逝，年仅四十六岁。壮志未酬，天妒英才，夫复何言！余挽之曰：自有宏文遗后世；立于青史效先贤。韦明铧二零一一年七月十五日谨撰。

这也是我第一次写墓志铭，而且是为我的学生写墓志铭。

王姓太常见，以至于民间流传的王将军，都不知道是谁。

我的王姓朋友不多。前些年我北上考察京杭大运河，在山东微山湖邂逅一位王氏女，高挑精干，对微山湖的人文故事知道得很多，与我谈得推心置腹，细致入微，我却始终不知道她的芳名。最近因为修撰东关街志书，与王卉间有合作，她知书识礼，温文尔雅，帮我把大量的古诗转化为电子文档，我很感谢她。

六 江夏孟氏

在我的老家，孟义昌是一个有名的家族，钱多，人多，房子多。孟氏的名声很大，多半因为孟子的缘故。我感到很遗憾的一件事情，是第一次经过山东邹城时，没有进孟子的庙去看看，后来终于又一回经过邹城，才得以下车，匆匆瞻仰了孟子的遗迹。

孟氏的宗祠各地都有，最有名的当数孟庙，又称亚圣庙，位于山东邹城，是祭祀孟子的庙宇。北宋景祐年间，孔子裔孙于邹城郊外访得孟子墓，于是建孟子庙，后迁至县城东郭，又迁到现址，经历代重修扩建，至清康熙年间形成现在的规模。孟庙呈长方形，以亚圣殿为中心，前后五进院落。前三进有棂星门、亚圣庙坊、泰山气象门等。自第三进起，分为左、中、右三路布局，中为承圣门，东为启贤门，西为致敬门。亚圣殿是孟庙的主体建筑，大殿七楹，四周石柱，殿内供奉孟子像。孟府亦称亚圣府，原是孟子嫡裔生活的地方。现在孟庙和孟府都是全国重点文物保护单位。

孟子碑刻像（《历代名人绣像选》）

孟氏的郡望，主要有七，即江夏郡、洛阳郡、东海郡、巨鹿郡，以及平陆县、武康县、安平县等。

江夏郡，西汉所置，治所在安陆（今湖北云梦），辖地在今湖北安陆、钟祥、潜江，及河南光山、新县、信阳一带。三国时，曹魏、孙吴各置江夏郡。

洛阳郡，指以河南洛阳为中心的河洛地区，史亦称河南。周时营建雒邑，为西周的东都，直属于周天子，东周时为首都。

东海郡，亦称郯郡、海州。东海郡在历史上有三处，一在郯邑，今山东郯城；二在海虞，今江苏常熟；三在海州，今江苏连云港。

巨鹿郡，亦写作钜鹿郡，秦时所置，治所在巨鹿（今河北平乡一带）。

孟氏的堂号有平陆堂、亚圣堂、三迁堂等。最著名的是三迁堂。相传孟子幼时家靠墓田很近，孟子耳濡目染，就效仿殡葬、哭丧之事。孟母为了更好地教育儿子，就搬到集市旁边住。孟子看到集市，又学叫卖东西的市声。孟母只好又搬迁，到学校旁边安家，这一来孟子学习礼仪文化，孟母才放下心来。因为孟母三迁，注重教育环境，孟子终成圣人，“孟母三迁”也成为古代著名的教育案例。

孟氏的始祖，说起来让人难以相信，竟是成语“庆父不死，鲁难未已”中的庆父。庆父，鲁庄公之庶兄。鲁庄公去世，子般即位，庆父派人杀死了子般。后来闵公继位，庆父又派人杀闵公而欲自立，致使鲁国大乱。因为阴谋未能得逞，庆父逃到莒国。不料其弟知会莒国，莒国强行将庆父送归。庆父自知回国必死，便在途中自缢。古代称呼长幼次序，以孟、仲、叔、季排序，如称孟孙氏、叔孙氏等，孟孙氏即庆父。孟孙氏的后人讳言“孟孙氏”之名，便径称孟氏。

全国多地有孟氏宗祠，其楹联也都涉及孟氏佳话并富有文采。如：

“昌平世泽；亚圣家声。”全联皆言孟子。

“亚圣之裔；采卿之宗。”上联指孟子。下联指汉代学者孟卿，对于《礼》和《春秋》有深入研究，后世所传《后氏礼》《疏氏春秋》皆出孟卿。

“龙山逸兴；鹿门隐居。”上联谓晋人孟嘉，擅长文章。下联谓唐人孟浩然，诗与王维齐名，世称“王孟”。

“孝诚生笋；廉德还珠。”上联说三国吴人孟宗，以孝著名。母亲喜欢吃笋，冬时笋尚未生，他在竹林哭泣，笋忽然出现。下联说东汉合浦太守孟尝，合浦地出珍珠，前任太守强迫百姓滥采，使珍珠产生渐渐移到交趾境内。孟尝革除前弊，珍珠重返合浦。

“仉氏教子；孟光敬夫。”上联指孟轲之母仉氏。下联指梁鸿妻孟光，夫妇相敬如宾。

“苦吟东野集；亲撰长春符。”上联言唐人孟郊，长于五言古诗，有《孟东野诗集》。下联言后蜀皇帝孟昶，相传“新年纳余庆；嘉节号长春”是迄今所见最早的春联。

“教子无如仉氏；敬夫共仰孟光。”上联谓孟子的母亲仉氏。下联谓梁鸿的妻子孟光，举案齐眉，令人羡慕。

“孟嘉曾向风前落；郭泰还从雨里过。”上联云东晋孟嘉，乃陶渊明的外祖父，大司马桓温部下的参军大将。《晋书·孟嘉传》云：“九月九日，温燕龙山，寮佐毕集。时佐吏并着戎服，有风至，吹嘉帽堕落，嘉不之觉。温使左右勿言，欲观其举止。嘉良久如厕，温令取还之，命孙盛作文嘲嘉，着嘉坐处。嘉还见，即答之，其文甚美，四坐嗟叹。”这是形容孟嘉虽有醉意，依然文思敏捷。咏重阳的诗里常见“龙山落帽”之典，谓此。下联云后汉郭泰，身高八尺，容貌魁伟，擅长言辞，风度翩翩。有一次，郭泰行路遇雨，将头巾折起一角，时人效之，都将头巾折起一角。

孟氏的排行用字有严格约定，族中分为若干支系。有一种说法是“分派以十一，别户以二十”，这是指孟子的嫡传子孙。按照宗法制度，始祖嫡长子孙为大宗，其余为小宗。孟氏后人对自己的辈分十分重视，各人都知道自己的世系。在明清两代，孟氏的排行用字常由皇室赐予。如:

明朝朱元璋特赐十字，作为孔孟子孙的行辈用字：“希言公彦承，弘闻贞尚胤。”

清朝同治皇帝核准再立十字。民国初年又立二十字。后来为避雍正皇帝胤禛之讳，改“胤”为“衍”；为避乾隆皇帝弘历之讳，改“弘”为“宏”。

山东孟氏的统一排行用字略为：“希言公彦承，宏闻贞尚衍。兴毓传继广，昭宪庆繁祥。令德维垂佑，钦绍念显扬。建道敦安定，懋修肇彝常。裕文焕景瑞，永锡世绪昌。”

历代孟氏名人很多。如：

孟子之母，要算最知名的。孟母是晋人，孟子自幼丧父，她含辛茹苦，教子有方，从励志、勉学、约礼等方面对儿子进行教育。孟母“三迁”“断织教子”的故事，成为古代母德的典范。

战国时儒家代表人物孟子，名轲，字子舆，与孔子合称“孔孟”，曾游说诸侯，推行自己的仁政学说，晚年回到故乡讲学，其思想比较集中体现于《孟子》，宣传民本思想与仁政学说。

孟母教子图（康涛绘）

汉代女子孟光，古代有名的丑女，嫁与书生梁鸿。夫妇躬耕山中，不求富贵，以诗琴自娱。每次吃饭时，孟光都把托盘举得跟眉毛一样高，以示对丈夫的敬意，成语“举案齐眉”出于此。

三国时，孟获不服于蜀汉，被诸葛亮率领大军七擒七纵后降服。《三国志》本传未载孟获事迹，诸葛亮七擒孟获之事见小说《三国演义》。

唐代田园派诗人孟浩然，生当

盛唐，但仕途困顿，后归隐修道，曾隐居鹿门山，亦曾在太学赋诗，名动公卿，一座倾服，为之搁笔。其诗多写山水田园、隐居逸兴，不无愤世嫉俗之意。

诗人孟郊，壮年时才中进士，担任溧阳县尉，因不得志，遂放迹林泉，致使公务荒废。其诗多写世态炎凉，故有“诗囚”之称，与贾岛并称“郊寒岛瘦”。

孟元老，原名孟钺，号幽兰居士，北宋东京开封府人。金灭北宋后，孟元老南渡，常忆东京之繁华，于南宋绍兴年间撰成《东京梦华录》。该书在中国文学史上有一定影响。孟元老在《东京梦华录》序中说，他自幼随父亲宦游南北，宋徽宗时来到京师，住在城西金梁桥西夹道之南。孟元老在京城长大成人，靖康之难后，孟元老避地江左，终老此生。北宋灭亡后，中原人士多随朝廷南下，避地两浙，故国故乡之思时刻萦绕心头，故老闲坐必谈京师风物。孟元老也时常暗想当年东京繁华，心中无限惆怅，遂提笔追忆当年东京繁华，撰成《东京梦华录》。《东京梦华录》与同时代画家张择端所作的《清明上河图》一样，描绘了东京上至王公贵族、下及庶民百姓的日常生活情景。

明末清初曲家孟称舜，是继汤显祖之后最重要的曲作家，所编《古今名剧合选》是元明杂剧的重要选集。作杂剧和传奇多部，其中《娇红记》被评为中国十大古典悲剧之一。

关于孟氏的几个女性，值得详谈。

孟婆。在古代神话中，她为人间亡灵提供孟婆汤，以消除生前的记忆。据说孟婆生于汉代，自小研读儒家书籍，长大后念诵佛经，看来应是东汉时人。她在世时，从不回忆过去，也不想未来，到八十一岁时依然是处女之身。孟婆入山修行得道，上天命她为幽冥之神，并为她筑孟婆庄。凡人死后至此，必饮以孟婆汤，则生前事一切皆不能记忆，投胎后完全不知道前生之事。清人沈起凤《谐铎》云“君不知耶？此孟婆庄也！渠为寇夫人上寿去，令妾暂司杯杓。君如稍沾余沥，便当迷失本来，返生无路”，即用此典。

孟相。她是宋哲宗的皇后。孟相于宋哲宗时被选入宫，册立为皇后。后来刘婕妤有宠，奸臣章敦、内侍郝随等迎合刘氏，诬告孟皇后在宫禁中以符水治病和用女尼进行祷祠活动。孟皇后因此被废，出居瑶华宫，号华阳教主，法名冲真。孟皇后过了三十年的贬谪生活，却因祸得福，金兵攻克汴梁时掳徽、钦二帝及六宫北迁，孟氏因被废去名号而免于被掳。此后她在宫中垂帘听政，对南渡后的政局稳定起了很大作用。

孟氏的家训，有“气养浩然”“居仁由义”“规矩之道”等。“气养浩然”指养正气，敢担当。“居仁由义”指行仁义，明是非。“规矩之道”指循规矩，知廉耻。这里包含了孟子的思想与智慧。

姓孟的虽然不如姓张、姓李、姓王的那么普遍，但也不难见到。印象中我所见过的姓孟的人，大抵长得端庄挺拔，人也有灵性，擅言辞，能结交。我曾在秦淮河桃叶渡遇见一位孟氏女郎，谈到孟子和孟郊的生平，孟姜女和孟婆的传说，如数家珍，无一不知。多年前，我写过一篇文章叫《孟婆神·孟婆店·孟婆茶》，对孟婆的故事做了详细的考究。据说人死后，喝了孟婆茶，便可忘却生前事，但我倒是希望人们记得风雨前尘。

在孟姓先哲中，孟子的一句话说得最好，就是:“民为贵，社稷次之，君为轻。”

七 济南林氏

林姓源于子姓、姬姓，或带有林字的官职。最常见的说法，是商朝末年名臣比干因纣王无道，犯颜直谏而被杀，夫人陈氏逃入长林山中，生子名泉。周灭商后，因泉生于林中，武王赐其为林氏。

说林氏源自姬姓，是因为周平王姬宜臼有庶子名林开，他的子孙便以祖辈的名字为氏。又说西周时有掌管林木、负责植树之官，称为“林人”，后人以官职为氏。

也有的林氏是源于少数民族改姓。南北朝时，北魏孝文帝把都城从平城迁到洛阳，命鲜卑人改用汉姓，丘林氏都改为林氏。清朝时，世居吉林珲春的满族林佳氏，多改为林氏。台湾高山族世居林木茂密之地，也以林为姓。

林氏的郡望，主要是济南郡、西河郡、南安郡、下邳郡、晋安郡等。

济南郡，始于西汉宣帝时博士林遵，官历太子太傅。林遵一族人丁兴旺，世居济南，为当地望族，故后裔以济南为郡望。

西河郡，始于东周时赵国宰相林皋，在今内蒙古境内。林皋因避祸，携家人迁徙西河，即今内蒙古东胜，成为当地望族，故后裔以西河为郡望。

南安郡的治所在豕原道（今陕西渭水东岸）。下邳郡治所在下邳（今江苏睢宁西北）。晋安郡治所在侯官（今福建福州）。这都是林氏聚居之地。

林氏的堂号，著名的有九龙堂。相传战国时，赵国宰相林皋有九子，人称“九龙”。又有九牧堂。唐朝林披曾任太子詹事，先后娶三位妻子，生九个儿子，九子都做州牧，人称“九牧”。

林姓早期活动在黄河以北，东周后逐渐散布于甘肃、陕西、山西等地，而山东是林姓的聚居地。春秋战国时，林姓在鲁国得以发展，形成著名的济南林氏。秦汉时代，济南林氏一直是林氏的主力。三国两晋南北朝时，北方战乱，中原板荡，政权更迭，林氏随中原望族迁播四方，此后无论西南，还是东南，均有林氏足迹。在史书上，唐有林藻、林蕴，各以忠烈名耀唐史。宋有林默即妈祖，为沿海海神信仰。明有永乐状元林环、刑部尚书林俊，均为名垂青史的贤才。林氏后来遍布闽、琼、台、浙、赣、湘、桂、川、黔以及东南亚各国，多集中于福州、莆田、闽南、粤东与台湾等地。

福建林氏最为集中。莆田林氏在历史上曾称帝。南朝陈时，莆田北螺人林英迁居江西景德镇，生子林士弘。隋炀帝时，林士弘率众起义，大败隋军，后称帝，定都豫章，国号为楚，年号太平。唐初，林士弘战败，不久病死。林士弘的“楚”，在历史上存在七年。此后，族人逃匿浙江杭州山中，改姓为柴，周世宗柴荣即林氏的后裔。

妈祖，又称圣母、天后、天妃，中国东南沿海的海神，拥有众多信仰者。妈祖是由真人逐渐神化的。大抵林默先是巫女，其活动与渔业生产相关。人们希望有海上守护神庇佑安全，妈祖的身份正好适应了这种愿望。她平日济困扶危，治病消灾，有许多成功的例子，所以在传说中被不断神化，最终被塑造成一位女神。妈祖得到历代册封，至康熙时被封为“护国庇民妙灵昭应弘仁普济天妃圣母”，咸丰时又被封为“护国庇民妙灵昭应弘仁普济福佑群生诚感咸孚显神赞顺垂慈笃祜安澜利运泽覃海宇恬波宣惠导流衍庆靖洋锡祉恩周德溥卫漕保泰振武绥疆天后之神”。“圣母”和“天后”，从此成为妈祖的别称。现在，妈祖信仰已经列入联合国人类非物质文化遗产代表作名录。

台湾的妈祖信仰十分普遍。我去台湾时，见到很多妈祖庙，甚至那些穷乡僻壤也有妈祖庙。据统计，全台湾岛的妈祖庙超过九百座，所奉的妈祖因来自大陆不同的地方，各有不同的称呼。如来自兴化的称兴化妈，来自泉州的称温陵妈，来自龙溪的称清溪妈，来自同安的称银同妈等。我到过鹿港小镇的妈祖庙，那天正逢庙会，全镇人头攒动，旗幡飘扬，香火缭绕，鼓乐齐鸣。有一人手持法器，念念有词。他从庙外进殿时，香客自动跪下，排成队伍，让他从背上踏过。

妈祖庙的楹联最多，可谓文学与信仰的结晶。先列举大陆的几副楹联：

广东樟林天后宫有联："海不扬波，稳渡星槎道迩；民皆乐业，遍歌母德恩深。"上联说妈祖法力无边，能使四海风平浪静。下联说百姓安居乐业，都称颂妈祖深恩厚德。

福建莆田灵川龙津宫有联："女中复见皇娲圣；海内频修神禹功。"把妈祖比作女娲和大禹，地位崇高，功德无量。

山东烟台天后行宫有联："地近蓬莱，海市仙山瀛客话；神来湄渚，绿榕丹荔故乡心。"上联写行宫似海市蜃楼、琼宇仙山。下联写妈祖故乡湄地的榕树葱绿，荔枝丹红，令人向往。

再列举台湾、澳门妈祖庙的两副楹联：

台北松山慈佑宫有联："圣母普慈衷，海邦一体；斯人皆赤子，锡口咸宁。"上联说妈祖遍施慈爱，天下同体。下联说人心纯正，自会得福。

澳门氹仔天后宫有联："护国著高勋，荡荡巍巍昭日月；庇民施厚泽，肫肫浩浩沛乾坤。"上联盛赞妈祖护国功高，与日月同辉。下联赞美妈祖佑民厚泽，与乾坤同广。

清康熙年间，朝廷派钦差汪楫、林麟焻前往琉球册封新王。海路遥远，危险四伏，但船队乘风破浪，一路平安，千里海路，用三昼夜就到达那霸港。众人认为是妈祖护航，汪、林两人大感其恩，册封典礼之后，就赴久米村上天妃宫焚香朝拜。汪楫欣然题写"朝宗永赖"匾额，林麟焻挥毫撰写长联：

累朝垒诰表神功，岳降自鲘江，翊运疑麻，频现红灯宣圣化；
重译献琛逢盛世，皇华临马齿，抠衣展拜，永清碧海耀吾宗。

在文人作品中，明朝探花戴大宾题湄地妈祖庙寝殿的楹联最为奇特：

齐齐齐齐齐齐齐齐齐齐戒；
朝朝朝朝朝朝朝朝朝朝音。

上联的“齐”字通“斋”，下联的“朝”字通“潮”。这样全联就可点读成：“齐斋，齐斋，齐齐斋，齐齐斋戒；朝潮，朝潮，朝朝潮，朝朝潮音。”意思是信众纷纷斋戒，虔诚朝拜妈祖；海潮时时涨落，耳闻波涛之声。

清人李渔为江阳天妃闸的题联也气势不凡：

世间无水不朝宗，岂止黄河一派；
天上有妃能降福，何愁碧波千层。

歌颂妈祖为百姓赐降福祉，即使惊涛骇浪也不用害怕。

林氏祠堂的对联，有写得极好的。如：

广东中山大涌林氏宗祠联：“松木公，椒木叔，木木成林皆公叔；崇山宗，岐山支，山山叠出亦宗支。”联中追述本支来历，对仗工整。

福建福州南台岛林氏宗祠联：“进士难，进士不难，难是七科八进士；尚书贵，尚书非贵，贵在三代五尚书。”联中极写本族人才辈出，足资自豪。

台湾南投竹山林氏敦本堂联：“敦谊明伦，即此是敬宗尊祖；本修德立，如斯乃孝子贤孙。”联首嵌“敦本”二字，亦甚精巧。

另外，济南林氏宗祠联云：“济美衣冠承恩宠；南郡吕格世泽长。”联首嵌“济南”二字。

其他如：

“九龙衍派；双桂遗风。”上联指林皋，有子九人，时称“九龙”。下联指唐代殿中侍御史林藻，与胞弟林蕴均以善书闻名。

“梅鹤风标；露鸟孝瑞。”上联写宋人林逋，终身不仕，与梅花、仙鹤作伴，称“梅妻鹤子”。下联写唐代殿中侍御史林藻事。

“御夷励志；助夫解围。”上联言清人林则徐禁烟事。下联言林则徐之女刺血作书，乞求援兵，助夫解围事。

历史上的林氏名人，略有：

春秋末鲁国人林放，以知礼著称，曾向孔子问礼。《论语·八佾》云：“林放问礼之本，子曰：‘大哉问。’”林放被后世尊为先贤。

唐代福建第一位状元林慎思。后人认为他标志着福建从蛮荒进入文明。

明代状元林大钦，授翰林院修撰，以母老乞归，其学术思想主要奉王阳明学说。

林则徐像（《清代学者像传》）

清代名臣林则徐，曾任湖广总督、陕甘总督、云贵总督，两次受命为钦差大臣，因主张严禁鸦片，有“民族英雄”之誉。

林纾，字琴南，能诗能文能画，有“狂生”之称，曾任北京大学讲席，后专以译书售稿与卖文卖画为生。

近代政治家林森，早年参加中国同盟会，领导九江起义，后任中华民国国民政府主席。

现代作家林语堂，曾在清华大学、北京大学、厦门大学任教，在新加坡筹建南洋大学，创办《论语》

《人间世》《宇宙风》等刊物。

建筑师、诗人林徽因，以美貌、多才著称，撰有《你是人间四月天》等。

台湾作家林海音，曾任《世界日报》记者，主持《联合报》副刊，撰有自传小说《城南旧事》。

我喜欢的是两位姓林的女作家。

一个是林徽因，美丽而知性。林徽因的美貌不用多说，难得的是她同时又有才华、学识、气质。林徽因接受过英国教会学校的严格训练、圣玛丽女子学院的英式教育和宾夕法尼亚大学建筑学的正规培养。据她的儿子梁从诫说，他父亲梁思成学术文章的眼睛，都是他母亲点上去的。在一定程度上，林徽因的文学才华可能超过了她的建筑学水准。林徽因拒绝平庸，她的名言是：女人，做自己！

另一个是林海音，她的作品总是执着地把题材限于女性。无论是对于时代的风云、社会的波澜还是世事的沧桑，她都从女人的角度来体现。她笔下的女人并不缺乏欢乐和爱情，但终究是不幸的。林海音的文字充满乡恋、哲理、亲情，笔下的北京风貌、台湾民情、异国景物都让人身临其境。

在我熟悉的友人中，也有两个林姓女子。

一个是温哥华的林敏，擅长抚琴。林敏性情温婉，志趣淡泊，唯对古琴艺术情有独钟，矢志不渝。她原从事医护工作，后移居加拿大。她曾师事广陵派大家梅曰强，习得《山居吟》《秋夜读易》《平沙落雁》诸曲，又从林友仁学得《流水》《普庵咒》诸曲。定居温哥华后，她因热心公益，渐为人知，并于2011年底成立太古琴筝工作室。次年温哥华古琴学会成立，林敏任会长，并受聘于著名的温哥华交响乐团音乐学院，执教古琴。林敏说，古琴曾是文人士大夫的必修课，因其过于高雅，导致和寡。其实古琴的进步和发展，是决然离不开大众知音的。林敏反对让古琴“养在深闺人不识”，主张古琴“飞入寻常百姓家”。她现在是名副其实的中国古琴国际使者。

还有一个是台湾的林宛萱，曾在台北艺术大学攻读中国古代艺术史。我在瑞士苏黎世大学的会议上认识她，觉得她品行朴实，虚心好学，遂成知交。当时她正研读中国美术史，我和她谈起“四王”和“八怪”，她深感兴趣。又因为她的论文是写汉代广陵国的“漆面罩”，我便邀请她来大陆考察。她两次来扬州，就住在我的家里。有一次她在澎湖旅游，发现石刻诗中有“扬州”字样，十分奇怪。我告诉她，此诗相传是扬州八怪之一郑板桥写作的，没想到扬州流传的故事，在台湾澎湖也有流传。这种歌谣在台湾称为“褒歌”，我推测这首“褒歌”的传播者到过扬州，然后把扬州民谣带到了澎湖。我请林宛萱方便时帮我了解一下台北故宫所藏扬州画家的作品，后来知道，仅扬州八怪的作品就有郑燮的《墨竹图轴》、黄慎的《花卉册》、华嵒的《花鸟轴》、高凤翰的《大富贵图轴》、李方膺的《松竹梅单片梅》、边寿民的《芦雁轴》等。

林宛萱从台北寄来一篇文章《邂逅韦明铧》，其中写道：

> 2011年暑假快结束时，我有幸与教授一同前往苏黎士，以观察员的身份参与“传统中国文学中的区域性——扬州范例”的扬州文化研讨会。
>
> 会议期间，每位发表人都针对不同的主题提出自己的看法，他们对学术的热情追求、对治学的严谨态度，给予我深刻的体会和学习，而其中最突出的风云人物非扬州韦明铧老师莫属！不是因为韦老师所发表的论文内容，有提出多么惊天动地的学术发现，而是他可以针对不同主题的论文发表，提出引经据典的解答和个人独有的看法。虽然韦老师一直谦虚地强调说“我不是扬州的百科全书，《扬州画舫录》才是扬州的百科全书……”，但是我认为韦老师所展现的幽默风趣的对答，简直可媲美iPhone 4S的Siri，而且还不会当机。
>
> 而与韦老师更进一步的接触与了解是在会议结束后的游湖行程中。根据前三天的观察，韦老师似乎是个很正经严肃之人。但

林教头风雪山神庙(《忠义水浒传》)

后来我发觉：我错了！他是个“望之俨然，即之也温”的老师。因得知我主修中国书画，便推荐我可阅读他的作品《风尘未归客》，是有关扬州八怪中边寿民、陈撰、杨法、李勉和闵贞的传记。之后，他更以自身的经验教导我如何在浩瀚的书海中找出新观点，进而论述，写出与众不同的文章。

这篇情深意切的文字，很难想象出自台湾学子之手。近日我第二次去台北，与林宛萱久别重逢，相谈甚欢。

对于民间来说，京剧《风雪山神庙》中的林教头也许更为熟悉。肩挑酒壶、口唱悲歌，在风雪中踽踽独行的林冲，成了水浒人物的经典形象。

八 陇西李氏

陇西是李氏的郡望。

提起陇西，很多人会想起唐人王维写的著名的《陇西行》，他在诗中虽然没有正面描写战争，却描绘出了一幅迷茫而壮阔的关山远戍图。诗云：

十里一走马，五里一扬鞭。
都护军书至，匈奴围酒泉。
关山正飞雪，烽火断无烟。

从此，陇西这个地名便与关山、烽火、征战等相联系。陇西因位于陇山以西而得名，自古为兵家必争之地。远在史前，先民在这里繁衍生息，留下了仰韶、齐家等文化遗址。秦昭王时始设陇西郡，汉初设襄武县。隋时改陇西县，县名沿用至今。如今陇西位于甘肃东南，渭河上游，隶属甘肃定西，有“中国十大美丽梯田之乡”的称号。

《陇西行》本是乐府旧题，属《相和歌·瑟调曲》，内容多写边塞战争。不仅王维写过《陇西行》，晚唐的陈陶也写过《陇西行》四首，最出名的是第二首：

誓扫匈奴不顾身，五千貂锦丧胡尘。
可怜无定河边骨，犹是春闺梦里人。

闺中的少妇不知道丈夫已经战死，仍在梦中想念已成白骨的征人，这使得全诗产生一种足以震撼心灵的力量。无定河是黄河的支流，在陕西榆林境内流过。我驱车从无定河上驶过，看着那浑浊的河水，心中暗自吟诵“可怜无定河边骨”的诗句。无定河流经定边、靖边、米脂、绥德和清涧等地，然后注入黄河。“无定”的名字，让人想到飘忽不定、旱涝无常。据说自唐以来，无定河流域的环境就被严重破坏，致使流量忽大忽小，河水时浊时清，所以又有恍惚都河、黄糊涂河的别名。河水的无定，人生的无常，交织在了一起。

陇西除了征战和硝烟，也是产生文学家的温床，比如中国文学史上的“陇西三李”，即李公佐、李朝威、李复言。鲁迅在《中国小说史略》中说：“唐人传奇留遗不少。而后来煊赫如是者，惟此篇（《莺莺传》）及李朝威《柳毅传书》而已。”在“陇西三李”中，李公佐的《南柯太守传》叙述的是南柯一梦的哲理寓言，李朝威的《柳毅传书》叙述的是人神之间的奇异传说，李复言的《续玄怪录》则叙述了许多因果报应、轮回转世的奇闻异事。

关于李氏的起源，有以下几种说法：

一说源出嬴姓。李氏血缘上的先祖是东夷首领皋陶，而皋陶姓嬴。皋陶曾任舜的大理——掌管刑法的官，遂以官名“理”作为姓氏。古代“理”与“李”相通，所以又作李氏。

二说源出姬姓。商朝时，有姬姓后裔叫做巴人，住在钟离山。周武王灭商后，封巴人于巴地，即今重庆一带。巴人以老虎为图腾，而巴语读“虎”为“李”，故族人为李氏。

三说源于李树。因为李氏以李树作为图腾，所以姓李。这和“大理”的官职有关，李氏将野生的李树培育成为家生的李树，并将李树作为家族的图腾。故李氏子孙常在宅旁种李，以为象征。

四说源于赐姓。三国蜀汉时，诸葛亮平定哀牢国，赐哀牢夷人赵、张、杨、李等姓。此后历代都有赐姓之事，如唐朝李氏皇室赐予文臣或武将国姓，凡建国有功者可以赐姓李。

在先秦时，李氏的活动中心主要在河南一带，后来渐渐扩展到山西、河北、陕西、四川、湖北等地。秦汉时，李姓开始进入两广。李耳的后裔进入甘肃，发展为陇西李氏望族。唐朝是李氏的鼎盛时期，因李姓贵为国姓，故各地都有李姓的皇亲国戚。明朝时，山西平阳、太原一带的李氏富商大规模迁徙，也有的迁往台湾、琉球。据《明会要》记载，明洪武年间赐给琉球国三十六姓善操舟者，其中就有李姓。而琉球派往明清的通事，也多姓李氏，都是当年从福建移居琉球的华人。

唐太宗李世民（阎立本绘）

秦朝陇西郡最早的郡守是李崇，后人尊其为陇西李氏的始祖。汉朝时，陇西李氏出了两位重要人物，飞将军李广及其从弟李蔡。李广之孙李陵战败后，被匈奴俘虏，使得陇西李氏的名望下降。魏晋时，陇西李氏又在乱世中兴起，直至西凉王李暠称帝。到了隋朝，陇西李氏成为权倾朝野的望族。陇西的李渊灭隋建唐，李氏的声望一时冠于天下。唐代修撰的《氏族志》，将宗室李姓置于诸姓氏之首。从此，陇西李氏演变成为声望卓著的政治家族。

李氏的郡望除了陇西，还有赵郡。赵郡是汉朝将秦朝的邯郸改置，治所在邯郸（今河北赵县、邯郸一带）。另外有中山郡、广汉郡，均汉时所置。又有顿丘郡，西晋所置。还有渤海郡、襄城郡、江夏郡、梓潼郡、范阳郡、南阳郡等。

李氏的堂号，主要有陇西堂，因为李氏望出陇西郡，故名。又有青莲堂，因唐代诗人李白号青莲居士，故名。还有赵郡堂、平棘堂等。

李氏宗祠的楹联丰富多彩，略如：

“道德传家；太白遗风。”上联言老子，下联言李白。

“卫公勋业；元礼门墙。”上联谓唐人李靖屡建军功，封为卫国公。下联谓汉人李膺，字元礼，有登其堂者皆以为“登龙门”。

“陇西望族；北海名流。”全联指唐代书法家李邕，曾官北海太守，人称“李北海”。

“经传道德；名重谪仙。”上联说老子，著有《道德经》。下联说李白，被贺知章称为“谪仙人”。

“漱玉词丽；娘子军兴。”上联言宋代女词人李清照，著有《漱玉词》。下联言唐平阳公主，其夫起兵反隋时，平阳公主招募军队七万余人，时称“娘子军”。

“邹鲁圣人曾问礼；唐朝皇帝也求诗。”上联出孔子问礼老子事。下联出唐玄宗求诗李白事。

“岷江水利千年颂；太白诗风万里香。”上联言战国时李冰开凿都江堰。下联言唐代诗人李白。

“田可耕，桑可蚕，书可读，袭誉传家至宝；战则胜，攻则取，守则固，文忠开国殊勋。”上联指唐代江南巡察大使李袭誉。下联指明代大都督府左都督李文忠。

历代李氏名人，数不胜数。要而言之，如：

战国时秦国水利工程师李冰，主持修建都江堰水利工程。

魏国政治家李悝，所著《法经》在法律史上有重要地位。

秦朝丞相李斯，擅帝王之术，协助秦王嬴政灭诸侯、成帝业。

西汉名将李广，多次反击匈奴，以勇敢善战、箭法出众著称，人称“飞将军”。

李广之孙李陵，西汉名将，战败投降匈奴。

西晋文学家李密，所著《陈情表》，感人肺腑，被广为传诵。

隋唐群雄之一李密，为瓦岗军首领，屡败隋军，威震天下。

桥梁专家李春，所建赵州桥堪称建筑史上的奇迹。

唐朝开国皇帝李渊，杰出的政治家和战略家，为西凉国开国君主李暠之后。

唐朝皇帝李世民，名字取意“济世安民”，庙号太宗，谥号文武大圣大广孝皇帝。

唐朝皇帝李隆基，主政前期治国开明，用人有方，开创“开元盛世”，庙号玄宗，亦称唐明皇。

政治家李德裕，唐文宗和唐武宗两度为相，撰有《会昌一品集》《次柳氏旧闻》等。

诗人李白，在文学史上有崇高地位，人称“诗仙”。

乐工李龟年，唐代著名音乐家，别名“乐圣”。

南唐皇帝李煜，又称李后主，被誉为“千古词帝”。

宋代女词人李清照，强调协律，崇尚典雅，反对以作诗文之法作词，提出词“别是一家”之说。

药物学家李时珍，撰有《本草纲目》。

李白行吟图（梁楷绘）

李清照像（崔错绘）

清末政治家李鸿章，洋务运动领导人，世称李中堂。

另外，新加坡前总理李光耀，被称为新加坡国父。香港商人李嘉诚，曾连续多年为华人首富。美籍华裔物理学家李政道，曾获诺贝尔奖。华人神探李昌钰，被誉为当代福尔摩斯。

1992年甘肃陇西重建陇西堂，并成立陇西李氏文化研究会。1993年“李氏文化”被列为甘肃四大文化之一，国家邮政局推出了一系列有关陇西李氏文化的邮票和明信片，文艺节目《风云陇西堂》参加第四届中国艺术节演出。一时间，《人民日报》《甘肃日报》《香港商报》《菲律宾商报》等十几家报纸和中央电视台、北方电视台、甘肃电视台、定西电视台等多家电视台纷纷介绍陇西李氏文化信息。

陇西的李家祠堂，亦称为李家龙宫，系唐代宫廷式古建筑群，是李氏族人敦宗睦族、祭祀先祖的宗祠。它既是研究陇西李氏文化的重要基地，也是陇西唯一保存下来的古建筑群。李家龙宫毁于唐末。明万历间陇西知县李汝相倡导重建，后数毁数建。2002年对尚存的十一座古建筑群进行恢复重建，次年正式开放。

也有人主张李氏陇西堂其实是在临洮。在临洮境内，以李姓命名的村庄多达七八十个，仅李家湾就有十个，此外有纸房李家、窑头李家、瓦房李家、大户李家、小户李家、单庄李家、河下李家等。

关于李氏郡望陇西的争议，一直不断。先秦时，临洮因为地处陇水之西而得名，远古时就是戎、狄、羌与华夏民族之间的天然交界。秦朝在临洮建立陇西郡，成为秦三十六郡最西部的郡，郡治在今临洮城南。西汉初，陇西郡仍是西部军事政治门户，并且成为张骞出使西域，卫青、霍去病征讨匈奴的后勤基地。临洮逐步发展成为丝绸之路出长安后的第一个重要驿站和商埠。唐代的临洮是西防吐蕃和南防羌族的军事重镇。有一则掌故出自司马迁的《史记》：“李将军广者，陇西成纪人……故槐里。”于是“槐里”成为人们关注的地方。

有人统计过，古陇西郡在历史上共存在了千余年。其间的治所，在临洮不足五百年，在陇西达五百多年。无论怎么说，陇西文化最重要的还是李氏文化。

关于老子是不是姓李，学界也有些异议。古文字学家唐兰认为，老子姓李名耳的说法不确。他说，根据当时人普通的称谓，老聃的老字是他的氏族的名称，因为当时称子的，像孔子、有子、曾子、阳子、墨子、孟子、庄子、惠子等，都是氏族下面加子字的，而老聃在古书中丝毫没有姓李的痕迹。郭沫若、马叙伦等人都同意此说。

老子像（张路绘）

我最佩服的是《扬州画舫录》的作者清人李斗。一座城市的当代史，不仅是城市管理阶层和精英阶层的历史，而且是城市中所有社会阶层共同生活的历史。生活在帝王将相主宰历史的时代，却能以平民视角来真实记录一座城市之当代史的，自古以来能有几人呢？李斗的《扬州画舫录》，就是这样一部具有超前历史观的城市史。

《扬州画舫录》自乾隆末年成书之后，先后有乾隆自然庵刻本、嘉庆印刷本、道光重刊本、同治重印本、光绪申报馆本、民国古今书室本等版本。1949 年之后的版本，有中华书局本、台北世界书局本、江苏广陵古籍刻印社本、山东友谊出版社本、学苑出版社节选本、中华书局节选本、广陵书社线装本、广陵书社本、凤凰出版社本等。这些版本，有的竖排，有的横排；有的繁体，有的简体；有的平装，有的精装；有的全本，有的选本，表明它受到读者的欢迎之深。

李斗，扬州仪征人，诸生，博学多才，喜游山水，工诗文，通数学，晓音律，深为阮元赏识。李斗的著作，除《扬州画舫录》十八卷，还有《永报堂诗集》八卷、《艾堂乐府》一卷、《奇酸记》四卷、《岁星记》二卷等，皆收录于《永报堂集》中。

我有几个姓李的朋友。一个是老同窗李竹林，成就一向优异，曾经插队于农村，然后到南京大学读书，在我们这辈人中算是幸运儿。一个是老编辑李蓉君，擅长绘事，关注文史，我的许多文章是因她约稿才写成发表的。最近成书的《城际》，也得益于她的约稿。

九 吴兴姚氏

姚姓与姬姓一样，源于母系氏族社会。传说舜生于姚墟，后裔以地望为氏，称为姚氏。姚姓主要集中在浙江、安徽、广东、江苏等地。在中华姓氏中，姚、妫、田、陈、胡五姓同根源，先祖都是舜帝姚氏。

姚姓的郡望不大复杂，主要是吴兴郡、南安郡。

吴兴在秦汉时设郡。三国时吴置吴兴郡，治所在乌程（今浙江吴兴），辖地为浙江临安至江苏宜兴一带。唐朝改湖州为吴兴郡，吴兴成为姚氏的郡望。

南安在西汉置县，治所在狄道（今甘肃陇西），至东汉时，辖今甘肃陇西东部及定西、武山一带。南朝梁置南安郡，辖地在今甘肃西部。

姚氏的主要堂号是三畏堂，出自《论语》："君子有三畏，畏天命，畏大人，畏圣人之言。"又有历山堂、耕历堂，史传舜帝耕于历山，故名。又有圣仁堂，意为舜是至仁圣明的帝王。又有求正堂，以舜帝至圣至仁至善至孝至义为正，故名。其他尚有潮山堂、穹窿堂、中山堂、天马堂、隆山堂、中沁堂、罗山堂、仙源堂、南溪堂、仁圣堂、存仁堂、南安堂、世德堂、吴兴堂、藻镱堂、谐孝堂、承德堂、重华堂、上郡堂等，各有来由。

姚姓源于舜之说，世代相传，如南宋《通志·氏族略》载："姚姓，虞之姓也，虞帝生于姚墟，故因生以为姓。"也有说舜妻名癸，癸父是尧，故而姓姚，尧、姚音同。或又说春秋时有姚国，乃虞舜的后代，子孙以国为氏，称为姚氏。

少数民族也有姚姓。如后汉时西羌人有首领姚弋仲，蒙古族人饶五十因功赐姚姓，满族耀佳氏多冠汉姓为姚氏。《山海经·大荒南经》说："帝俊妻娥皇，生此三身之国，姚姓，黍食，使四鸟。"又《山海经·海外西经》云："三身国在夏后启北，一首而三身。"如此可知三身国应在今日西南地域，四川、贵州一带。

姚姓在春秋时主要聚居在河南一带。到秦时，姚姓已发展到今山西、广西、四川等地。十六国时，羌人贵族姚苌创立后秦统治了今陕西、甘肃和河南部分地区。在后秦时代，甘肃陇西的姚氏得以壮大。后秦亡后，据《晋书》记载，姚姓"余宗迁于江南"，于是浙江吴兴的姚姓成为当地望族。唐朝以后，姚氏遍及大江南北，并进入福建。云南的姚安、大姚等地姚姓人口多，曾专设姚州。宋时姚姓发展到广东。清朝时姚姓进入台湾，并播迁海外。

就图腾文化而言，在汉字中，"姚"字的女旁是母系氏族社会遗留下来的痕迹，兆字应为本意。古人占卜，以火灼龟甲，观察裂痕的形态以占吉凶，称为卜兆、占兆、预兆。因虞舜居住地姚墟盛产桃树，故桃树是姚人的神树和社树。姚人在门上插桃枝，以辟鬼驱邪。后来，桃木制作的物品演变成为巫师作法的工具，桃树也成为姚氏的原始图腾。

姚氏宗祠所在多有，对联也有雅趣。如：

"书法魏晋；史撰梁陈。"上联说明朝画家姚绶，擅长山水，取法宋元；工于行草，取法魏晋。下联说唐初史学家姚思廉，自幼随父学史，得承家传，撰成《梁书》《陈书》。

"爵封梁国；文重桐城。"上联指唐人姚崇，历任武周、睿宗、玄宗三朝宰相，封梁国公。下联指清人姚鼐，桐城派干将，主江宁、扬州书院数十年。

"学闳两汉；书撰梁陈。"上联言元朝翰林学士姚燧，少从许衡游，有汉人风，著《牧庵集》。下联言唐人姚思廉。

“大典光华夏；文章耀桐城。”上联谓明人姚广孝修《永乐大典》。下联谓清人姚鼐为代表的桐城派文章显耀一时。

“建德长绵世泽；虾湖丕振家声。”此为安徽贵池姚氏宗祠联。上联称该支姚氏由建德迁来。下联称该祠为虾湖旧址。

“但觉眼前生意满；须知世上苦人多。”此为明人姚文然自题联。姚文然系桐城人，累官刑部尚书，于国家利害、吏治得失、民生休戚等知无不言。

“立定脚跟竖起脊；展开眼界放平心。”此为清人姚元之自题联。姚元之亦桐城人，官至左都御史，工隶书、行草，画笔亦妙。

姚氏的排行用字，各地不同。如：

安徽当涂姚氏：“正志光明，克昌其寿。”

四川恩溪姚氏：“一人垂拱御，万字仰鸿猷。发育齐天峻，昭明如日周。”

广西市里姚氏：“存仲祖广万，伯兴再天文。世代昌荣远，佑启振乾坤。”

四川资阳姚氏：“史翰文章重，卿士若永良。臣忠常贞靖，宣藩德惠长。”

山东临沂姚氏：“汝舜禹扬启，章吉玉连锡。应文景德尊，宗道学孔思。”

江苏赣榆姚氏：“圣在永世继，万克焕开明。德立延敬慎，肇建善庆同。”

湖南益阳姚氏：“守道如珍友，敦修自景行。奇才光后裔，盛业继先程。经术儒林重，勋猷著鼎铭。”

关于姚氏的掌故，要特别提到腊梅和牡丹。

腊梅产地以河南鄢陵姚家村为最，这里家家户户种植腊梅，有“姚家黄梅冠天下”之誉。有个故事说腊梅原本不香，喜爱腊梅的西周鄢国国君下令，命令花匠限期让黄梅吐香，否则处死。无奈之下，一位姚姓花匠将几枝臭梅嫁接在黄梅上，不料黄梅真的发出了幽香。国君闻讯而喜，传花匠入宫，以示褒奖。鄢国被郑所灭，宫廷成为废墟，唯有花园留了下来，演变成专种黄梅的姚家村。

牡丹名品姚黄源于宋代。欧阳修《洛阳牡丹记》载：“姚黄者，千叶黄花，出于民姚氏家。此花之出，于今未十年。”姚黄花色淡黄，株形直立，枝条细硬，花蕾圆尖。此花开时，光彩照人，亭亭玉立，被古人誉为“花王”。苏辙《次迟韵千叶牡丹》云“共传青帝开金屋，欲遣姚黄比玉真”，何景明《李秀才圃中牡丹》云“姚黄与魏紫，空向洛阳栽”，均咏姚黄。

历史上另有“姚黄十三家”，却与牡丹无关。明末清初，川东、鄂西、三峡一带出现抗清义军，称“姚黄十三家”，和“夔东十三家”“西山十三家”联合抗清。“姚黄十三家”，一称“摇黄十三家”。据费密《荒书》载：“其掌盘子十三人，号摇黄十三家：曰争天王袁韬，曰震天王白蛟龙，曰整齐王张某，曰黑虎王混天星，曰必反王刘惟明，曰夺天王某，曰闯食王某，曰争食王黄鹞子，曰二哨杨秉胤，曰六队马超，曰行十万呼九思，曰顺虎过天星梁某，曰九条龙。”其中人物，多出身草莽，而且事变多端，十三家名称难免以讹传讹。但首领应该姓姚，名叫姚天动，后与清兵力战而死。

姚氏的名人，首先是三皇五帝中五帝之一的舜。舜姓姚，名重华，为部落联盟首领。舜因受尧的禅让而临天下，号有虞，其后裔以姚为姓。

秦始皇时大臣姚贾，本为梁国人，出身贫寒，其父为城门卫兵。秦灭六国时，姚贾奉命以重金贿赂楚、燕、赵、魏的政要，使其联盟瓦解。秦始皇封姚贾为上卿。姚贾与韩非互相倾轧，韩非向始皇进谗，姚贾于是参加李斯之谋，害死韩非。

后秦创建者姚苌，本是陇西羌人。淝水之战后，姚苌在关中羌人的推举下，自称“万年秦王”，据长安称帝，国号大秦。

唐朝政治家姚崇，原名姚元崇，因避玄宗开元年号之讳，改名姚崇，曾任兵部尚书，为政清廉，深得众望。

唐初史学家姚思廉，吴兴人，后迁关中，编纂《梁书》《陈书》等。

宋代学者姚铉，善于文辞，致力藏书，集唐代文章为《唐文粹》百卷，开宋代古文运动之先声。

明代燕王心腹姚广孝，曾参与修纂《太祖实录》《永乐大典》等。

义士姚长子，嘉靖年间倭寇犯境，逼其带路。他把敌人引到四面皆水的绝境，并事先密嘱乡亲撤桥，断其后路。倭寇中计，为明军所围歼，而姚长子也因此殉难。

在姚氏名人中，我对于姚鼐印象最深。清代桐城派中坚姚鼐，世称惜抱先生，安徽桐城人。姚鼐治学以经为主，兼及子史，主要成就在散文。他的《登泰山记》是选入中学课本的范文。其文字简洁生动，写景尤为出色，令人过目难忘。姚鼐是吴兴姚氏后裔，著有《惜抱轩文集》《惜抱轩诗集》。姚鼐出生时，家道已衰落，他在伯父姚范指导下学习经文，后又师从刘大櫆。姚鼐、方苞、刘大櫆并称为“桐城三祖”，提倡文章要义理、考据、辞章三者相互为用。义理是道理，考据是事实，辞章是文采，都是极为重要的。乾隆年间，姚鼐主讲于扬州梅花书院、安庆敬敷书院、歙县紫阳书院、南京钟山书院，弟子遍及江南。姚鼐在《刘海峰先生八十寿序》中转引他人之言：“天下文章，其出于桐城乎！”或为戏言，然不无道理。

姚鼐像（《清代学者像传》）

姚氏名人中还有一个令人敬重的人——岳飞之母姚氏。历代慈母的家教中，要数“岳母刺字”的故事最为感人。据《说岳全传》描述，宋元帅宗泽拒金兵于黄河以北，后宗泽病重，将印信交付岳飞代管。宗泽垂危时，尚三呼“渡河”，吐血而死。杜充奉旨代理元帅，一反宗泽所为，岳飞愤而归家。岳母见儿子归来，责以民族大义，促其回营抗敌，并且在岳飞背上刺上“精忠报国”四字，以坚定其报国决心。岳母刺字的传说在民间流布甚广，除了《说岳全传》小说和《如是观》《倒精忠》传奇写到这一传说，京剧、川剧、滇剧等均演出过《岳母刺字》《交印刺字》《南楼刺字》一类剧目。也许岳母刺字的故事是虚构的，“精忠报国”（一说“精忠报国”作“尽忠报国”）的深刻内涵却集中体现了历代中国母亲对于子女的殷切期望。

在我认识的姚姓熟人中，有两个姓姚的护士。一个叫姚蕙，她是父亲的表姐，按辈分我叫她姑妈。她是资深护士，技术精良，态度和蔼，报纸上报道过她的事迹，现在已经垂垂老矣。一个叫姚曼倩，在我因胆结石住院时，她对我特别照顾。她的名字有点特别，与汉代著名滑稽家东方朔同名。东方朔，字曼倩，性格诙谐，言词敏捷，相传是岁星下凡。李商隐有《曼倩辞》歌咏东方朔：“十八年来堕世间，瑶池归梦碧桃闲。如何汉殿穿针夜，又向窗中觑阿环。”因为东方朔谈吐有风趣，后来相声界尊他为祖师爷，称相声为“曼倩艺术”。在今人眼中，“曼倩”是个女性化的名字，其实不然，“倩”的本意是指俊男。西汉时河北沧县人隽不疑、山东郯城人于定国，都以“曼倩”为字。

十 广陵高氏

“高”字的原始意思，是高大的屋子，与“卑”“低”“下”相对。由高大引申开去，有崇高、尊贵、年长、强大等义。历代皇朝的开国帝王，常称为高祖，如汉高祖刘邦、唐高祖李渊等。

作为姓氏，关于高姓起源的说法主要有：

一出姜姓。高氏的血缘初祖是炎帝。《通志·氏族略》说：“高氏，姜姓。”炎帝是上古时姜姓的部落首领，所以炎帝是高姓的初祖。西周时，姜子牙因辅佐周武王灭商有功，被封于齐，称齐太公。齐太公六世孙时，获封于高邑（今河南禹县），称为公子高，其后遂以高为氏。

二出邑名。周初分封建国，与宗法制紧密相联，宗法制度又以血缘为基础。周天子分封诸侯，诸侯也分封大夫，分封的土地叫采邑或食邑，包括土地和民人，供世袭食禄。采邑之名往往带有“邑”旁，后皆成为国君后裔的姓氏，如邴、邵、郈、鄗等。高姓出于“鄗”。

三出他族改姓。南北朝时，北魏孝文帝推行汉化政策，鲜卑族楼氏改姓高。十六国时，后燕皇帝慕容云自称是高阳氏后裔，遂改姓高。清朝时，满族高佳氏也改为高氏。高氏建立北齐后，高姓成为北齐的国姓，北齐皇帝便也赐他姓为高氏，以示恩宠。京族、黎族、苗族、仡佬族、哈尼族、白族、东乡族等少数民族中都有高姓。得姓的原因，大多为沿袭汉族姓氏的结果。

四出高句丽。高句丽原为中国东北的古老部族，汉时属玄菟郡管辖。

后来，部落首领高朱蒙在今辽宁桓仁称王，建高句丽政权。因为高句丽王为高氏，所以高氏在高句丽有较高的地位。唐朝大将高仙芝就是高句丽人。

五出复姓。如高东氏、高堂氏、高阳氏、高陵氏等，后改为单姓高。

高氏族人的分布古今大体相同，以北方居多，南方较少。高姓发源于山东、河南、河北一带，其播迁的路线，西沿黄河向陕西、山西发展，东沿海边向南北发展，南至江苏、上海，北至辽宁、吉林。山东、河北、河南、陕西、山西、北京、天津、辽宁、吉林、江苏、上海是高氏分布相对集中的地区。

高氏的郡望，有广陵、渤海、晋陵、渔阳、辽东、河南等。

广陵郡，西汉时为广陵国，领广陵、江都、高邮、平安等县，后建制时常更迭。东汉时置广陵郡，治所在广陵（今江苏扬州）。三国时吴魏相争，魏迁广陵郡于淮阴。后来广陵为吴所有，并筑广陵城。东晋时置广陵县，南朝宋时改置南兖州，唐又改为广陵郡。广陵高氏为三国吴丹阳太守高瑞之后。

渤海郡，西汉所置，其地约在今天津之南、河北沧州之东、山东德州之北。始祖为东汉渤海太守高洪。

晋陵郡，据《新唐书·宰相世系表》载："晋陵高氏，本出吴丹杨太守高瑞。初居广陵，四世孙悝，徙秣陵。"据此，晋陵高氏系从广陵迁去。

辽东郡，战国时燕国所置，郡治襄平（今辽宁辽阳），辖今辽宁大凌河以东、开原市以南。西晋时改为辽东国，后复为郡。十六国后燕末，部分地方被高句丽占有。北燕又侨置辽东郡于今辽宁西部。北齐时废。

河南郡，汉时改秦三川郡所置，地在今河南洛阳一带。东汉、曹魏、北魏时曾改为河南尹，隋文帝时废郡，隋炀帝时复设。唐时改为洛州，河南郡成为别称。

高氏的堂号，有厚余堂。孔子弟子高柴做费城宰时，孔子评论他："柴也愚。"后来朱熹注："愚者，知不足而厚有余。"愚有纯朴之意，故高氏后人以"厚余"作为堂号。又有渤海堂。唐时高固被封为渤海郡王，北齐高欢被封为渤海王，故子孙以渤海为堂号。高氏堂号还有渔阳堂、辽东堂、广陵堂、河南堂、有继堂等。

在春秋时，高氏多住北方。孔子七十二弟子之一的高柴，据《史记·仲尼弟子列传》记载，高柴，字子羔，身高不满五尺，性格宽仁孝敬，后来在同学子路的帮助下做了费邑的长官。在孟子的弟子中，有一位名叫高叟。战国末年最有名的侠士是燕国人高渐离，因随荆轲刺秦王而闻名天下。高渐离擅长击筑，燕太子丹派荆轲谋刺秦王，在易水送行，高渐离击筑和唱，后为秦王所杀。汉魏时，涿郡人高诱著有《孝经解》《战国策注》《吕氏春秋注》《淮南子注》，名字常见于学术史。南北朝时各民族纷纷扩张势力，争夺地盘，先后建立许多政权，号称“五胡十六国”，实际数字不止于此。其中有渤海高氏高欢，异军突起。据《北齐书》记载，高欢目光炯炯，脸庞长长，高颧骨，白牙齿，相貌非凡。高欢发迹后，没有来得及称王，到他的儿子高洋才自立为帝，史称北齐。

隋唐时，诗人有高适，宦官出了个高力士。高力士本来不姓高，本名叫冯元一，因入宫后由高延福收为养子，遂改名高力士，受到武则天的赏识。玄宗时，高力士的地位达到顶点，官至骠骑大将军，封齐国公。五代十国时期，荆南高氏显赫一时，十国中的荆南政权为高季兴所建。据《十国春秋》记载，高季兴少时喜武术，有胆略。后荆南归顺北宋。宋元时在远离中原的滇中，有高升泰夺取大理国段氏政权，自立为王，称大中国。明清时期，有高氏从福建出发，迁居台湾。

高氏名人很多，除了上述，略有：

宋代高皇后，英宗之皇后，曾起用司马光等，斥逐变法派，谥号宣仁圣烈皇后。

元朝大臣高兴，出身农家，官至左丞相。

曲家高则诚，撰南戏剧本《琵琶记》，流传甚广。

明初诗人高启，与杨基、张羽、徐贲合称“吴中四杰”，有诗集《高太史全集》。

左都御史高攀龙(《碧血录》)

东林党人高攀龙，与顾宪成等复建东林书院，为“东林八君子”之一。

清代画家高翔，“扬州八怪”之一，山水取法石涛，所画园林小景，自成格局。

画家高凤翰，能以左手书写，也是“扬州八怪”之一。

文士高鹗，曾续写《红楼梦》。

岭南画派高剑父，既擅写意，也能工笔，于山水、人物、花鸟无所不能。

在历代高氏名人中，高渐离和高凤翰都是很特别的。

高渐离的生平见《史记·刺客列传》，其中写道：

> 高渐离变名姓，为人庸保，匿作于宋子。久之，作苦，闻其家堂上客击筑，彷徨不能去……而高渐离念久隐畏约无穷时，乃退，出其装匣中筑与其善衣，更容貌而前。举座客皆惊，下与抗礼，以为上客。使击筑而歌，客无不流涕而去者。……秦始皇召见，人有识者，乃曰：“高渐离也。”秦始皇惜其善击筑，重赦之，乃矐其目，使击筑，未尝不称善。稍益近之，高渐离乃以铅置筑中，复进得近，举筑朴秦皇帝，不中。于是，遂诛高渐离，终身不复近诸侯之人。

郭沫若所著《高渐离》剧本，是根据《史记》演绎的。太子丹送荆轲于易水之畔，高渐离击筑，荆轲高歌曰：“风萧萧兮易水寒，壮士一去兮不复还。”千载之后，仍令人心动。有人问，郭沫若既然写了高渐离，为何不写荆轲呢？因为荆轲虽然豪爽，不过是抱着必死之心罢了。

况且因为荆轲刺秦未成，导致秦王发兵攻燕，以致生灵涂炭。而高渐离的刺秦，完全是为朋友复仇，并无所谓天下大义，倒是难得的豪侠。

高凤翰，字西园，号南村，晚号南阜山人，胶州人，工画、书、诗、印。在扬州八怪中，他是唯一可以用左手写字作画的。我在研究周作人与高凤翰的关系时，发现周作人对高西园的评论甚多。如周作人在《书房一角·读南阜山人诗集》中写道：

> 幼时读《板桥诗钞》中绝句二十三首，乃于音五哥、图清格之外记得有高西园。近阅鲍辛甫著《稗勺》，见有题曰“真雅文俗”，其文云：“紫幢王孙文昭厌交旗下人士，谓非真雅。高南阜评南方士人多文俗。二君皆与余善。”觉得南阜山人洵是妙人，出诗集七卷读之，虽有可喜处，惜实不解诗，总无可说。不佞最善傅青主，可谓真雅，若南阜者当在次位。诗集卷二中有《儿童诗》《小娃诗》各四首，此类文字非俗士所能下笔也。

郑板桥《绝句二十一首》之第一首，即为《高凤翰》。郑氏诗云：“西园左笔寿门书，海内朋友索向余。短札长笺都去尽，老夫赝作亦无余。”周作人早年就是从这首诗知道高凤翰其人的。

梅花图（高凤翰绘）

周作人对《南皋山人诗集》的评价，是“虽有可喜处，惜实不解诗”。这“可喜处”不是指别的，乃是指高凤翰的《儿童诗》和《小娃诗》。《儿童诗》和《小娃诗》是高凤翰年轻时在江西南昌所作。《儿童诗》序云：“在南州，五六月，客况无聊，时与斋中小童嬉戏，作儿曹事，抚掌一笑，少破岑寂。一日，余方苦吟，童子笑谓：‘阿痴日日作诗，能以吾曹嬉戏事为韵语，且令人人可解乎？’余唯唯，援笔成四绝句。才一朗吟，而童子辈已哗然竞笑矣！”《小娃诗》亦有序云：“余既为《儿童诗》，出以示客，客笑曰：是诚善，然余意尚有数小娃事，为闺阁中琐琐不足道者，君能复为措笔乎？于是客述一事，余辄以口号应之，述毕而诗亦终。试以掷之白家老妪，老妪还能点头否？”像这样记录儿童生活而又充满童稚情趣的诗，在历史上是不多的。周作人喜爱这些诗，无疑是因为它们含有“天籁”的成分。周作人从二十年代起致力于儿童文学的研究，写过《童话研究》《童话略论》《儿歌之研究》《古童话释义》等论著，直到晚年，仍关心妇女和儿童问题。由此可以解释，他为什么欣赏高凤翰的《儿童诗》和《小娃诗》。与其说他是欣赏这些诗的艺术或技巧，毋宁说他是肯定这些诗的情趣和题材。周作人后来在《儿童杂事诗》卷二《高南阜》中咏道：

胶东名宿高南阜，文采风流自有真。
写得小娃诗十首，左家情趣有传人。

表明他确实是欣赏高氏《小娃诗》的“情趣”。

对于高凤翰的书法，周作人也曾经论及。在《知堂集外文·高南阜左手书》中，周作人谈到自己早年从《郑板桥集》中知道了音五哥、图清格、高凤翰这些名字，一直不能忘怀。但关于他们的著作，周作人后来只见到一部高凤翰的诗集，“可是无意中却见到了他有名的左手书，是他去世的前一年所写的。”周作人所见到的高凤翰左手书，是高氏题写在高念东《栖云阁诗》上面的。高凤翰写道："余向随先大人于淄川时，曾一遥瞻司寇公丰采于栖云阁。又十余年再入淄川，逢其文孙绎堂弟，留榻阁上。复数晨夕，今寄诗至，而余老病，竟无人理。追想陈迹，何胜惘然。壬戌三月，重病左手记。"面对高凤翰的墨迹，周作人写道：

> 高南阜的书画是有名的。我看了这十几行题识，只感觉得这是很悲痛的字，不知道字中间有没有这一种名称。我却是实在这样感到。
>
> 从前我看见祖父日记的末两行，在他去世前两天高热中所写，黑幢幢的仿佛只剩了字的影子。高君虽单是半身不遂，但其为垂死的字则也是相同的了。

书法中也许没有"悲痛的字""垂死的字"这些名称，但这些说法合乎中国书法的审美规律。人们在欣赏书法作品时，不会只注意形式而不注意内容。高凤翰一生只做过县丞之类的小官，而且一度为人所构陷。他五十多岁右手病废，不得已用左手书写。晚年困于贫病，几亩薄田都典质充了医药之资。了解高凤翰的坎坷一生，再来看他的左手书，心情是沉重的。

我的高姓朋友亦复不少。高蓓是编辑兼记者，原在扬州工作，后去北京发展。她是一个具有个性和怀有激情的女作家，快人快语，说到做到，文思敏锐，爱憎分明，凡与她接触过的人必然留下鲜明印象。我对她的感觉，是她似乎有用不完的精力，时刻在全国各地奔走，采访各种人物，撰写各种文章，并感到其乐无穷。她出版过《倾听心灵》《走向卓越》等书，大率是名人专访。一个作家有机会面对那么多著名人物，和他们对话，与他们交流，是一件幸事。她供职的《中华英才》杂志是一本有名的刊物，也因她而增色。

十一 凤阳朱氏

朱姓的起源非一，主要源自姬姓、祁姓、子姓，以及少数民族的改姓。在中国历史上，朱氏曾经建立两个王朝，一个是五代十国时朱温建立的后梁，一个是朱元璋建立的明朝。

朱姓的始祖，一般认为源于朱襄氏，以先祖的名字为姓。朱襄氏是伏羲氏的属下，封于朱地（今河南商丘柘城）。朱襄氏以赤心木为图腾（赤心木是一种红心的松柏）。

也有人说朱氏源于曹姓。相传周武王封曹挟于邾国，建都于邾，其家族以国为姓，称邾氏。战国时楚国灭邾，邾国贵族逃散，改姓为朱。

或说朱姓源于子姓，出自宋国君主微子启的后裔公子朱之后。西周初，纣王的庶兄微子启在商丘建立宋国，其后裔有公子朱。公子朱的后代以其名字为氏，称朱氏。

或说源于祁姓。尧帝有子丹朱。舜败丹朱后，丹朱的后裔向西南方向迁徙，到达今湖南宁远九嶷山一带，自称朱氏。

或说苗族、瑶族、白族、鲜卑族、蒙古族、仫佬族等民族，也有依汉姓改姓朱的。明朝建立后，常赐他姓为朱姓，以示恩宠。

早期的朱氏，集中在江南的吴郡和江北的沛国。据唐人《元和姓纂》和宋人《通志》记载，汉唐时有沛国、丹阳、永城、吴郡、钱塘、义阳、太康、河南等郡。其中丹阳郡有二，一在今江苏镇江，一在今安徽当涂。这些郡望反映了唐代及其以前朱氏家族的分布和演变情况。明代以后，

明太祖朱元璋（《中国大百科全书》）

情况发生了根本性的变化，凤阳郡成为朱氏重要郡望。

凤阳古为淮夷之地，西周时分封为钟离子国，西汉高祖时置钟离县。隋时置豪州，以钟离为治所，改豪州为钟离郡。唐时改豪州为濠州。自唐至元，钟离县均属于濠州。明初改钟离县为中立县，又改为临淮县、中立府、凤阳府。又析临淮县的太平、清洛、广德、永丰等乡置凤阳县，府县同治。清朝的凤阳府属江南省。康熙时撤江南省，分设江苏、安徽两省，凤阳府属安徽省。后又设庐凤道，驻于凤阳。民国时，凤阳直属安徽省。因为明太祖朱元璋出生于凤阳，凤阳的朱姓具有特殊的地位。

朱姓其他郡望简况如下：

沛国，在西汉初因是汉高祖刘邦的故乡，故改为沛郡，治所在相县（今安徽濉溪），辖境包括今安徽淮河、河南夏邑、江苏沛县等地，东汉改为沛国。其后治所屡有移徙。东晋复为郡，北齐又废。多数朱姓都以沛国为郡望。

丹阳郡，西汉时置，治所在今安徽宣城，辖境包括安徽长江以南、江苏大茅山、浙江天目山脉以西一带。三国吴时，移治金陵，辖境渐小。隋时废除。丹阳朱氏出自沛国朱氏，以东汉朱禹为始祖，后发展成为东南巨族。

吴郡，楚汉时分会稽郡所置，汉武帝以后废。东汉复置，治所在今苏州，辖境包括今江苏、上海、浙江部分地区。隋时又废。吴郡朱氏尊汉代朱轮为始祖，名人有汉会稽太守朱买臣、唐谏议大夫朱子奢等。

钱塘郡，南朝陈所置，治所在今浙江杭州，隋时废郡为县。钱塘朱氏以汉槐里侯朱云的八代孙朱宾为始祖。朱宾为东汉光禄勋，始居钱塘。他的后代有朱异，南朝梁时执掌朝政，也是有名的学者。

永城郡，东汉所置，辖境包括今安徽灵璧、蒙城、太和及河南鹿邑、永城等地。隋初废。永城朱氏名人有武则天时的宰相朱敬则。其兄朱仁轨曾任太子洗马，辞官后以孝友闻名，人称孝友先生。

义阳郡，三国时魏所置，治所在今湖北枣阳，不久废。西晋复置国，治所在今河南新野。东晋改为郡，移治平阳（今河南信阳）。义阳朱氏出自南阳朱氏，为汉晋旧族。名人有东汉冀州刺史朱穆、东晋豫州刺史朱序等。

太康县，秦置阳夏县，隋改名太康，在今河南周口一带。太康朱氏以东汉朱佑少子朱岑为始祖。

河南郡，汉初改秦三川郡所置，治所在今洛阳东北。隋初废。河南朱氏由北魏鲜卑贵族可朱浑氏改姓而来。名人有北魏散骑常侍朱长生、东陵郡开国公朱瑞等。

朱氏的堂号，早期有折槛堂。因汉代槐里令朱云上朝奏本，请杀奸臣，触怒皇帝，皇帝令刽子手拉朱云去施以惩处。朱云双手攀着金殿的门槛，刽子手用力拉朱云，结果把殿槛折断。与朱熹相关的堂号，有紫阳堂。朱熹别号紫阳，宋代理学宗师，对后世影响很大，紫阳堂名源于此。有白鹿堂，因朱熹曾在白鹿洞书院讲学，故称白鹿堂。有居敬堂，因朱熹主张“循序渐进”“居敬持志”，“居敬”之意为不但教书还要育人，不但言传还要身教，故名居敬堂。

朱姓宗祠的对联，文采内容皆好。如：

“负荆勤读；折槛旌忠。”上联言西汉朱买臣，苦读成才，汉武帝时任会稽太守。下联言朱云是正直忠心之臣。

“治推北海；歌遍南阳。”上联指汉朝朱邑，廉明公正而不苛刻，受吏民敬爱。下联指东汉朱晖，官临淮太守，抑恶扬善，吏民畏爱。

“紫阳世泽；白鹿家声。”谓南宋朱熹，别号紫阳，讲学于白鹿洞书院。

“鹿洞春风暖；鹅湖化日长。”全联均与朱熹有关。

“鸾台夸气节；道院画禽鱼。”上联典出唐人朱敬则，官正谏大夫，兼修国史。下联典出清人朱耷，擅画水墨花卉禽鱼。

“沛国源流远；紫阳世泽长。”此为珠玑巷朱氏祠堂楹联，追慕朱氏先贤。

“一统江山明社稷；四书精典宋圣贤。”上联谓明朝开国皇帝朱元璋。下联谓朱熹注《大学》《中庸》《论语》《孟子》。

“玉海金山，表彦和器宇；琼林黄榜，大会状文章。”上联指梁代朱异，遍览“五经”，尤明《礼》《易》。下联指明朝朱缙、朱希周、朱国祚，先后皆中状元。

“迁居曾忆旧池台，趁风月一场，苏城梦到；盐业更兼诸种作，看烟波半岸，海国生涯。”此为浙江余姚四明朱氏宗祠联。上联言本支来自苏州。下联言余姚风物。

“九江水抱一洞院，半由天，半不由天，二代十全成造化；三贤祠对五老峰，谁是石，谁是匪石，八心万古绝磨磷。”此为江西九江庐山朱子祠联。

比较特别的是专咏女性的一副楹联：“夫人城原堪御寇；才女词几致贻讥。”上联是说东晋朱序，在前秦军攻城时率众固守，母亲韩氏率妇女补筑新城，号称“夫人城”。下联是说宋代才女朱淑真，精通书画，熟稔音律，有诗词《断肠集》《断肠词》传世。

朱姓的排行用字，各地不同。如：

北京朱氏：“高瞻祁见佑，厚载翊常由。慈和怡伯仲，简靖迪先猷。”

江苏南京朱氏：“允文遵祖训，钦武大君胜。顺道宜逢吉，师良善用晟。”

江西婺源朱氏：“一代鸿儒宗名哲，万世贤声定显扬。诗书礼邦永继长，德泽乃可蒨天祥。”

四川达州朱氏："文志仕良，德学尚贵。元有光明，方正思应。礼义仁兴，天开庭惠。"

江苏扬州朱氏："以之其瑞，立本荣传。汝学纯万，克绍兴邦。"

历代朱姓名人甚多。朱姓的第一个名人，当是虞舜的属下朱虎，朱襄氏的后裔。西周隐士朱张、战国齐人朱毛、魏国力士朱亥、西汉中邑侯朱进等人，均是朱虎的后代。其他如：

炎帝朱襄氏，三皇之一。

西汉会稽太守朱买臣，武帝时为中大夫。

唐朝宰相朱敬则，政治家、史学家。

北宋医学家朱肱，著有《南阳活人书》等。

理学家朱熹，官拜焕章阁待制兼侍讲。

明宣宗朱瞻基，在位时政治清明，百姓安居，经济发展。

近代作家朱自清，清华大学教授。

美学家朱光潜，现代文艺理论家。

明宣宗朱瞻基（佚名绘）

在传统戏曲中最出名的，当数汉代朱买臣。古有成语"马前泼水"，用来比喻夫妻离异后无法重圆，就出自朱买臣故事。钱锺书《围城》中有一句话："虽然'马前泼水'，居然'破镜重圆'。"即用此典。明人有传奇《烂柯山》，作者不详，全本亡佚，《缀白裘》载有数折。民国时昆班演出时，称为《朱买臣休妻》。剧情叙汉代儒生朱买臣，其妻崔氏不耐贫寒，逼其写休书，改嫁张木匠。其妻再婚后发现张木匠不仅家境贫穷，而且性格暴躁，于是离家寄宿于王妈妈家。后来得知朱买臣高中并荣任会稽太守，崔氏悔恨不已。她夜间梦见朱买臣差人送来凤冠霞帔，迎接她到住所团聚，心中万分欣喜，醒来后才发觉是梦。朱买臣衣锦还乡时，崔氏拦住朱买臣，要求收留。朱买臣命人泼水于马前，声言若崔氏能将覆水收回，则夫妻相认。崔氏闻言，后悔莫及，投水自尽。

很多剧种演过《朱买臣》的戏，一名《马前泼水》，情节与前有异：汉朝书生朱买臣满腹才学，却未得功名，以打柴为生，入赘崔家为婿。因为贫富悬殊，夫妻不睦，崔氏便向丈夫讨休书。一日大雪纷飞，朱买臣无法砍柴，遭到妻子的无情奚落和恶毒咒骂，并坚决索要休书。朱买臣劝妻子忍耐，认为第二年可能得官。崔氏则认为朱买臣永生不会发迹，非要离婚不可。朱买臣忍无可忍，一气之下写了休书。后来朱买臣因人举荐，做了会稽太守。当朱买臣的好友宴请朱买臣时，崔氏父女登门求见，崔氏向朱买臣下跪认错。朱买臣拒不相认，朋友再三相劝都无济于事。朱买臣让崔氏把水泼在地上，说如能收起覆水，便重续婚姻。朋友见状，把崔家暗中托他送盘缠给朱买臣的事相告，朱买臣心生惭愧，终于回心转意。

在思想界最出名的，当数宋人朱熹。朱熹字元晦，号晦庵，祖籍徽州婺源，是宋代著名的理学家兼教育家，被尊为朱子，世称朱文公。他的著述甚多，《四书章句集注》是明清科举的钦定教科书。

在我的熟人中，有学者朱福炷。他没有什么学历，但后来成为诗人、作家和书法家。有弟子朱韫慧，酷爱读书，爱写文章，凭一己努力改变个人之命运，在当今年轻人中算是勤奋的一位。朱韫慧有一篇文章叫《韦先生其人》，说："我很幸运，不知不觉成为韦先生的弟子。他为了提携我，带我共同署名在报刊上发表文章，和我一起在报刊上开辟专栏。他说，他为我改稿子比他自己写还累。我刚为报刊写稿时，习惯于堆砌材料，不能清晰分辨最能佐证的东西，欧化的语句使整篇文章读来晦涩难懂。先生总是抓住一切空闲，补我扬州史料的欠缺。和他在一起的时间越长，越感觉到差距之大。就像这本刚捧在手的先生新作——《玉人何处教吹箫》，书名来自杜牧的诗句，但内容与扬州历史上的美女并不相干。打开扉页，全书分四部分：读人记、读城记、读书记和读河山记。先生的文字如行云流水，把扬州的人物、城史、风情说得透彻明白，佩服之下不觉汗颜。我知道，先生笔下的‘玉人’，其实就是扬州。”说得情深意切。

十二 荥阳郑氏

说起郑氏，首先想到的是郑成功。我去过台湾的郑成功祠堂，想象他当年收复台湾时踌躇满志的神情，又想到在大明政权灭亡、清廷入主中原之后，郑氏后人在台湾的进退失据和首鼠两端。

郑姓源自子姓、姜姓、姬姓，以及少数民族的改姓。大致说来：

一是源于姬姓，以国号为氏。周宣王之弟姬友，封地于郑。郑被韩所灭，国人散居于今河南荥阳、郑州、淮阳、商丘等地。为纪念故国，郑国人以郑为姓。

二是源自子姓。商王武丁之子名子奠，子奠也称奠侯，以主持祭奠用酒而得名。周灭商后，奠随之灭亡，后人姓“鄭”即郑。

三是源自姜姓。周灭商后，周武王封姜太公之少子井叔于郑，史称西郑，故城在今陕西凤翔。周穆王夺西郑为下都，西郑灭亡，西郑国人仍然姓郑。

四是源于地名，以邑名为氏。韩灭郑后，郑国人逃至陕西汉中，以故国之名再建方国，史称南郑。国人以故国为姓，称为郑氏。

五是源于改姓。如新罗国仿汉制分封授姓，其中珍支部封为郑氏。哈尼族于明弘治初年据《百家姓》始用郑姓。蒙古族宝里吉特氏，清中叶均冠汉姓郑、宝、李、吉等。裕固族的增斯恩氏，后简化成汉姓郑。

郑氏的始祖相传为郑桓公，西周时郑国的建立者。郑桓公本人姓姬名友，是周宣王之弟。西周将亡，郑桓公听从太史伯之言，将部族迁到雒邑之东，建立新的郑国，都城位于今河南新郑一带。后人认为，郑桓公是郑氏的始祖。

在先秦时，郑氏主要分布在今陕西、河南、山东一带。战国时进入今四川、山西、河北等地。魏晋南北朝时北方多动乱，南方较稳定，郑氏逐渐向南徙迁。至唐末，郑氏大批民众定居福建，郑姓的中心开始在东南沿海形成。宋代时今福建一带郑姓最集中，其次是今河南、浙江一带，再次是今江苏、广东、江西、湖北等。从宏观角度看，郑姓的分布主要集中在闽浙、豫鄂两大板块。明末清初，郑成功率部进入台湾，台湾郑氏遂成重要力量。

郑氏的郡望，主要有荥阳郡、高密郡、南阳郡等。

荥阳是最有名的郑氏郡望。扬州八怪之一的郑板桥，自称“荥阳郑生”。他在《沁园春·恨》中写道：“荥阳郑，有慕歌家世，乞食风情。”此处用的是唐传奇《李娃传》之典。《李娃传》又称《汧国夫人传》，作者白行简，写荥阳公子郑生到长安应试，在平安里与名妓李娃一见倾心，直至资财耗尽，被老鸨逐出。荥阳公子辗转殡仪之肆，靠为人哭丧自给。在挽歌比赛中，郑生声情并茂，被进京的父亲认出。父亲因儿子玷辱门庭，“去其衣服，以马鞭鞭之数百”，弃之而去。经过同伙搭救，郑生免得一死，沦为乞丐。大雪之夜，郑生行乞到安邑东门，巧遇李娃。经李娃调护，郑生渐愈，并且中举登第为官。郑生与李娃结为秦晋，李娃被封汧国夫人，郑生父子也和好如初。郑板桥所谓“荥阳郑，有慕歌家世，乞食风情”谓此。

茨（荥）阳郑生（郑燮用印）

荥阳郡的辖地，在今河南郑州、开封一带。荥阳郡始置于三国曹魏，系从河南郡分出。不久废。西晋复置。因郑姓最早在荥阳成为望族，故称荥阳郑氏。

荥阳郑氏最早的居住地是开封，这里原有春秋时郑庄公所筑的城堡，秦时在此置开封县。唐代中叶，政治中心北移至今开封一带。

郑姓的堂号，主要有著经堂、博经堂和通德堂，都与东汉经学家郑玄有关。郑玄因研究经学知名于世，深受北海相孔融敬重，特地在他家乡高密设“郑公乡”，又扩建门第，使通车马，取名通德门。西汉时，读书人多治某一经，而郑玄力主博通诸经。郑玄后人以此为荣，故用著经、博经、通德作为自家堂号。

此外，有荥阳堂、陇西堂、洛阳堂、高密堂、雍州堂、南阳堂、安远堂等，均以地望立堂。战国时秦国置陇西郡，因在陇山之西而得名，故有陇西堂。洛阳县系战国时秦国所置，因在洛水之阳而得名，因之有洛阳堂。高密郡又称高密国，西汉时改胶西郡置高密国，故有高密堂。雍州郡为东汉时置，治所在长安，因有雍州堂。南阳郡系秦时所置，治所在宛城，故有南阳堂。汉宣帝时郑吉为侍郎，击败车师，封为安远侯，后人遂有安远堂。

另外一些郑氏的堂号，来自各个支系的传承情况。如《新唐书·宰相世系表》记载，荥阳郑氏传到后燕太子少傅郑温时，他的儿子被称为南祖、北祖和中祖。北祖之子郑茂有子七人，后也分为七房，号称“七房郑氏”。迁居福建的郑氏进一步分衍为五房，称为“南莆五大房”，也属此例。

郑氏祠堂的对联，厚重而有文采。如：

“艺工三绝；文成一家。”上联出唐人郑虔，善画，好书，工诗，人誉为“三绝”。下联出宋人郑厚，工文词，自成一家。

“古之遗爱；号为司农。”上联言春秋郑子产，被孔子称为“古之遗爱也”。下联言东汉郑众，官大司农，人称郑司农。

“家传诗教；系出荥阳。”上联指东汉郑玄，经学大师。下联指郑氏郡望荥阳。

“画荻欧母；乞巧采娘。”上联谓宋人欧阳修四岁而孤，母郑氏守节教子。下联谓郑侃之女采娘，于乞巧日梦织女授其神针。

“鄢陵世泽；心史家声。”全联言南宋郑思肖，著有《心史》。

“三绝诗书画；一官归去来。”联出清人郑燮，扬州八怪之一，诗、书、画号称“三绝”，后辞官归里。

“荥阳绵世泽；秋浦振家声。”此为安徽东至莺山牌楼下村郑氏宗祠联。上联出郑氏郡望。下联出本支居住的秋浦河。

“北战南征收宝岛；船来帆往下西洋。”上联指明人郑成功。下联指明人郑和。

“威震西域封安远；学传北海集大成。”上联出西汉郑吉，曾为安远侯。下联出东汉郑玄，集经学之大成。

“祈招诵歌，谏言忠直；灞桥风雪，诗思清新。”上联云周朝郑丹，谏臣。下联云唐朝郑繁，诗人。

“出通德之门，辉联阀阅；听尚书之履，声响蓬莱。”上联指东汉郑玄。下联指西汉郑崇。

“谏草有千言，自信丹青能悟主；归囊只一拂，可知琴鹤亦妨人。”全联出宋朝郑侠，曾以图谏神宗。

“派衍广文之裔，文子文孙，克绍薪传于此日；家垂经学之遗，学诗学礼，无忘庭训于当年。”上联指唐朝郑虔，曾官广文馆博士。下联指东汉经学家郑兴、郑众父子和郑玄。

郑氏的排行用字，各地不一。如：

福建泉州惠安郑氏：“兴隆知祖德，显达念君恩。复回同一派，攀举陟龙门。”

重庆大足郑氏：“永世长朝惜，文兴大国昌。天才开周泰，宗明万代发。”

湖北十堰郑氏：“德建明兴顺，道隆华日昌。”

四川凉山郑氏：“赢征思虎国，山经朝万天。永在成加显，首本后循环。”

郑姓的历代名人众多，略如：

战国水利家郑国，曾任韩国的水工之官。郑国渠修建之后，关中成为粮仓。郑国渠、都江堰、灵渠并称为以前三大水利工程。

汉代谏臣郑崇，曾任尚书仆射，每好进谏。皇帝每听其脚步声，便笑曰："我识郑尚书履声。"

经学大师郑玄，曾入太学攻《京氏易》《公羊春秋》，后从马融学古文经，著有《天文七政论》《中侯》等书，世称"郑学"。

唐代画家郑虔，精通经史、天文、地理、博物、兵法、医药，被杜甫赞为"荥阳冠众儒"，"文传天下口"。

诗人郑綮，尝言"诗思在灞桥风雪中驴子上"，故钱锺书说："驴子仿佛是诗人特有的坐骑。"

宰相郑珣瑜，少孤，值天宝之乱，退耕养母，为官清净，颇有政声。

宰相郑余庆，曾两次拜相，因得罪权臣，被贬为太子宾客，封荥阳郡公。

直臣郑瀚，郑余庆之子，为官正直，人为危之。唐宪宗谓余庆曰："卿之令子，朕之直臣，可更相贺。"

状元郑光业，懿宗时人，状元及第，事见《北里志》《唐摭言》。

宋状元郑獬，为人刚直。英宗即位修陵，需费甚巨，郑獬上书谏说国库空虚，希节俭爱民，著有《郧溪集》等。

史学家郑樵，少时读书，资质异常，曾上书主张抗金，后隐居山中，钻研经学、礼乐、天文、地理，著有《通志》等。

画家郑思肖，宋亡后号所南，为思念赵宋之意，日常坐卧，总是向南。画兰露根而不画土，喻国土已失，著有《心史》等。

元代曲家郑光祖，与关汉卿、马致远、白朴合称为"元曲四大家"，所作杂剧现存《倩女离魂》等。

曲家郑廷玉，作有杂剧二十余种，今存《包待制智勘后庭花》《布袋和尚忍字记》等。

明代航海家郑和，小名三宝、三保，曾七下西洋，在印度西海岸古里国去世，今南京牛首山郑和墓或为其衣冠冢。

明末清初民族英雄郑成功，父郑芝龙，获隆武帝赐明朝国姓朱，赐名成功，封忠孝伯。永历帝封其为延平王。郑成功率部在东南沿海抗清，后击败荷兰在台湾的驻军，收复台湾。

清代画家郑燮，康熙秀才，雍正举人，乾隆进士，官山东范县、潍县县令，政绩显著，后客居扬州，以卖画为生，为扬州八怪代表。著有《郑板桥集》等。

物理学家郑复光，精通数学、物理与机械制造，著有《镜镜冷痴》，集当时中西光学知识之大成。

现代学者郑振铎，作家、诗人、文学史家，著有《插图本中国文学史》，并编纂《中国文学研究》等。

历史上关于郑国和郑人的故事很多，如《郑人买履》《郑伯克段于鄢》等，几乎家喻户晓。在古代，宋人的“守株待兔”和“郑人买履”都是可笑而愚蠢的故事。郑国的音乐似乎也不庄重，被孔子批为“郑声淫”，还说：“恶紫之夺朱也，恶郑声之乱雅乐也。”大致是说郑国的音乐过于放肆，不够克制。

姓郑的人，可能都有点特立独行，像郑思肖、郑成功、郑板桥等，都是在某一方面有些偏执的人。郑思肖为了表示忠于赵宋，日常坐卧都面向南而背朝北，已经有点强迫症色彩。郑板桥的《道情》，反复说自己是“慕歌家世，乞食风情”，认为他写的就是叫花子唱的歌曲。

我们的祖辈和父辈都见过这样的情景：一个穿着旧道袍，有时还戴着一顶破道帽的破落道士，手里握着渔鼓和简板，挨家挨户地歌唱求乞。当他来到一家门前时，先把渔鼓蓬蓬地敲起，把简板嚓嚓地夹响，然后唱上几段凄清而悠长的歌曲。这就是道情。唱完了，等候人家的施与。他常常不用手去接钱，而是用两片竹篾做成的“简板”将铜元夹起，再把铜元放进用竹筒做成的“渔鼓”里。陈汝衡在《说书史话》里说，道情艺人这样做，是为了表示他们的清高。他们刻意表示自己清高，是因为自己卑贱。旧时的道情艺人，其实与乞丐无异。道情所唱之词，多为历代不知名的文人和艺人所编，但是清代文人也喜欢以道情形式创作。据郑振铎《中国俗文学史》所论，有清一代，道情作家虽多，最重要的只有三家，即郑板桥、金冬心和徐灵胎。道情不仅是一种案头文学，它必须经人传唱，才算完成。就这一点说，郑板桥的确是一位成功的道情作家。

郑板桥所作《道情》的开头，有一段自白：

> 枫叶芦花并客舟，烟波江上使人愁。劝君更尽一杯酒，昨日少年今白头。自家板桥道人是也！我先世元和公公，流落人间，教歌度曲。我如今也谱得道情十首，无非唤醒痴聋，销除烦恼。每到山青水绿之处，聊以自遣自歌；若遇争名夺利之场，正好觉人觉世。这也是风流世业，措大生涯，不免将来请教诸公，以当一笑。

所谓“我先世元和公公，流落人间，教歌度曲”，是指《李娃传》中的郑生郑元和。郑板桥的《道情》写了歌咏渔翁、樵夫、头陀、道人、书生、乞儿等人的十首唱词，经多次修改，最后的刻本是这样的：

> 老渔翁，一钓竿，靠山崖，傍水湾，扁舟来往无牵绊。沙鸥点点清波远，荻港萧萧白昼寒，高歌一曲斜阳晚。一霎时波摇金影，蓦抬头月上东山。
>
> 老樵夫，自砍柴，捆青松，夹绿槐，茫茫野草秋山外。丰碑是处成荒冢，华表千寻卧碧苔，坟前石马磨刀坏。倒不如闲钱沽酒，醉醺醺山径归来。
>
> 老头陀，古庙中，自烧香，自打钟，兔葵燕麦闲斋供。山门

破落无关锁，斜日苍黄有乱松，秋星闪烁颓垣缝。黑漆漆蒲团打坐，夜烧茶炉火通红。

水田衣，老道人，背葫芦，戴袱巾，棕鞋布袜相厮称。修琴卖药般般会，捉鬼拿妖件件能，白云红叶归山径。闻说道悬岩结屋，却叫人何处相寻。

老书生，白屋中，说黄虞，道古风，许多后辈高科中。门前仆从雄如虎，陌上旌旗去似龙，一朝势落成春梦。倒不如蓬门僻巷，教几个小小蒙童。

柱石图（郑燮绘）

尽风流，小乞儿，数莲花，唱竹枝，千门打鼓沿街市。桥边日出犹酣睡，山外斜阳已早归，残杯冷炙饶滋味。醉倒在回廊古庙，一凭他雨打风吹。

掩柴扉，怕出头，剪西风，菊径秋，看看又是重阳后。几行衰草迷山郭，一片残阳下酒楼，栖鸦点上萧萧柳。撮几句盲词瞎话，交还他铁板歌喉。

邈唐虞，远夏殷，卷宗周，入暴秦，争雄七国相兼并。文章两汉空陈迹，金粉南朝总废尘，李唐赵宋慌忙尽。最可叹龙蟠虎踞，尽销磨燕子春灯。

吊龙逢，哭比干，羡庄周，拜老聃，未央宫里王孙惨。南来薏苡徒兴谤，七尺珊瑚只自残，孔明枉做那英雄汉。早知道茅庐高卧，省多少六出祁山。

拨琵琶，续续弹，唤庸愚，警懦顽，四条弦上多哀怨。黄沙白草无人迹，古戍寒云乱鸟还，虞罗惯打孤飞雁。收拾起渔樵事业，任从他风雪关山。

最后还有一句尾声：“风流家世元和老，旧曲翻新调，扯碎状元袍，脱却乌纱帽。俺唱这道情儿，归山去了！”再次声言，自己就是曾经乞食街头的荥阳郑生之后。纵观郑板桥的《道情》，警世醒人，深沉宏远，通俗易懂，琅琅上口。因此，它在文人道情中广为流传，不是没有道理的。它强调的是世道的炎凉，人生的短暂，抒发的是散淡的情怀，超然的心境，以及对于青山绿水的精神寄托。

我有一个姓郑的朋友，平时以炒股、贩书、健身为生计。按理，她的为人也是很正直朴实的，只是性格有些卓荦不群。她结交的人有些古怪，处世之道也有些乖张。在她的身上，似乎带着“郑声”那样狂放不羁的基因。

十三　晋昌唐氏

我们从小就熟悉的到西天取经的唐僧，其实并不姓唐。唐僧的俗名，叫陈祎，法号玄奘，因为生于唐朝，才唤作唐三藏。

根据史书记载，唐氏出自祁姓。帝尧时初封丹朱为唐侯，其地在中山唐县。夏朝时，丹朱裔孙刘累迁于鲁县，后裔留守故地唐县。至商朝，更号豕韦氏，周朝时复改为唐公。成王灭唐后，以其地封弟叔虞，后又封刘累的裔孙在鲁县者为唐侯，其地即唐州方域。鲁定公时，楚灭唐，唐侯的子孙遂以国为氏。

唐氏的主要郡望，一是晋昌郡。历史上的晋昌郡非止一处，一在陕西石泉，二在山西定襄，三在甘肃安西。唐氏郡望以甘肃安西更为合理。前凉唐郓迁徙晋昌，成为当地的望族，唐郓也成为晋昌郡唐氏的始祖。唐郓的五世孙唐揣，曾任北海太守，受封晋昌公。九世孙唐邕，受封晋昌王。十一世孙唐俭为唐朝开国元勋，受封晋昌郡公。据洛阳唐墓出土的墓志铭，武则天之子唐睿宗李旦曾娶“晋昌唐氏”与“清河崔氏”。晋昌遂成为唐氏历史上最重要的郡望。

二是晋阳郡，地在今山西太原。晋昌郡始祖唐郓的六世孙唐纯，曾为后魏太原太守，由此唐氏移居山西太原。《新唐书》《旧唐书》记载吏部尚书莒国公唐俭及其后裔唐次，均称是“并州晋阳人也”，可见唐氏在晋阳亦为望族，故唐氏后裔自称晋阳郡唐氏。晋阳在春秋末已有城，位于太原西南。秦置晋阳县，为太原郡治所。东汉后为并州治所。隋以龙山为晋阳，晋阳为太原。

三是东鲁郡，或称泰山郡。唐睢的十九世孙唐台，曾任泰山太守，被认为是东鲁郡唐氏的始祖。唐台之子唐彬，《晋书》有传：“唐彬，字儒宗，鲁国邹人也。父台，太山太守。”太山就是泰山，汉时置泰山郡。唐台的子孙因祖上在东鲁是名门，而自称东鲁郡唐氏。浙江唐氏家谱，如世德堂《兰江东鲁唐氏族谱》、柱峰堂《东鲁唐氏族谱》、万松堂《万松源东鲁唐氏族谱》等，虽在兰溪境内，都自称郡望是“东鲁”。《兰江东鲁唐氏族谱》写道：“考诸传记，唐氏郡望本皆称晋昌，而有宗独东鲁者，岂以先世当为泰山郡及兖州刺史而称欤？”

四是北海郡，因唐郓之后唐揣曾任北海太守，被尊为北海郡唐氏始祖。这支唐氏也确是望族。据《北史》记述，唐揣之子唐俨任东海太守，孙唐轮任青州太守，曾孙唐永任北地太守。因唐氏一家在山东北海世代为官，子孙便自称北海郡唐氏。北海郡系汉代所置，地在山东青州、莱州一带。隋改高阳郡。唐仍为北海郡。明清时为青州府。

从上述概况可以知道，唐姓的四大郡望都源于唐睢，实系同根。

唐氏的堂号丰富多彩，各有意义。

如百木堂，浙江嵊州唐氏堂名，源自唐代剡县令唐宗长任满后，隐居嵊州，土著百姓各献一木，为其构屋，故名。据嵊州《唐氏宗谱》载：“德施于民，民怀其德，众民各怀木一根，构百木堂一所以报之。”可见受百姓爱戴。

培德堂，系唐宗长的四世孙唐文成，从嵊州迁往新昌棠州，祠堂称培德堂，乃是培育祖德之意。又从棠州迁居秀峰，祠堂称报德堂，寓意是以善行报效祖德。

振德堂，浙江兰溪唐氏堂名。唐氏从淳安茶园迁至兰溪篁屿，所建祠堂称振德堂，有重振祖德之意。从篁屿迁往三泉的唐氏，所建祠堂名世德堂，含不忘累世祖德之意。

桐叶堂，安徽砀山唐寨镇唐氏堂名。史载周成王年幼时和弟弟叔虞一起玩耍，成王把一片桐叶剪成圭状送给叔虞，说：“把它封给你吧！”后来成王不得不将唐地封给叔虞，世称唐叔虞。唐叔虞成为后来晋国的开国君主。这就是“君无戏言，桐叶封弟”的典故。

唐氏名人，历来多有。如：

晋国的开国君主唐叔虞，本名姬虞，受封到唐地（今山西翼城一带）。其子继位后，改国号为晋。山西从此称晋。

楚国辞赋家唐勒，与宋玉同时，以赋见称。

梁国相术家唐举，以善相术著名，看人形状、颜色而知其吉凶。

南朝江南义军首领唐寓之，攻占钱塘后称帝，建吴政权。

北宋医药学家唐慎微，世代以医为业，著有《经史证类备急本草》。

明代画家唐寅，擅山水、人物、花鸟，与沈周、文徵明、仇英合称“明四家”。

散文家唐顺之，官至右佥都御史，代凤阳巡抚，为“唐宋派”人物之一。

明初农民军女首领唐赛儿，因民不聊生，揭竿而起，杀官掠地，后不知所终。

清初思想家唐甄，著有《潜书》，宗王阳明良知之学，反对空谈心性，主张富民。

陶瓷艺术家唐英，历任淮关、九江关、粤海关监督及督陶使等，能文善画，精通制瓷，诗文集为《陶人心语》。

清末维新派人物唐才常，早年参与创办时务学堂，编辑《湘学报》，后遭杀害。

近代政治家唐绍仪，民国第一任总理。

现代音韵学家唐兰，曾在北平师范大学、辅仁大学、中国大学任教，受聘为北平故宫博物馆金石鉴定专门委员。

在唐姓名人中，最为妇孺皆知的传奇人物是唐伯虎。唐伯虎就是画家唐寅，奇怪的是，他的名声之所以那么大，并不是因为他画得好，而是因为有一个叫秋香的丫鬟成就了他。民间盛传《唐伯虎点秋香》的故事，说号称江南第一风流才子的唐伯虎，对华太师家的丫鬟秋香一见钟情，后在船夫的帮助下混进华府，经历一番曲折，两人终于成婚。很多人考证过，历史上的唐寅并无“三笑”艳史，唐寅的人生甚至有些坎坷。

唐寅像（《历代名人绣像选》）

唐寅年轻时娶徐氏，夫妻恩爱，相濡以沫。数年之后，家中连遭不幸，父亲、母亲、妻子、儿子、妹妹相继去世。唐寅潜心苦读，准备科考，终于中举。然而参加会试时，因牵连科考舞弊案被捕下狱，后又被罢黜为吏。嗣后续娶一妻，却因不和而休妻。其后，唐寅游历四方，贫病交加，直至再娶沈氏为妻，才在苏州金阊门外筑屋，取名桃花庵。这位沈氏为他生了个女儿。

仕女图（唐寅绘）

《三笑》故事最初见项元汴《蕉窗杂录》，周玄暐《泾林杂记》描述更为详细。冯梦龙在《警世通言》中写了《唐解元一笑姻缘》后，影响更广。据说明代确有秋香其人，乃是南京的一个妓女，姓林，名奴儿，年纪要长唐寅一二十岁，估计唐寅见了她也未必一见钟情。华太师是无锡人，岁数又要小唐伯虎约三十岁。所以，唐伯虎与所谓“三笑”是无缘的。

唐寅的郡望是晋昌郡，他在书画题名时常署“晋昌唐寅”，有时也自称“鲁国唐生”。他的故居，今存旧址。唐寅的墓葬在苏州西郊横塘，墓包括墓区、神道、牌坊、六如堂、梦墨堂、闲来草堂等，墓碑镌刻“唐解元之墓”。

唐姓是常见的姓。我认识的翠璟堂主人姓唐。翠璟堂是一家经营珠宝的公司，巧得很，堂主名叫唐爱玉，顾名思义是中国人爱玉。

十四 谯郡戴氏

我对戴氏曾有好感，小学时代遇见一个姓戴的女生，肤白似雪，貌美如仙，伙伴皆以为神女。她的名字中有个“云”字，我们给她起了个代号，叫做“二八一”，因为“云”字可以拆分为二、八、一三字。后又认识一个戴姓女子，是个艺人，能解风情，只是生性多疑，易生纠结。总的来说，我见到的戴氏女子风仪和情商似乎都不错。

戴氏的来源，一说是以谥号为氏，为商汤的后裔。据史籍记载，周公旦曾封商纣庶兄子启于商的旧都，在今河南商丘建立宋国。宋国有君主谥号戴公，子孙遂以谥号为氏。如其庶子执，以父王的谥号为氏，称为戴执，后人遂以戴执为戴氏得姓的始祖。

一说戴氏以国为氏，源于春秋时的戴国。春秋时，戴国被郑国所灭，其国民为纪念故国，遂以国为姓。据考，戴国在今河南民权县东，一说在河南兰考，亡于郑国或宋国。

一说戴氏出自姬姓的戴公、戴伯，后人便姓戴。其他如满洲的戴佳氏，后改戴姓。也有说蚩尤姓戴。

在先秦时，戴氏活跃于河南一带，秦汉时东移到今安徽、山东、江苏、浙江等地，三国两晋南北朝时向长江三角洲拓展，并向西发展。唐时戴姓在华北、西北、四川等地都有定居点，后在几次南下移民潮中进入今福建、广东等地，并于清初进入台湾。戴姓在全国主要分布于浙江、江西，其次分布于湖南、江苏、山东、河南、湖北等省。全国形成了以东部江浙为首，沿长江向西延伸到川黔的戴氏聚集带。

戴氏的郡望，首先是谯郡。谯郡是东汉建安末年从沛郡分置的郡，治所在谯县（今安徽亳州）。三国时，谯郡相当于今安徽、河南两省的灵璧、蒙城、太和、鹿邑、永城等地。

其次是广陵郡。西汉时曾改江都国为广陵国，治所在广陵（今江苏扬州）。东汉改为广陵郡，辖境包括今江苏、安徽交界的一些地区。

再次是清河郡，治所在清阳（今河北清河东南），包括今河北清河及枣强、南宫各一部分，山东临清、夏津、武城等地。

戴氏的堂号有谯国堂，因东周时宋国贵族戴云升迁居谯郡，后代留居于此，故以谯国为堂名。又有独步堂，或云避贵堂，源自戴良的故事。戴良有高才，言行与众不同，他曾说："我独步天下，谁能与我比？"时人举他为孝廉，他不接受，请他做司空，他还是不愿意。州官强迫他出任，他就躲到山里去。戴姓的堂号还有广陵堂、清河堂、清华堂、赐礼堂、荣席堂、紫薇堂、注礼堂等。

戴姓宗祠的门楣题字，多用"注礼名家"四字。西汉人戴德、戴圣叔侄，一同学礼，两人均为博士。戴德选辑古代有关礼仪的论述，编成《大戴礼记》，世称"大戴"。戴圣又编辑前人有关礼仪等方面的文字，编成《小戴礼记》，世称"小戴"。为了颂扬戴德、戴圣的学问道德，戴氏正门多题"注礼名家"四字。

戴氏的楹联，多用"席传易学；业擅礼经"。上联指明代人戴圭，潜心治《易》，身体力行，著有《易经大旨》等书。下联指西汉戴德、戴圣叔侄。其他又有：

"逸情霞举；峻节山高。"上联谓南朝戴颙、戴勃兄弟，善于作画、鼓琴，隐居桐庐、吴中，得当地士人集资为其建房，被朝廷多次征召而不去。戴颙著有《逍遥论》。下联谓东晋戴逵，精于雕塑绘画之艺，因权贵使人召之弹琴，戴逵毅然破琴，对使者说："戴安道不为王门伶人。"

"九灵隐士；五女疏裳。"上联言元人戴良，得屡征而不仕，居九灵山下，自号“九灵山人”。下联言汉人戴良，生有五女，均嫁贤士，嫁妆只有粗衣、布被、竹笥、木屐。

“一经传旧德；五世振儒风。”上联云东汉经学家戴凭之事，下联云唐代戴元益五世同居之事，皆有名声。

“经传大小戴；名与斗山齐。”全联说西汉经学家戴德、戴圣之事。

“解经不穷，荣向金门累席；过目成诵，欢从玉殿传胪。”上联言东汉经学家戴凭事。下联言明代编修戴大宾事。

历代戴氏名人很多。如：

汉代礼学大师戴德、戴圣，今文礼学“大戴学”和“小戴学”的开创者。二人由于在礼学上的贡献，被后人尊称为儒宗。

东晋画家戴逵，擅长雕塑，反对佛教的因果报应说，著有《释疑论》。他为瓦官寺所塑《五世佛》，和顾恺之壁画《维摩诘示疾图》、狮子国（斯里兰卡）玉佛当时并称“三绝”。

唐代诗人戴叔伦，曾任新城令、东阳令、抚州刺史、容管经略使，晚年信道。其诗多表现隐逸生活和闲适情调，有《戴叔伦集》。

画家戴嵩，擅画田家、川原之景，写山泽水牛尤为著名，与韩幹画马齐名，世称“韩马戴牛”。

南宋诗人戴复古，长期浪游江湖，曾向陆游学诗，卒年八十有余，有《石屏诗集》《石屏词》。

元代文学家戴表元，文章高雅，时称“东南文章，首推表元”，有《郯源文集》。

诗人戴良，曾任淮南江北等处行中书省儒学提举，后至吴中依张士诚，又泛海至登莱，拟归元军，元亡后隐居四明山。明太祖召其至京师，欲与之官，他托病固辞。其作品有《九灵山房集》等。

明代画家戴进，善画山水，境界深远，兼工人物，设色纯熟，人推明代院体中第一手。

清代画家戴本孝，能诗文，工山水，多作卷册小景，擅用干笔焦墨，丘壑不繁，意境恬淡，近元人画趣。

戴震像（《清代学者像传》）

史学家戴名世，刊行《南山集》，有正史以外之事，因而触怒清廷，以大逆罪被杀，为清朝著名文字狱。

思想家戴震，对经学、天文、数学、历史、地理都有研究，为一代考据大师。后人编有《戴氏遗书》。

状元戴衢亨，乾隆四十三年进士，授翰林院修撰，从政谨慎，颇有远见，著有《震无咎斋诗稿》。

画家戴熙，道光年间进士，官至兵部右侍郎，后引疾致仕，曾在崇文书院任主讲。太平军克杭州时，他投水而死，谥号文节。其著有《习苦斋集》《习苦斋画絮》等。

数学家戴煦，与项名达同时研究三角函数的幂级数展开式和椭圆求周等问题，并代项氏续成遗著，有《对数简法》《四元玉鉴细草》等。

军统头目戴笠，字雨农，黄埔军校肄业，因飞机失事而亡，时有“雨农亡在雨中，戴笠死在戴山”之说。

抗日名将戴安澜，随中国远征军入缅对日作战，书写了抗战史上的光辉一页，后负伤殉国。

现代诗人戴望舒，现代派诗歌代表人物，著有《望舒草》《望舒诗稿》等。

关于戴氏最出名的典故，是《世说新语》中王子猷雪夜访戴安道的故事。《王子猷雪夜访戴》是南朝刘义庆所作，文中写道：

王子猷居山阴，夜大雪，眠觉，开室，命酌酒，四望皎然。因起彷徨，咏左思《招隐》诗。忽忆戴安道。时戴在剡，即便夜乘小舟就之。经宿方至，造门不前而返。人问其故，王曰："吾本乘兴而行，兴尽而返，何必见戴？"

文章的意思是王子猷家住在山阴，一天夜里下大雪，他一觉醒来，打开窗户，命仆人上酒，四处望去，一片晶莹。于是起身徘徊，吟诵左思的《招隐》诗。忽然想到老友戴逵（字安道）。当时戴逵远在曹娥江上游的剡县，王子猷即刻连夜乘小船前往。小船航行了一夜，才到戴逵家门前，王子猷却掉头返回。有人问他为何这样，王子猷说："我本来是乘着兴致前往，兴致已尽，自然返回，为何一定要见戴逵呢？"王子猷就是王徽之，东晋名士，王羲之之子，生性高傲，放诞不羁。书法得其父之传，世传《新月帖》等。戴安道即戴逵，王徽之的朋友，东晋时画家。戴逵终生不仕，博学多才，善于鼓琴，又工绘事，坚拒太宰武陵王召其鼓琴之命。王徽之曾雪夜访之，到门未入，反映了王徽之潇洒率真的个性，也可见东晋士族任性放达的风貌。

按照自己的兴致行事，而不囿于常理常情，这是一种自由舒展的人生态度。它不仅是一般人所说的任诞放浪、不拘形迹，而且具有超越时空的永恒价值与审美魅力。这使人想到水泊梁山的好汉——戴宗。

锦豹子小径逢戴宗（《忠义水浒传》）

十五 渤海石氏

石氏是常见的姓氏。石敬瑭、石达开都是有名的历史人物。我在南京工作时，结识一位姓石的朋友，他的老家在山东，后来知道，石氏的郡望有渤海、武威、平原、上党、河南等说，而山东也在渤海之滨。

石氏的郡望，按照时代先后来说，最先有上党郡。上党郡是战国时韩国所置，治所在壶关（今山西长治），西汉时，辖地在今山西境内沁水东部（今山西长治一带）。

其次是三川郡，秦时所置，西汉时改为河南郡，治所在今河南洛阳，辖地大致相当于今河南孟津、偃师、巩义、荥阳、原阳、中牟、郑州、新郑、新密、临汝、汝阳、伊川、洛阳等地。隋初废，后复为豫州河南郡。

再次是平原郡，始建于西汉，治所在今山东平原西南，辖境相当于今山东平原、禹城、齐河、临邑、商河、惠民、阳信等地。东汉后或为国，或为郡。北魏时废。隋唐时以德州为平原郡，治安德（今山东德州陵城区）。

再次是武威郡，西汉所置，治所在武威，辖地在今甘肃黄河以西、武威以东。

作为石氏主要郡望的渤海郡，自西汉时从巨鹿、上谷之地分立，治所在浮阳（今河北沧州）。唐时东北靺鞨族亦建立渤海郡，又称渤海国，辖地在松花江以南至渤海一带。唐玄宗册封大祚荣为渤海郡王，遂名渤海。渤海郡大致在今辽宁、河北、山东三省之间的渤海湾沿岸一带。

石姓的起源，据史籍载，源于姬姓，出自卫大夫石碏。春秋时康叔六世孙卫靖伯之孙石碏，在政治动荡中大义灭亲，为君子称道，故后人以石碏的字为姓。《左传》载：“石碏，纯臣也，恶州吁而厚与焉。大义灭亲，其是之谓乎！”

其他关于石姓起源的说法，有的说春秋时宋国公子段，字子石，其后代以先祖之字为姓，称石氏。有的说郑国公族后裔公子丰，字石癸，其子孙以先祖之字为姓，称石氏。有的说秦国有复姓石作氏，如孔子的弟子有石作蜀，《孔子家语》又称石子蜀，子孙简化为单姓石。

羯族、鲜卑、突厥等民族也有汉化而改姓石的。有名的如后晋创始人石敬瑭，本是沙陀人。唐时西域有石国，汉化后也改姓石。唐朝时，古波斯人来华商贾很多，留居中原者有取汉姓为石的。蒙古族、回族、满族都有汉化而改姓石的。如满族石佳氏世居叶赫乌苏河，后多冠汉姓石。最奇怪的是北齐皇太后娄氏患病，忽见衣服自动飘浮，便问巫婆是怎么回事。巫婆说，皇太后要改姓石才得以免祸。娄氏依计而行，改为石姓。《北齐书》载此事：“大宁二年春，太后寝疾，衣忽自举，用巫媪言改姓石氏。”

石氏多以望立堂，如渤海堂、河南堂、平原堂、武威堂、上党堂等。又有徂徕堂，出自宋朝石介。石介是山东徂徕山一带人，官国子监教授，人称“徂徕先生”。

石氏在秦汉前主要生活在北方，后来逐渐徙居江南。唐初有石氏迁至南方，成为闽南望族。其后又有支系迁入广东、台湾乃至海外。石氏有建立政权称王的。如十六国时羯人石勒自称赵王，占领北方大部分地区后称帝，年号建平。五代时沙陀人石敬瑭灭后唐而建后晋。

石氏名人很多，如：

始祖石碏，春秋卫国大夫，为人大义，道德忠纯，名闻诸侯，因有功于卫国，故世为卫大夫。

孔子门生石作蜀，自幼胸怀远志，聪颖敏学，仰慕孔子，投身孔门，得圣人教育和熏陶，为孔门七十二贤人之一。

楚国大臣石奢，坚直廉正，无所阿避。有杀人者，石奢追上去一看，是自己的父亲。他放走其父，归还请罪，说：“杀人者，臣之父也。夫以父立政，不孝也；废法纵罪，非忠也；臣罪当死。”楚昭王说：“追而不及，不当伏罪，子其治事矣。”石奢回答：“不私其父，非孝子也；不奉主法，非忠臣也。王赦其罪，上惠也；伏诛而死，臣职也。”石奢自刎而死。

战国时天文学家石申，著有《石氏星经》，系统观察金、木、水、火、土五大行星的运行，发现其出没的规律，数据被后世所用。

西汉大臣石奋，初为小吏，侍奉高祖。帝爱其恭敬，召其姊为美人。后列九卿，号为万石君。其人战战兢兢，如临深渊，如履薄冰，但敏于行事。

西晋石崇，财产无数，奢靡至极，以斗富闻名。

后晋建立者石敬瑭，沙陀人，为人精明，擅长权术，所聚珍异穷奢极丽。

宋初大将石守信，与赵匡胤结为兄弟，后以年老多病请辞，史称“杯酒释兵权”。

石韫玉像（《清代学者像传》）

思想家石介，理学先驱，曾创建泰山书院、徂徕书院，以《易经》《春秋》教授诸生，世称“徂徕先生”。

清代藏书家石韫玉，尝修《苏州府志》，为世所重，著有《独学庐诗文集》。友人张问陶病逝，石韫玉为之编成《船山诗草》二十卷，传为佳话。

太平天国翼王石达开，绰号

石敢当，天京事变后回京辅佐天王，因不被信任，负气出走，兵败大渡河。

现代画家石鲁，因崇拜石涛和鲁迅，改名石鲁，画风犷率、硬朗，有“野怪乱黑”之喻，“文革”中因此罹祸。

石氏的字辈排行，各地不同。如：

山东泰安石氏的排行用字：“道学宗仁义，家声恭谨传。寻源同一本，相勉效先贤。”

湖南南县石氏的排行用字：“金典克明，俊德方瑞，仁和义生。”

福建同安石氏的排行用字：“瑞兴萃育泰，达道永嘉长。”

安徽博望石氏的排行用字：“正大开宏运，文明启象贤。永绍高登业，长怀宝贵年。”

四川大竹石氏的排行用字：“志从万正朝，有勇奉为君。启尚月先兆，世代永乾坤。”

浙江象山石氏的排行用字：“开泰圣贤生，中邦政事行。先人惟积善，克守振朝廷。”

广东兴宁石氏的排行用字：“荣华家豪强，天锡庆其昌。福中生俊秀，奕世显明扬。”

湖北黄石石氏的排行用字：“宏成志本大，教义贞仙训。”

河北乐亭石氏的排行用字：“宣慈庆德，书品忠正，敦贻万惠。”

重庆南彭石氏的排行用字：“克孝崇宗本，家班自尔昌。安怀邵大德，富贵启明良。”

江西乐平石氏的排行用字：“钟秀琼瑶品，光联奎必香。声名扬海宇，万代永传芳。”

江苏泗阳石氏的排行用字：“如有开科，时道乃昌。安民和众，功德济世。”

石姓宗祠的对联也写得好，如：

“诗歌圣德；传载纯臣。”上联指北宋经学名家石介，曾作《庆历圣德颂》。下联指卫国大夫石碏，史称其“纯臣”。

“蓉城仙主；金谷名园。”上联谓北宋文人石延年，诗文为欧阳修等推重，能剧饮而不醉，人称“芙蓉酒仙”。下联谓西晋权贵石崇，建金谷园别墅，穷奢极丽。

“美人鼓瑟；内眷承封。”上联说汉石奋姊善鼓瑟，被高祖召为美人。下联说宋石景略母刘氏封为清廉君太夫人，妻虞氏封为毕郡夫人。

“同朝十学士，六部五尚书，跻跻冠裳夸右族；一门三状元，四代九御史，巍巍甲第羡名家。”明状元倪元璐题浙江新昌石大宗祠联。

在历代石氏名人中，给人印象最深的是西晋的石崇和当代的石鲁。

晋武帝问鼎中原，志得意满，沉湎于荒淫靡费之中。上有所好，下必效之，朝中权贵纷纷炫富。当时洛阳有三富，一是禁卫军头目羊琇，一是晋武帝舅父王恺，一是散骑常侍石崇，而以石崇、王恺之间的斗富让人咋舌。石崇一到洛阳，听说王恺家洗锅用稀糖水，就命自家厨房用蜡烛当柴烧。王恺在家门口用紫丝编成四十里屏障，石崇就用更昂贵的彩缎铺了五十里地面。最后，王恺拿出一株两尺多高的珊瑚树摆胜，却被石崇用铁如意砸碎，并搬来几十株珊瑚树还他，其中有的珊瑚树比王恺的大一倍。石崇就这样在历史上出了名。

对于石鲁的了解，主要是因为他的画风“野怪乱黑”，因此而被批斗得几乎丧命。我一直不知道“野怪乱黑”是什么意思，后来看过他的画，才知道他用墨尚黑，满纸烟云。实际上，石鲁的画多表现华山天险，黄河咆啸，用笔如刀，泻墨如瀑。对于无妄的批判，石鲁曾以打油诗嘲道：“人骂我野我更野，搜尽平凡创奇迹。人责我怪我何怪，不屑为奴偏自裁。人谓我乱不为乱，无法之法法更严。人笑我黑不太黑，黑到惊心动魂魄。野怪乱黑何足论，你有嘴舌我有心。生活为我出新意，我为生活传精神。”

《水浒》里有个好汉石秀，曾经杀死一个淫僧，他大概是我最早知道的姓石的名人。

我的石姓朋友，却是一个温婉的女子。石进原名石莉莎，这是她的

石秀智杀裴如海(《忠义水浒传》)

军人父亲在20世纪五十年代初期中苏友好时为她起的名字，她本人也特别喜欢。但到六十年代中期，这个名字显得不合时宜，而不得不改名。她开始想改成“石静”，但到派出所报户口时，公安人员说：“什么静不静啊，要跟着时代前进！”就擅自给她填上了“石进”的名字。她后来的名字就一直叫石进，这是她最不喜欢的名字，却用了大半辈子。

我和石进是在南京认识的。那时我们先后进入南京港工作，因为在宣传队排练节目而成为朋友。关于最初见面的印象，在将近四十年之后，石进写了一篇《我的好友韦明铧》的文章，回忆道：“当时的小韦同志，二十出头，长着一张白净的娃娃脸，闪着一双有神的大眼睛，看上去就是一个中学生模样，但比他的同伴都要显得小。因为他买饭菜时，总是面带微笑，不爱言语，一副讨喜的模样，所以在食堂工作的我对他有好印象。可是我们没有说过话，那时他也并不认识我。”“直到1972年二区组建文艺宣传队，我和韦明铧正巧都抽调去了，那时候才算正式认识对方。韦明铧当时在宣传队里非常突出，不但担任主要演员，还负责创作编剧任务。他也十分会演戏，什么小话剧、小演唱、三句半、样板戏，都无师自通。我现在还记得他参加自编自演的小节目，如相声、三句半、扬州评话等，在这些节目中，他不但积极参与，并且认真排演。1974年，单位再次组建批林批孔宣传队，他独创的扬州评话《孔子诛杀少正卯》，用浓重的扬州口音讲说故事，有声有色，真的精彩！因为他生得面善，说话风趣，当时我很喜欢和他说话，这样我们就成为谈得来的好朋友了。”

人生如飘萍。2017 年 7 月，我和石进分别将近四十年后，在苏州相逢。我是在苏州参加书展的，书展上有我的新书展出。我送了一本我的新书给她，并在扉页上题道：

相别金陵见姑苏，当年黑发今稀疏。
谁知三十六年后，犹记同游玄武湖。

回忆这段往事时，我们都差不多是古稀之年了，而当年我们同事时才二十岁左右。用她的话来说，是回顾青春，一地芳华。

十六 颍川陈氏

多年之前，我去安徽安庆旅游，见城外有高山，人称独秀峰。后来去独秀峰下凭吊陈独秀墓，竟不知道先有独秀峰，还是先有陈独秀。问当地人，方知先有独秀峰，后有陈独秀。陈独秀原名庆同，字仲甫，安庆人。他的名字独秀取自他家乡的独秀峰，这是毫无疑问的。

舜的后人遏父，担任周的制陶之官。周武王灭商后，封遏父之子妫满于陈国，史称陈胡公。陈胡公后人以国为氏，称为陈氏。陈胡公即为陈氏得姓始祖。陈胡公墓在河南淮阳，今淮阳城东南有陈胡公祠。

陈胡公的裔孙陈轸曾任楚相，封颍川侯。子孙多为显贵，如汉丞相陈平、南朝陈武帝陈霸先、三国吴主孙权等。

陈氏的郡望，主要有颍川郡、汝南郡、下邳郡、广陵郡、东海郡、武当郡、庐江郡、冯翊郡、京兆郡、新安郡等，其中最著名的是颍川郡。

颍川郡，秦时所置，以颍水得名，治所在今河南禹州，辖境包括今河南登封以东、尉氏以西、密县以南、叶县以北等地。颍川郡诸姓，以陈姓为首。

汝南郡，汉时所置，治所在河南上蔡，辖境相当于今河南中部偏南和安徽淮河以北。

下邳郡，东汉所置，治所在下邳（今江苏睢宁），辖地北至江苏邳县，南至安徽嘉山。

广陵郡，西汉所置诸侯国，东汉改为郡，治所在广陵（今江苏扬州）。

东海郡，原为秦所置之郯郡，后改东海郡，治所在郯（今山东郯城）。

武当郡，北魏所置，治所在今湖北均县。

庐江郡，汉时所置，隋初为庐江县，治所在舒（今安徽庐江），辖境相当于今安徽长江以北的庐江一带。

冯翊郡，汉时所置，治所在临晋（今陕西大荔）。

京兆郡，汉时所置，治所在长安（今陕西西安）。

新安郡，晋时由新都郡改置，在今浙江淳安以西，安徽新安江流域。隋代改歙州，后移至歙县，即后来的徽州。

陈姓的堂号很多，几乎有上百个。著名的有颍川堂、义门堂、德星堂、德聚堂、三恪堂等。颍川堂以陈氏发祥地河南颍川而得名。义门堂以颍川陈氏最著名的支脉义门陈氏而得名。德星堂、德聚堂的得名，都有一些故事。汉代太丘长陈寔的子侄以孝贤闻名。有一次陈寔率子孙游览许昌西湖，正值天上的德星聚会。于是太史上奏皇帝，说天上德星聚会，人间应有贤人聚会，汉灵帝就在许昌西湖敕建德星亭。后来陈氏族人便以德星或聚星为堂号，楹联为“颍川世泽；太丘家声”。又有三恪堂，恪是敬重之意。武王灭商后，将夏禹之后封于杞，商汤之后封于宋，虞舜之后封于陈，称为“三恪”，意为他们都是周朝的客人，不是臣子，应该尊敬他们。此外，陈姓的堂号有渑武堂、四勿堂等。

陈国灭亡后，族人四处逃散。有一支移居阳城（今河南登封），到了秦朝末年，出了农民起义领袖陈胜。西晋末年，中原战乱，陈氏也渡江南逃，移居江南各地，直到福建。陈氏与林、黄、郑、詹、丘、何、胡诸氏是中原最早进入福建的移民。这就是《闽书》所说的：“永嘉二年，中原板荡，衣冠始入闽者八族，所谓林、黄、陈、郑、詹、丘、何、胡是也。”唐时，闽南发生动乱，岭南行军总管陈政率兵前往讨伐，但招架不住，只得据城固守。陈政死后，他的儿子陈元光代父领兵，成为闽、粤、台及南洋诸岛陈姓最主要的一支。当地百姓尊崇陈元光，建了很多陈圣王庙，福建有百余座，台湾有数十座，南洋诸岛有二十多座，规模之大，香火之盛，不亚于佛寺道观。宋时，陈氏控制的漳、泉二州主动归顺宋太宗，陈氏在闽南仍为望族。明末清初，福建大规模向台湾移民，陈氏随之迁往台湾。据说陈氏族人在横渡台湾海峡时，或死于海上，或死于瘟疫，或死于械斗者甚多。由于清廷禁止携眷赴台，陈氏移民只好把妻小留在家乡，待赚到钱后再衣锦还乡。实际上事业有成者很少，多数移民与当地土著女子结婚生子。台北有陈氏总宗祠德星堂，楹联云：

箕裘全子，袍笏文孙，颍川郡凤毛世胄；

南国旌旄，东宫衣钵，李唐时虎拜龙庭。

其中的“箕裘”出自《礼记》，比喻祖先的事业。“南国”指江南建立的陈朝，乃是陈氏的荣耀。

陈姓宗祠的楹联，堪称文化遗产。如：

“元龙豪气；华岳希夷。”上联出三国陈登，字元龙，人称“元龙湖海之士，豪气未除”。下联出五代陈抟，隐居华山，获太宗赐号“希夷先生”。

“太丘德望；颍水渊源。”全联谓东汉陈寔，为太丘长，修德清静，百姓平安。

“名高七彦；才擅六奇。”上联言三国陈琳，建安七子之一。下联言汉人陈平，六出奇计，助高祖得天下。

“投辖留客；悬榻待贤。”上联说西汉陈遵好客，常将客人车轴上的销钉投入井中，使客不得急返。下联说东汉陈蕃，不善待客，惟徐穉至，特设一榻，穉去则将榻悬起。

“济时伟略；经国文章。”上联谓陈琳为曹操记室，军国书檄，多出其手。下联谓陈登具有豪气，怀抱济时伟略。

“张楚开纪元；文佳第一人。”上联指陈胜，曾建立张楚政权。下联指陈硕真，曾号文佳皇帝。

“鼎甲绵绵接武；春魁世世光宗。”上联言宋代陈文忠、陈文肃兄弟，先后中状元。下联言明代状元陈安、陈循、陈谨等。

“天下太平无一事；山中高卧有千年。”此系陈抟老祖庙联。

“亭台不落匡山后；策杖曾经工部来。”此系唐陈子昂读书台联。上联言李白曾在匡山读书。下联言杜甫曾拄杖前来。

“卧元龙之楼，耿耿济时伟略；读孔璋之檄，岩岩经国文章。”上联指陈登。下联指陈琳。

陈氏的排行用字，各地不同。如：

陈氏最重要分支——江州义门堂陈氏的排行用字：“开国万事立，其德震光月。性道为忠孝，心良必自新。强易催风照，勤起聚龙兵。”

湖南湘乡陈氏的排行用字：“翼道传经，崇对启绪。瑞焕列星，秀钟南楚。俊彦鼎升，鸿才轩奉。本茂支蕃，典敦礼叙。”

山东滕州陈氏的排行用字：“意翠玉风泰生震官林。”

安徽全椒陈氏的排行用字：“德大开宏业，家荣其俊英。”

河南信阳陈氏的排行用字：“元相福贵长，明登万事华，贤良安定国，忠厚争传家。”

陈氏历史名人极多，如秦末义军陈胜、西汉功臣陈平、三国文士陈琳、南朝后主陈叔宝、唐三藏陈祎、明朝名妓陈圆圆等。略具数例：

陈国第一任君主陈胡公，舜帝之后。陈胡公在位期间，修筑陈城，以周朝仁德教化百姓，使陈国成礼仪之邦。

秦末农民军将领陈胜，与吴广在蕲县大泽乡斩木为兵，揭竿为旗，抗御暴秦，建立张楚，失败后被车夫杀害。

西汉王朝功臣陈平，少时喜读书，有大志，曾为乡里分肉，甚均。父老赞之。他感慨地说：“使平得宰天下，亦如此肉矣！”陈平久居相位，且得善终。

汉武帝刘彻陈皇后，名陈阿娇或陈娇，与刘彻青梅竹马，后为大汉皇后。“千金买赋”及“金屋藏娇”等典故，都与陈皇后有关。

广陵太守陈登，桀骜不驯，学识渊博，智谋过人，能体察民情，开发水利，抚弱育孤，深得百姓敬重。

汉代贤士陈寔，少年好学，修德清静，百姓拥戴，卒后，海内赴吊者三万余人，制哀麻者以百数，共刊石立碑，谥为文范先生。

建安七子之一陈琳，初从袁绍，后归曹操，为司空军谋祭酒，管记室，诗、文、赋兼善，代表作《饮马长城窟行》《为袁绍檄豫州文》，有《陈记室集》。

陈后主陈叔宝(《百帝图》)

西晋史学家陈寿，在三国分裂局面结束后，历经十年时间完成纪传体史学巨著《三国志》，完整记叙了自汉末至晋初近百年间历史全貌，与《史记》《汉书》《后汉书》并称“前四史”。

陈朝开国皇帝陈霸先，出身卑微，史称他倜傥大度，志度弘远，不理家产，明达果断。

南朝陈后主陈叔宝，日与妃嫔、文臣游宴，制作艳词。他不是称职的皇帝，但他在辞赋上有很高造诣。

唐三藏陈祎，与鸠摩罗什、真谛并称为中国佛教三大翻译家，唯识宗的创始者。贞观年间从凉州出玉门关西行，历经艰难到天竺取经，著有《大唐西域记》等。

初唐四杰之一陈子昂，曾任右拾遗，后世因此称其为陈拾遗，代表作《登幽州台歌》等。

宋代陈抟老祖，道教师祖，将道教方术、儒家修养、佛教禅念归为一流，对后代有较大影响，有《易龙图》传于世。

明末书画家陈洪绶，号老莲，一生以画见长，尤工人物画，与顺天崔子忠齐名，号称“南陈北崔”，人谓“明三百年无此笔墨”。

清代帝师陈廷敬，先后任康熙帝师、吏部尚书、文渊阁大学士、《康熙字典》总修官等职。

清初才女陈素素，善于弹琴，工于赋诗，著有《二分明月集》。自号“二分明月女子”。她的故事被朱素臣谱为传奇《秦楼月》。

太平天国英王陈玉成，先破江北大营，再破江南大营，后为叛徒诱捕，在河南延津就义。

新文化运动倡导者陈独秀，创办《新青年》杂志，举起民主与科学的旗帜，后发起组建中国共产党，后来脱党。

华侨领袖陈嘉庚，企业家、教育家、慈善家、社会活动家，曾任中国人民政治协商会议全国委员会副主席。

数学家陈景润，1973 年发表（1+2）详细证明，被公认对哥德巴赫猜想研究有重大贡献。

在历代陈氏名人中，我偏爱陈登和陈琳。

在扬州西北，古代曾有接济运河和灌溉农田的五座水塘——陈公塘、勾城塘、上雷塘、下雷塘、小新塘，合称五塘。其中陈公塘，因东汉末年广陵太守陈登所筑而得名，后人因“爱其功，敬其事”，又称其为爱敬陂。

陈登，字元龙，下邳淮浦即今江苏涟水人，为人爽朗，性格沉静，智谋过人，少年时有扶世济民之志，并且博览群书，学识渊博。二十余岁，举孝廉，任东阳知县，在位体察民情，抚弱育孤，深得百姓敬重。后来徐州牧陶谦提拔他为典农校尉，主管农业生产。他亲自考察土壤状况，兴修水利，发展灌溉，使汉末迭遭破坏的徐州农业得到一定程度的恢复，百姓安居乐业。建安初年，陈登出使许都，向曹操面陈破吕布之计，深得曹操嘉许，被任命为广陵太守。

陈登就任广陵太守后，移治于射阳（今江苏宝应）。他明赏罚，重威治，使广陵松弛的吏治为之一振。为了筹划一支精兵策应曹操，他恩威并济，成功地化解薛州武装，转为己用。同时，陈登很注意安抚民众，发展生产，不到一年就使广陵呈现出欣欣向荣的气象。百姓深服陈登的治理，对他既敬畏又拥戴，陈登在广陵树立起了崇高的威望。建安年间，曹操挥军东出，进剿吕布。陈登亲率精兵，由广陵出发，围吕布于下邳城。吕布伏诛后，陈登因特殊功勋进封伏波将军，仍为广陵太守，甚得江淮民心。

陈登一生的主要成就，在政治上是消灭吕布，击败孙策，在经济上是兴修水利，发展农业。他在扬州推动了几项意义深远的水利工程，如改道邗沟、设置五塘、开凿龙河，它们与扬州经济文化的发展关系密切。

在陈登来广陵以前，南北运输依然靠吴王夫差开凿的邗沟故道，从广陵到淮河要先入高邮湖，向东北绕经博支湖、射阳湖，再转头折向西，转白马湖，由末口入淮。如此水道曲折，旷日持久，费力费时。陈登决定开辟另一捷径，由高邮湖直下界首湖，再北通白马湖。这样船从广陵启航入淮，航程大大缩短。这条河史称“邗沟西道”，也是现在京杭大运河扬州段的主要航道。

在五塘中，陈公塘最大，周边长九十多里，可灌田千余顷，塘址在仪征白羊山以南，官塘集、龙河集以北。陈公塘的东、西、北三面倚山为岸，南面筑垒成堤，如今尚有遗迹可寻，当地人称其为“龙埂”。勾城塘面积比陈公塘小，周边长十八余里，塘址在乌塔沟与沿山河交汇处，塘水沿乌塔沟流入仪扬运河。小新塘、上雷塘、下雷塘都比较小，周长只有六七里，槐子河将这三个塘串连起来，从西向东分别是小新塘、上雷塘、下雷塘。当年的塘水可从小新塘注入上雷塘，再转入下雷塘，沿槐子河往东流入大运河。

五塘体现了陈登的智慧和担当。在古代广陵的生产条件下，利用山区高低起伏的地形，修筑水库塘坝以蓄水，既保证了城乡人民的生活，又确保了蓄洪排涝，还能够输水于运河以保障通航。扬州五塘也带动了周边各县的湖塘建设。据史料记载，此后有宝应二塘，仪征四塘，高邮三塘，江都五塘，共计十四塘。陈登在广陵治水方面的功绩是不可抹杀的。五塘一直发挥作用，唐贞观年间李袭誉修雷塘引水渠，又新筑勾城塘。贞元年间杜亚修陈公塘和勾城塘，建斗门，引渠水至扬州接济运河，并灌溉两岸农田。宋大中祥符、淳熙年间均大修五塘堤闸，保障航运和灌溉。到明前期，五塘仍用以济运，成化年间曾大修，后虽有修浚，终于占垦为田。清雍正时，疏浚了勾城塘通运河的乌塔沟。清中期后，五塘不复存在。

陈登还开挖了龙河。扬州的地势西北高，东南低，高处容易干旱，低处容易内涝。为了给缺水的山区解决水源问题，陈登修建了一条南北人工水道，把南水引向北边，为山区农业发展提供了保障。百姓为了纪念他，将这条贯穿仪扬山区的水道称为元龙河，即今天的龙河，龙河镇也由此而名。

陈登在广陵多年，治理有方，为民造福。陈登转任东郡太守时，广陵吏民扶老携幼，要随陈登一起北迁。陈登十分感动，耐心地劝说他们回去："我在广陵任太守，吴寇频频来犯，总算勉强打跑了他们。我走后，你们不用担心，肯定会有更好的太守来治理广陵的。"百姓终于被陈登说服，不再坚持。陈登与广陵百姓建立的鱼水深情，令人感叹。

陈登早年有病，虽经神医华佗诊治，并未除根，后来病重，因华佗不在，无人可治，溘然长逝，时年三十九岁。《三国志·华佗传》记道；

广陵太守陈登得病，胸中烦懑，面赤不食。佗脉之曰："府君胃中有虫数升，欲成内疽，食腥物所为也。"即作汤二升，先服一升，斯须尽服之。食顷，吐出三升许虫，赤头皆动，半身是生鱼脍也，所苦便愈。佗曰："此病后三期当发，遇良医乃可济救。"依期果发动，时佗不在，如言而死。

后人认为，陈登可能是吃海鲜时，由于当时的卫生条件差，海鲜中有后来所谓的“血滴虫”。当时虽被华佗治好了，但还留下后遗症，正如华佗所说：“遇良医乃可济救。”不遇良医，则如言而死。

陈登生当乱世，自有一种豪爽之气，人称“元龙豪气”。《三国志》写道：

> 陈登者，字元龙，在广陵有威名。又掎角吕布有功，加伏波将军，年三十九卒。后许汜与刘备并在荆州牧刘表坐，表与备共论天下人，汜曰：“陈元龙湖海之士，豪气不除。”备谓表曰：“许君论是非？”表曰：“欲言非，此君为善士，不宜虚言；欲言是，元龙名重天下。”备问汜：“君言豪，宁有事邪？”汜曰：“昔遭乱过下邳，见元龙。元龙无客主之意，久不相与语，自上大床卧，使客卧下床。”备曰：“君有国士之名，今天下大乱，帝主失所，望君忧国忘家，有救世之意，而君求田问舍，言无可采，是元龙所讳也，何缘当与君语？如小人，欲卧百尺楼上，卧君于地，何但上下床之间邪？”表大笑。备因言曰：“若元龙文武胆志，当求之于古耳，造次难得比也。”

在扬州北面的宝应，有九里一千墩，建安七子之一陈琳就葬在这里。陈琳，字孔璋，广陵射阳人，生年无确考，只知在建安七子中年齿较长，大约与让梨的孔融相当。在汉灵帝时，陈琳为大将军何进的主簿。何进被杀后，陈琳依附袁绍。官渡之战爆发，陈琳作《为袁绍檄豫州文》，名闻天下。袁绍败后，陈琳归附曹操，担任司空军谋祭酒，管记室，军国书檄多为陈琳所作。曹操深爱其才。据说对于陈琳的作品，曹操不能增减一字。建安年间爆发大疫，陈琳染疾逝世，史载葬于宝应。

九里一千墩是汉墓群。从射阳湖镇赵家村算起，到天平乡天平庄为止，东西长九里，其间有墓墩千百。有书上说，楚霸王的叔父项伯、三国时称帝的袁术和建安七子之一陈琳均葬于此。这里曾经出土铜虎、千斤镫、双鱼铜洗等铜器以及陶器、玉器、铁器等，历来为识者所重。但我最想看的，是陈琳墓。

在一望无垠的稻田中间，不时有隆起的土墩散落其间，那就是汉墓。询问同行的宝应朋友，陈琳究竟葬于何处，回答却语焉不详。待到归来，翻检旧籍，才知道陈琳墓址有几种说法。

陈琳之死距今将近一千八百年。墓表文物早已不存，文献记载又不得要领，要确知他的墓址所在，除非有地下出土文物证明。不过迄今为止，并无这方面的确凿消息。宝应志书对墓冢文物的记载，只是“墓旧有碣今亡”六字。实际上，真正看到陈琳墓并且留下文字的人，是一千多年前的唐人。最出名的当然是温庭筠的《过陈琳墓》：

曾于青史见遗文，今日飘蓬过此坟。
词客有灵应识我，霸才无主始怜君。
石麟埋没藏春草，铜雀荒凉对暮云。
莫怪临风倍惆怅，欲将书剑学从军。

这首怀古之作，表面上凭吊陈琳，其实是自鸣不平。开头说在史书上读过陈琳的文章，如今在漂泊中又正好经过陈琳的墓。“曾于青史见遗文”，不仅点出陈琳以文章名世，而且寓含着崇慕之情。“今日飘蓬过此坟”暗示诗人的不幸际遇。诗中说的“霸才”，犹言盖世超群之才。陈琳遇到曹操那样豁达爱才的明君，自是霸才“有主”，而自己遭遇与陈琳相反，“霸才无主”正是诗人的自我写照。因为年深日久，陈琳墓前的石麒麟已经深埋在萋萋春草之中，显得荒凉寥落。由此联想到邺下的铜雀台，现在大约也只剩下一片荒凉，遥对暮云了。细读此诗，温庭筠诗中的确别有寄托，不过他没有为我们提供更多关于陈琳墓的材料。

唐末诗人吴融，也写过一首《陈琳墓》：

冀州飞檄傲英雄，却把文辞事邺宫。

纵道笔端由我得，九泉何面见袁公。

吴融的诗不如温庭筠的诗出名，但他的笔锋所向，正触动了陈琳一生三易其主的隐痛。陈琳的一生不很得志，他虽然被列为建安七子之一，终身不过是清客或者幕僚。他先后事过何进、袁绍、曹操三主。汉灵帝末年，先任大将军何进的主簿。何进为诛宦官，召四方边将进入京城洛阳，陈琳谏阻，但何进不听导致事败被杀。陈琳不得已，避难冀州，入袁绍之幕。袁绍委任他负责文章之事，军中文书，多出其手。最著名的是《为袁绍檄豫州文》，文中历数曹操罪状，诋斥及其父祖，大声疾呼“此乃忠臣肝脑涂地之秋，烈士立功之会，可不勖哉！”并说：“其得操首者，封五千户侯，赏钱五千万。”这就是吴融诗中说的“冀州飞檄傲英雄”。然而官渡一战，袁绍大败，陈琳竟为曹军俘获。曹操看到阶下之囚陈琳，就想起他曾骂他先人“饕餮放横，伤化虐民”“窃盗鼎司，倾覆重器”，怒不可遏。《后汉演义》第八十二回描写曹操与陈琳的见面情形：

却说陈琳被曹军擒住，解至操前，操盛怒相待。及见琳温文尔雅，不禁起了怜才的念头，即霁颜问琳道：“卿前为本初作檄，但可罪状孤身，奈何上及祖父呢？”琳答说道：“箭在弦上，不得不发。公今罪琳，琳亦知罪了；活琳惟公，杀琳亦惟公。”操听了琳言，怒意益平，遂赦免琳罪，使与陈留人阮瑀同为记室。

陈琳区区一语，却使曹操动了怜才之心，不但不被杀，而且获留用。陈琳跟随曹操之后，先署为司空军谋祭酒，使与阮瑀同管记室，后又徙为丞相门下督，而当年锐气荡然无存。《三国演义》第五十六回写道：“时有王朗、钟繇、王粲、陈琳一班文官，进献诗章。诗中多有称颂曹操功德巍巍、合当受命之意。曹操逐一览毕，笑曰：‘诸公佳作，过誉甚矣……’众皆起拜曰：‘虽伊尹、周公，不及丞相矣。’”这也就是吴融诗中所写的“九泉何面见袁公”。陈琳从痛骂曹操到献媚曹操，到九泉之下还有何面目见故主袁绍呢？

陈琳不过是一个文人而已。作为文人，他无愧于“建安七子”的称号。建安文学以诗歌成绩最为显著，作品反映社会动乱和人民颠沛，要求国家统一和百姓安居。因词情慷慨，语言刚健，被后人称为建安风骨，主要作家是“三曹”与“七子”。除了孔融后来与曹操发生冲突被杀，其余六人都是曹魏政权的拥戴者。他们追随曹操南北征战，希望在动荡的时代有所建树。他们的作品深刻反映了社会现实，抒写了对于乱世中人民的悲悯之心。这种壮烈情怀，构成了他们文学创作的基调。

陈氏的基因中也许有一种慷慨气质。最近在与画家陈革的交往中，也能感受到一种超脱执着的气象。陈革自称是“新金陵画派”，专攻山水，师法前人，出以己意。我曾为她的画展作序，其中说：“一个艺术家不必动辄宣称自成一派，但是公开提起自己所尊崇的艺术主张，却是艺术自信的表现。金陵画派以画山水为主，新金陵画派承其余绪，亦倾心于高山大川，视野开阔，气象恢弘。金陵画派的艺术主张与扬州画派大相径庭。概而言之，金陵画派师古人，尊正统，而扬州画派抒性灵，求新异，其不同如此。”陈革的优点是坚持理想，晨昏不辍。一个人如果坚持不懈，经年之后，必有所成。

十七 东海徐氏

徐姓在我们周边是比较常见的。我有一个表妹姓徐，有一个同学也姓徐，虽然多年没有什么联系，彼此也都还记得对方。不过即使见面，也已经没有多少共同话题了。倒是有一位老家的徐姓诗人，名唤坤庆，一辈子做小学教师，晚年忽然热衷于写诗，并请我为他的诗集作序。看过《三国演义》的，都记得大将徐晃，他因为治军严整，而被曹操赞为“有周亚夫之风”。

大战徐晃（《关帝圣迹图记》）

古有徐国，在今安徽北部，那是徐氏的发源地。等到徐国灭亡了，国人纷纷向北方逃散。先秦时，徐氏主要分布于安徽、江苏、山东等地。秦汉时，徐氏已散居于北方大部分地区，并在山东、河南等地形成多处徐氏郡望。同时，徐氏逐渐南迁至江西、浙江一带，但仍以黄河下游为主。魏晋时，徐氏大规模南迁，淮河流域和长江下游流域为主要繁衍地。宋元时，徐氏由江西迁至福建、广东等地。明朝时，徐氏主要集中于今浙江、江苏、江西、安徽、福建、山东、湖北等地，西北和西南则较少。

徐氏主要源自嬴姓，其远祖可追溯到五帝时代的少昊，他属于嬴姓。少昊的重孙叫伯益，因为协助大禹治水有功，所以夏王封伯益之子若木于徐国，地在今安徽泗县。徐国历经夏、商、周三代，史称徐戎、徐夷或徐方。春秋时，徐国反周，被周所灭，后又封徐王之后为徐子。战国时，吴、越、楚三国相争，最终徐国归楚，子孙遂以徐为氏，住在江淮一带。

或说徐氏出于其他民族改姓。如北魏时宁夏贺兰山的氏族，有改姓徐的。蒙古族的苏密尔氏，后来也改姓徐。百济国王子将姓氏改为徐，其他高丽族人也有改姓徐的。满洲八旗的舒禄氏、徐吉氏、舒穆禄氏等氏族，后来都改姓徐。

徐姓的始祖，是夏朝的徐若木。徐若木是伯益之子，因为伯益辅佐大禹治水有功，所以若木被封到徐地，建立徐国，称为徐若木。他的后代也就以国为姓，称为徐氏。

徐氏的郡望，主要有东海郡、高平郡、高宛郡、琅邪郡等。

东海郡，一名郯郡，秦代始置，郡治在郯县（今山东郯城），辖境包括今山东临沂南部与江苏北部，属徐州刺史部。东汉、三国时为东海国。西晋复置郡。隋初废，唐改海州。

高平郡，西晋时置高平国，治所在昌邑（今山东巨野）。东晋末废，刘宋时置高平郡。隋时又废。

高宛郡，又作高菀，西汉所置，治所在今山东邹平苑城。东汉时属乐安国，西晋为乐安国治所。南朝宋废。

琅邪郡，秦三十六郡之一，治所在琅邪（今山东青岛琅邪镇）。西汉时，琅邪郡治迁至东武（今山东诸城），隶属徐州刺史部。东汉时改琅邪郡为琅邪国，建都开阳（今山东临沂）。琅邪历经三国、晋朝、南北朝、隋朝、唐朝、两宋，定名沂州。

徐氏的堂号有东海堂、高平堂、高宛堂、琅邪堂、雪山堂等，大抵以望立堂。

徐氏宗祠的楹联，内容文采俱佳。如：

“南州世泽；东海家声。”上联指东汉徐穉，人称“南州高士”。下联指秦时徐福，曾携童男童女渡海访仙。

“会烛夜绩；刻像上食。”上联谓战国时贫妇徐吾，与邻妇会烛夜绩。下联谓明人徐彪，亲人亡后，刻木为像，每日祷告。

“幼慧作小山名著；夜绩借东壁余光。”上联言唐代徐坚女事。下联言战国时徐吾之事。

“春随香草千年艳；人与梅花一样清。”此为明朝地理学家徐霞客自题联。

“亭育托燕畿，佳气常浮白云观；宗支分卫水，清波远溯绕虎桥。”此为河南卫辉徐世昌家祠堂联。

“一派出鄱阳，于江于淮于河于汉；二支分皖岳，有松有柏有梓有楠。”此为安徽潜山徐氏宗祠联。

历代徐氏名人很多。略如：

西汉治水专家徐伯，曾主持漕运开凿工程，费时三年，用工数万，终于成功。他发明井渠法，即在地下开挖水渠，凿井深数丈，使井与井之间互相串连，形成连环水系。

三国曹魏名将徐晃，参与官渡之战、白狼山之战、赤壁之战、关中征伐、平凉州之战、汉中之战等重大战役，治军严整，被曹操评为“有周亚夫之风”。

唐代名将徐世勣，即李勣，早年投身瓦岗军，后降唐，成为唐朝开疆拓土的主要战将，累封英国公。

福建首位状元徐晦，考试与授官均得杨凭举荐。杨凭获罪后，亲友无人敢送，唯有徐晦亲送杨凭。御史中丞李夷简是杨凭对头，却上奏徐晦为监察御史。徐晦问他何故，李夷简说：“君不负杨凭，肯负国乎？”

英国公徐敬业，即李敬业，善骑射，有才智。武后临朝称制，李敬业与其弟徐敬猷、唐之奇、杜求仁、骆宾王等人起兵于扬州，以勤王为名出师。骆宾王为此写了著名的《为徐敬业讨武曌檄》以号召天下。

宋代文字学家徐铉、徐锴兄弟，人称“大小徐”。徐铉十岁能文，与韩熙载齐名，人称“韩徐”，工书法，精小学，校订《说文解字》。弟徐锴自幼聪颖，虽隆冬酷暑读书不辍，著有《说文解字系传》《说文解字韵谱》。

南宋衢州武状元徐徽言，抗金名将，少怀壮志，兼习文武，北宋亡后，召集民间勇士数十万相约收复失地。被俘后，金帅令人劝降，徽言厉声斥责。金人知不可屈，遂射杀之。

明朝开国元勋徐达，曾任征虏大将军，与副将常遇春挥师北伐，推翻元朝，为人谨慎，善于治军，封魏国公、中山王。

探险家徐霞客，一生志在四方，达人所未至，探人所未知，撰有《徐霞客游记》，被称为千古奇人。

徐光启像（佚名绘）

书画家徐渭，号青藤老人，诗文、戏剧、书画都独树一帜，与解缙、杨慎并称“明代三才子”，有杂剧《四声猿》等。

明末科学家徐光启，官至礼部尚书兼文渊阁大学士，毕生致力于数学、天文、历法、水利等研究，译有《几何原本》《泰西水法》，有著作《农政全书》等。

清代广陵琴派创始者徐常遇，著有《澄鉴堂琴谱》。

现代诗人徐志摩，新月社成员，代表作有《再别康桥》《翡冷翠的一夜》，后因飞机失事罹难。

值得一提的是历史上有两对

“二徐”。

在徐氏名人中，最有学问的要数宋人“二徐”。徐铉初事南唐，历任御史大夫等，官至吏部尚书。南唐亡后，徐铉归宋，累官至散骑常侍。其人博学多才。一日，有一只象死了，取象胆不获。徐铉说：“于前左足求之。”果得。皇上问徐铉何以得知，徐铉说：“象胆随四时在足，今方二月，故知之。”徐铉曾奉旨与同僚校正《说文解字》，并雕版流布，世称“大徐本”，又曾编纂《文苑英华》《太平广记》等书。徐铉的文章有晚唐骈俪之意，而诗风颇近白居易，平易浅切，真率自然。徐铉文思敏捷，凡要作文，从不打稿，有请他写文章的，挥笔立就。徐铉曾说：“文速则意思敏壮，缓则体势疏慢。”

徐铉的弟弟徐锴开始也仕于南唐，为校书郎，后来官职屡有升降。徐锴的博学强记，倍于常人。徐锴与徐铉一样，精通文字训诂之学。他的《说文解字系传》，其实就是《说文解字》的注解，是汉魏以来最早的系统而详密的《说文解字》研究著作，世称“小徐本”。

在徐氏名人中，最懂艺术的要数清人“二徐”。父亲徐常遇，广陵琴派创始人。徐常遇精通音律，对于传统琴曲的态度是力主保持原貌，反对随意更改。他操琴喜用偏锋，取音柔和，节奏自由，崇尚清古淡泊，与虞山派的清微淡远旨趣相近。徐常遇以毕生精力编著《琴谱指法》，后称《澄鉴堂琴谱》。此谱从康熙年间至乾隆年间三次重刻，凡操缦之家必备此谱。徐常遇创立的广陵派，对传统琴曲的改编和发展都很有成就。徐常遇本人对待传统琴曲尤为慎重。他对于传至今日的古琴曲大都经人删改的情况，提出了“古曲设有不尽善处，可删不可增”的原则。他认为，如果大曲过于冗长重沓，是可以删汰而成新曲的，如《羽化登仙》删为《岳阳三醉》，《汉宫秋月》删为《汉宫秋》，《渔歌》删为《醉渔唱晚》等。但删改者必须“能识作者之旨”，反对“无知妄人，谬为妄删”。徐常遇认为，总的说来，删减要比增添好一些，理由是对古曲如果删得不好，最多如古玩字画之有破损，其未损处仍未尝减色也；

可是如果增添得不恰当，就像一碗清水加进了浊物，再无还原之日矣。他甚至认为，“即使加得极佳，终非古人本来所有”。

徐常遇有三个儿子，均能传承家学。尤其是长子徐祜和三子徐祎。这两人年轻时曾去北京报国寺操琴献艺，四座倾倒。一时间京师盛传“江南二徐”。据说康熙帝闻其名，召见于畅春院，徐祜、徐祎对皇帝弹奏了数曲。徐祎的成就最大，徐常遇的琴书编辑出版，主要得力于徐祎。《扬州画舫录》说：“扬州琴学以徐祎为最。”有人以唐诗“一声已动物皆静，四座无言星欲稀”来赞美他的琴艺。徐祎之子徐锦堂也能继承家学，并传给弟子吴灴。

在我的学生中，有一位来自苏北的徐海霞，爱好文学，擅长书画，学的却是电影放映管理专业。她和我谈过她的文学理想，也只是理想而已，我只能劝慰而已。她长得相貌清秀，身材娇小，宛似江南女子，却是楚霸王项羽的同乡，老家在宿迁。她给我写过许多信，报告她的工作和生活，诉说她的理想和现实。我们已经多年不联系了，但还互相惦记着。人生，就是这么高一脚、低一脚地走过。

十八 泗水雎氏

雎这个姓氏很少见，平时也很容易把它和睢混淆。雎的左边是“且”，睢的左边是目。两个字的读音完全不同，前者念 jū，后者念 suī。我知道雎这个姓氏很早，是因为元代有个著名散曲家名叫雎景臣。认识“雎”的最好的办法，是读一读《诗经》里的《关雎》：“关关雎鸠，在河之洲。”雎应是一种水鸟，叫起来大概发出“呱呱”的声音，也就是“关关”。

有人认为，雎姓的源头可以从《春秋左传》中找到答案。据书中记载，昭公的时候，郯子来朝，公与之宴。席间有人问道，少皞氏用鸟的名字来名官，是什么道理？郯子说，那是我的祖先，我知道。从前黄帝以云名官，炎帝以火名官，共工以水名官，大皞以龙名官，而少皞时恰好有凤鸟飞来，故以鸟名官。具体的官职，根据各种鸟类的特点来区别。少皞根据诸鸟的表现来论功行赏，其中雎鸠是一种水鸟，平时执著诚恳而善辨是非，所以被命名为主管法制的官名，相当于后世的司马。雎鸠氏的后代，简称雎氏。

雎氏的发源地在东夷。上古时期，少皞领导的部落联盟东夷属徐国范畴，地在江苏泗洪，又称泗水郡，后来才散居各地。据说全国姓雎的人不足一万，主要集中居住在江苏扬州仪征、陕西西安临潼两地。扬州仪征的雎氏人口有数千人，西安临潼有雎家堡、沟南雎、雎沟三个雎姓自然村。扬州原是东夷故地。据调查，扬州南郊和仪征新城、新集、朴席、张集等地均有雎姓，是全国雎姓人口集中地域，约占全国雎姓人口

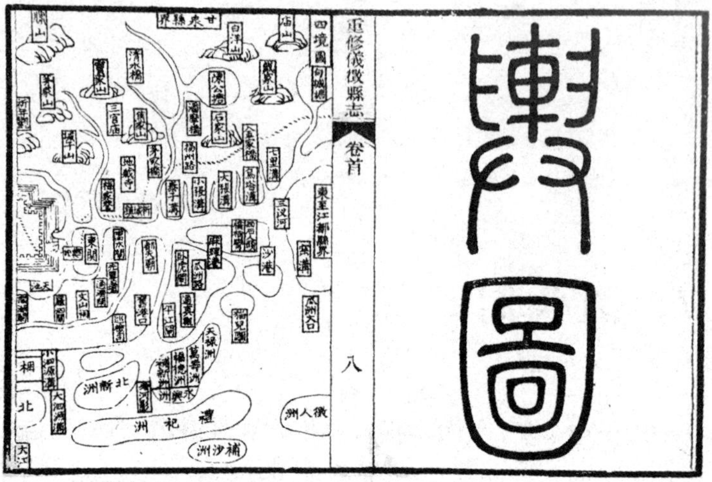

仪征是睢氏聚居之地（《重修仪征县志》）

的三分之一。西安的睢氏应是人口迁移的结果。除了睢家堡、沟南睢、睢沟，铁炉塬的小金乡东睢嘴、西睢嘴，也以睢姓人口居多。

睢氏的堂号不多。主要有绿竹堂，因为祖先住在深山竹海，平日支竹搭棚，以避寒暑，荒年刨笋充饥，以度春秋，遂以绿竹为堂号。另有渤海堂，因以渤海为郡望故名。

关于睢氏的排行用字，资料不多，略有：

江苏仪征睢氏的排行用字：“正庭长德万学有，承恩泽嘉胡广久。年天开文运福庆，保根敬绿竹中留。青枫江尚森帆远，源泉建树应浩秋。”

四川内江睢氏的排行用字：“章丛世德，荣华富贵。正家远主，大清坚惠。”

内蒙托县睢氏的排行用字：“世英维成，元在亮世。”

睢氏名人，史载甚少，而且常常睢、雎混用。古代以“雎”字作为人名的，间或有之，如战国时魏国策士唐雎、谋略家范雎等。

相传女娲开始姓睢，后来姓风，但并不可信。写入史书的睢氏名人，有楚国睢大夫，秦国大将睢义，汉代睢真，元代散曲家睢景臣，弘文馆学士睢明义，明初监察御史睢稼，成化举人睢泽、睢淳、睢渊，清朝临潼名人睢文渊等。

睢景臣，字景贤，扬州人，在元代散曲家中是一位特立独行的人物。他自幼读书刻苦，心性聪明，尤其酷好音律。他同关汉卿等人一样，是勾栏瓦肆中的常客。他目睹社会下层人民的生活，对权贵们的骄横跋扈深恶痛绝。他的生活十分窘困，寄栖庙祠，颇多感慨。现实的遭遇，敏锐的感受，和当时扬州民间流行的各种民歌、小调、俗曲，促使他用一种充满民间情趣的方式去反映社会。元代戏曲家钟嗣成在《录鬼簿》中说："维扬诸公，俱作《高祖还乡》套数，惟公《哨遍》制作新奇，诸公皆出其下。"可见他当时已负声望。他一生著有杂剧三种，词一卷，均已失传，惟有散曲尚存三套。其中《般涉调·哨遍·高祖还乡》为其代表作，也是元散曲套数中非常独特的名篇。

它不仅是元散曲中的珍品，在中国文学史上也绝无仅有。《高祖还乡》写的是汉高祖刘邦衣锦还乡时，乡民眼中所见的情景。睢景臣以独特的艺术构思、辛辣的描写，对封建最高统治者进行了大胆的揭露和无情的讽刺。

"哨遍"是曲牌名，又作"稍遍"。全曲使用了大量口语方言，显得生气勃勃。曲词还以极其轻蔑的语气形容皇帝的仪仗，如"鸡学舞"指舞凤旗，"狗生双翅"指飞虎旗，"蛇缠葫芦"指蟠龙戏珠旗等。

睢景臣一开头便为全篇定下诙谐嘲讽的基调。本应是庄严高贵的场面，在老乡看来都怪里怪气，莫名其妙，暗中讽刺了所谓的皇家气派和帝王尊严。接下来数落汉高祖当年的寒酸和劣迹，一下子就揭穿了隐藏在黄袍之后的真面目。最后是全篇的高潮，恨不得一把抓住刘三，跟他讨债。"刘三"是作者根据史书杜撰的刘邦小名，乡民呼出，形神酷似。散曲把不可一世的汉高祖作为嬉笑怒骂的对象，矛头直指封建最高统治者，表现出对皇权至上的强烈不满和对封建秩序的无比蔑视。

睢景臣是元代有影响的散曲作家。大德年间他从扬州到杭州，与《录鬼簿》作者钟嗣成会面。《录鬼簿》说他"心性聪明，酷嗜音律"。当时的扬州散曲作者，有很多人以高祖还乡题材写作套曲，只有睢景臣所撰最为新奇，压倒诸人。汉高祖荡平天下，当了皇帝，却杀了淮阴侯韩信，又率兵攻打淮南王黥布，威风凛凛地回到故乡沛县。可是睢景臣没有按照史实描写刘邦还乡的盛况，而是以嬉笑怒骂的手法，揭露他的无赖出身，剥下他的神圣面具。

我认识一位朋友叫睢家珍，性格开朗，喜好文艺，早年有创业梦想，曾经开了一家豪华的咖啡馆，同时在晚报上连载小说，后因人事蹉跎，锋芒日渐消磨。不久前，她邀我到宗家院子小憩，这座新辟的私家园子深藏陋巷，别有洞天，给我留下了美好的印象。也许每个人在经历了漂泊之后，都需要有个宁静的港湾，或者是知己，或者是庭园。

十九　梁国乔氏

乔姓首先让人想起古代的美人大小乔。“铜雀春深锁二乔”，“小乔初嫁了、雄姿英发”，这些传诵千古的诗句教人多么容易浮想联翩、心猿意马。大约各地都有乔姓，除了汉族，满族、回族、傣族、苗族等民族，也都有乔姓。

与很多姓氏一样，乔氏也源于姬姓，为黄帝之后裔。相传黄帝死后，葬于桥山，即今陕西黄陵。其子孙有留在桥山守陵的，他们的后人就以山名为氏，称为桥氏，后来改成乔氏。

大乔和小乔（《百美图》）

桥氏改为乔氏的时间，大约在南北朝时。东汉时有太尉桥玄，其六世孙桥勤在北魏任平原内史。北魏元修因不堪忍受宰相高欢的专权而出走，桥勤追随元修，投奔宇文泰的西魏。一日，宇文泰命桥勤去掉其姓氏桥的木旁，成为“乔”字，并谓“乔”有高远之意。桥勤听从他的话，从此改姓乔。

少数民族的乔姓，各有来历。如汉时匈奴有望族乔氏、韩氏、丘林氏等部落，其中的乔氏为匈奴贵族姓氏，后与汉人的乔氏混为一体。蒙古族有乔噶木克氏，世居科尔沁，清中叶以后多冠汉姓乔。傈僳族有荞氏族，后来也改为汉姓乔。达斡尔族的托莫氏族，世居黑龙江北岸，有陶氏和乔氏两个分支，后多与汉人乔姓混淆。满族的乔佳氏，祖先原为汉人，后融入鲜卑，又化为女真，后人均冠以汉姓乔。

乔氏发祥于北方，汉晋时主要活动在今山西、陕西、河北、河南、内蒙古等地。南北朝时渐渐遍及黄河和长江流域，在河南东部和安徽北部形成梁国乔氏望族。唐宋时乔姓向江浙发展，明清时仍以豫鲁为中心聚集，河南始终为乔氏的中心。

乔氏的郡望，一是梁国，一是顿丘。

梁国为汉代所置，治所在睢阳，地域相当于今河南商丘、虞城、民权一带。宋时改为梁郡。北魏又恢复旧治。

顿丘原是汉初的顿丘县，地在今河南清丰。西晋时建顿丘郡，治所在顿丘（今河南清丰），下领四县。南北朝时北齐废之，唐五代将顿丘改为澶州。

乔氏的堂号，有以地望立堂的，如梁国堂、顿丘堂、金陵堂等。更多的是别有寓意，如纯洁堂、三友堂、善益堂、爱竹堂、同心堂、积庆堂、世胄堂等，顾名思义，其来有自。也有以先人的德行命名堂号的，如宋人乔行简，历任淮西转运官，常向朝廷上疏论政，被拜为右丞相，谥号文惠，故后人号称文惠堂。

乔氏的排行用字，各处不同。如：

河南商丘乔氏的排行用字：“懋德传家宝，同文庆国祥。立新维圣道，勤学继书香。积善声明广，宗儒统绪长。科普登崇峰，培才树英良。育人承功业，中华久远昌。”

山东泰安乔氏的排行用字：“若义允永光，恭敬节天方。贤明崇盛世，兰桂代书香。”

江苏新沂乔氏的排行用字：“天廷伟，继增汉。万业建，满堂红。”

重庆万州乔氏的排行用字：“世士承先，道在敦本。懋德正新，光裕荣景。家修廷献，经纶克展。燮理洪熙，文武同炳。长发其祥，辅国盛鼎。亿万斯年，芳徽庆永。”

安徽阜南乔氏的排行用字：“开庆传如印，恩龙继世昌。书田昭盛瑞，德寿启繁祥。怀新承家润，学道振庭芳。”

湖南株州乔氏的排行用字：“世德绍良始，家声肇卫新。命道盛庭用，萬庆正光明。启迪文礼运，大开日升平。宗风千古秀，孙支万代宁。”

乔氏宗祠的对联写得也都很好。如：

“学先经术；望重威严。”上联指宋人乔执中，通经术，获王安石荐而编修《熙宁条例》。下联指明人乔宇，在宁王朱宸濠反叛时，他严为警备，使宁王不敢妄动。

“相推文惠；邑号神君。”上联谓南宋乔行简，曾上疏论朝政得失，提出任用人才等主张，死后谥文惠。下联谓十六国前赵乔智明，以德行著称，任县令时多得百姓拥戴，号称“神君”。

“为官厚宽有仁；铨政声望犹高。”上联言宋人乔执中。下联言明人乔宇。

“壮士同偕小凤；淑女俱配乘龙。”全联说三国时大乔、小乔。《三国志·吴志·周瑜传》：“时得乔公两女，皆国色也。策自纳大乔，瑜纳小乔。”

“乔公女生成国色；碧玉奴死报主恩。”亦言二乔之事。

“居官卅年，天下清正；历令二县，郡邑爱深。”上联指清朝封疆大吏乔光烈，劝民蚕桑，后人称乔公桑，洁己奉公，被誉为天下清正吏。下联指十六国时前赵将军乔智明。

乔姓的名人，历代多有记载。略如：

三国时有美人二乔，系东汉末年乔公之女。二女均国色天香，倾国倾城，大乔嫁孙策，小乔嫁周瑜。

唐代才俊乔知之，以文词知名，生平略见《旧唐书》本传，《全唐诗》存诗一卷。

南宋大臣乔行简，曾任参知政事，后官右丞相、左丞相，封鲁国公，著有《周礼总说》《孔山文集》。

元代曲家乔吉，散曲风格清丽，杂剧跌宕多姿，人以他与张可久并称为元散曲两大家，杂剧存《杜牧之诗酒扬州梦》《李太白匹配金钱记》《玉箫女两世姻缘》等。

清代贤臣乔光烈，历任宝鸡知县、湖南巡抚、甘肃布政史等职，为官廉明，两袖清风，亲教农民种桑养蚕，人称“乔公桑”，著有《最乐堂集》。

晋商乔致庸，山西祁县乔家之后，出身商贾，自幼孤苦，由兄长抚育，所建宅第，人称乔家大院。

关于乔氏最传奇的艳史，是三国时美人二乔的故事。唐人杜牧《赤壁》诗云：

折戟沉沙铁未销，自将磨洗认前朝。
东风不与周郎便，铜雀春深锁二乔。

大乔、小乔都是绝色佳人，为后人艳羡。据说孙策在狩猎时遇刺负伤，大乔日夜和衣陪伴，不吃不睡，不弃不离。小乔嫁与周瑜，生有两子周循、周胤，还有一女。

杜牧所谓“铜雀春深锁二乔”，是指邯郸临漳城西古邺城遗址上的五层崇楼铜雀台。铜雀台楼宇连阙，飞阁重檐，雕梁画栋，气势恢宏，最初为曹操所建。大乔和小乔的美丽容颜，让曹操和曹植父子羡慕不已。不过铜雀台虽然建成，赤壁之战中曹氏一方还是战败，与二乔作乐的梦想最终落空。

在小说《三国演义》里，写曹植曾作《铜雀台赋》，其中有“揽二乔于东南兮，乐朝夕之与共”之句，明确说到了二乔。杜牧《赤壁》说“东风不与周郎便，铜雀春深锁二乔”。宋人《彦周诗话》云：“杜牧之作《赤壁》诗……意谓赤壁不能纵火，为曹公夺二乔置之铜雀台上也。孙氏霸业，系此一战。社稷存亡，生灵涂炭都不问，只恐被捉了二乔，可见措大不识好恶。”意思是批评杜牧，把赤壁一战的目的只看成保护二乔。这一批评引起许多人不满，如《四库提要》云，杜牧《赤壁》诗为何不说社稷存亡，只说美人二乔呢？因为大乔乃孙策妇，小乔为周瑜妇，二人若入曹魏，即吴亡可知，还需要诗人直说吗？二乔并不是寻常的美女，而是权贵的夫人。大乔是东吴国主孙策之妻，小乔是东吴水陆兵马统帅周瑜之妻，只要东吴不亡，她们就不可能走上铜雀台。诗人有诗人的语言，并不是社论。

乔家姐妹嫁给两位英杰，堪称郎才女貌，天造地设。但她们是否真的幸福呢？至少大乔是不幸的。她嫁给孙策之后，孙策整天戎马倥偬，夫妻相聚甚少。一年后，孙策被前吴郡太守许贡的家客刺成重伤，英年早逝，年方三十岁不到，此时的大乔不过二十出头，便已做了寡妇。小乔比大乔稍好些，她初嫁周郎后，过了十年好日子，周郎才在准备攻取益州时病死巴丘，而当时的小乔也不过而立之年的样子。这一对姐妹，真是红颜薄命。

乔氏最有才的文人，要数元代的乔梦符。他和杂剧名优李楚仪的恩爱故事，不下于后来的唐伯虎点秋香。清人小说《扬州梦》第十五回谈到名妓小兴化时，曾以古代两位李姓美人来形容她，一是李夫人，一是李楚仪。关于小兴化，《扬州画舫录》也说到她：“小兴化姓李，色中上，丰肌弱骨，雾鬓烟鬟，足小不及三寸，望之亭亭，疑在云中。”李夫人事见《汉书》，李延年歌曰：“北方有佳人，绝世而独立；一顾倾人城，再顾倾人国。宁不知倾城与倾国，佳人难再得！”李楚仪一名李芝仪，史有其人，乃是元代扬州著名艺伎，以唱歌出名，被时人比作唐代名妓李端端。李端端在扬州善和坊里以貌美著称，有“白牡丹”的雅号，想必李楚仪的容貌也是很美的。李楚仪的女儿童童和多娇，都继承了母亲的艺伎职业，她们母女三人可以称得上是个优伶之家。

值得注意的是李楚仪同乔梦符的关系。

乔梦符即乔吉，后人称他为散曲中的李白。乔吉是太原人，据说他美仪容，擅词章，以威严自饬，人敬畏之。但这仅是他人格的一个侧面。他的人格的另一个侧面，是风流浪荡，逐色寻欢。他写曲题赠过的妓女有很多。不过，这些妓女在乔吉看来不过是过眼云烟。他为她们写的曲子，每人不过一二首而已。

乔吉真正倾心的女子，是李楚仪。在他的散曲作品中，标明题赠给李楚仪的就有多首：《楚仪来因戏赠之》《别楚仪》《贾侯席上赠李楚仪》《会州判文从周自维扬来道楚仪李氏意》《席上赋李楚仪歌以酒送维扬贾侯》《楚仪赠香囊赋以报之》《嘲楚仪》等。在这些即兴的咏叹之后，隐藏着一个风流才子与多情艺伎的恋爱故事。赵景深《中国戏曲初考》中有一篇《乔吉与李楚仪》，对乔、李的恋爱故事作了钩稽。

乔梦符是在维扬贾侯席上遇见李楚仪的。他一见李楚仪，便觉得“劣燕娇莺”尽是“冗冗”下品，惟有“默默情怀，楚楚仪容”的李楚仪才是“雪色芙蓉”。乔梦符的《贾侯席上赠李楚仪》热情讴歌道：

洗妆明雪色芙蓉。默默情怀，楚楚仪容。
甚烟雨江头，移根何在？桃李场中。
尽劣燕娇莺冗冗，笑落花飞絮濛濛。
湘水西东，怅望蹇衣，玉立秋风。

乔梦符对李楚仪的容貌等赞赏备至。从这以后，乔、李两人卿卿我我，大有相见恨晚之慨。李楚仪赠给乔梦符香囊，似乎是订情之物。乔梦符在《楚仪赠香囊赋以报之》中说：“芳心偷付檀郎，怀儿里放，枕袋里藏，梦绕龙香。”恰如一场芳馨旖旎的梦。谁知好事多磨，贾侯竟夺其所欢。乔梦符一面为贾侯饯行，一面心中大为不快。他在《席上赋李楚仪歌以酒送维扬贾侯》中说：“鸳鸯一世不知愁，何事年来尽白头？芙蓉水冷胭脂瘦。”表面上好像称颂贾侯艳福不浅，其实是骂贾侯不该“满树梨花压海棠”。李楚仪虽是“侯门一入深如海”，但仍挂念着陌路的“萧郎”，并托人向乔梦符转达自己的心意。以后李楚仪也看望过乔梦符两次。乔梦符在《楚仪来因戏赠之》中说：“殷勤谢伊，虽无传示，来探了两遭儿。”他们之间的热恋，却是无可奈何地结束了。

他所爱的李楚仪，终被贾侯夺去，这不但是乔、李二人的悲剧，也是古今众多女伶的悲剧。在《全元散曲》里收有乔梦符写的《上巳游嘉禾南湖歌者为豪夺扣舷自歌邻舟皆笑》《嘲人爱姬为人所夺》诸篇，可以视为乔、李爱情的挽歌。他的杂剧《扬州梦》中的女主人公张好好，即以李楚仪为原型。

乔梦符的一生没有什么功名，所撰杂剧倒有十余种，因无力刊刻，作品多散佚，所存杂剧中有一种是《扬州梦》。关于乐府的写法，他曾提出“凤头、猪肚、豹尾”的精辟之论，认为开头要美丽、中间要浩荡、结尾要响亮，至今闪烁着智慧之光。

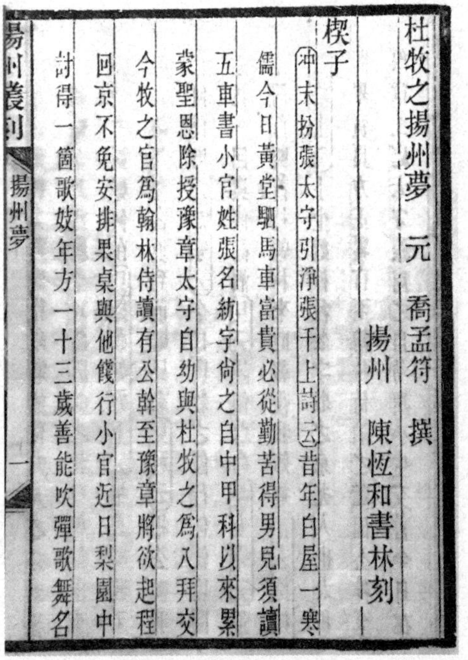
杜牧之揚州夢　元　喬孟符　撰
揚州　陳恆和書林刻
楔子
冲末扮張太守引淨張千上詩云昔年白屋一寒儒今日黄堂駟馬車富貴必從勤苦得男兒須讀五車書小官姓張名紡字尚之自中甲科以來累蒙聖恩除授豫章太守自幼與杜牧之爲八拜交今牧之官爲翰林侍讀有公幹至豫章將欲起程回京不免安排果桌與他餞行小官近日梨園中討得一箇歌妓年方一十三歲善能吹彈歌舞名
揚州夢劇　揚州夢　一

乔吉杂剧（《杜牧之诗酒扬州梦》）

我的朋友乔妍，是一位女中豪杰，现在是中国集邮界呼风唤雨的人物。她曾请我为她设计邮票，我为她设计了《鉴真》和《扬州美人谱》等邮册文案，一时畅销南北。我有《集句赠乔妍女史》，序曰：“余与乔妍相识多年，今集苏轼、庄周句赠之。上句谓其生活美满，下句谓其事业有成。久不习书，美人为余正腕云。”集句是：

小乔初嫁了；

大道能包之。

上句出自东坡，下句出自庄子。在我认识的女性成功者之中，数乔妍最是思维敏捷，决策果断，言谈稳重，应付裕如，可谓女界之佼佼者。

二十 天水赵氏

赵氏在宋人编纂的《百家姓》中排名第一，因为宋朝是赵家的天下。其实赵氏在历史上建立过好几个政权，如战国七雄的赵国，岭南赵佗的南越国，以及赵匡胤建立的宋朝。在我们周边的亲戚朋友中，赵是常见的姓氏。总的印象，赵姓人大抵相貌堂堂，文质彬彬，也许有几分皇胄的余风。

赵姓源出嬴姓，一般认为始祖为周穆王时的造父。造父本姓嬴，是古代著名的御者。传说他在桃林得到八匹骏马，驯好后献给周穆王，穆王配备上好的马车，让造父为他驾驭。有一次周穆王西行至昆仑山，见到西王母，乐而忘归，而这时听到了徐偃王造反的消息。周穆王非常着急，不意造父驾车，日驰千里，使得周穆王迅速返回镐京，平定了叛乱。因为造父立了大功，穆王便把赵城即今山西洪洞赐给他作为封邑，此后造父一族就以赵为姓。《史记》记载：

> 穆王使造父御，西巡狩，见西王母，乐之忘归。而徐偃王反，穆王日驰千里马，攻徐偃王，大破之。乃赐造父以赵城，由此为赵氏。

即谓此事。

赵姓也有帝王赐姓或外族改姓的。历史上的匈奴人、女真人、党项人、鲜卑人均曾被赐予姓赵。如汉代有匈奴人赵安稽，南蛮人有赵曳夫，五代时有牂牁酋长后裔赵国珍，均是赐姓赵的。元代蒙古族人则有成吉思汗三弟合赤温的后裔，随母姓而改姓赵。

赵姓著名的郡望，有天水、涿郡、下邳、南阳、金城、颍川、敦煌、酒泉、扶风、新安、平原等。

天水郡，西汉时所置，包括今甘肃天水、陇西。秦灭赵后，代王赵嘉之子赵公辅率族人入主西陇（今甘肃临洮）。赵姓族人与当地人民关系融洽，将中原先进生产技术传到当地，同时从土著身上汲取剽悍之气，以尚武为家族传统。汉隋之间，天水赵氏以擅长军事知名于世。隋唐时代，朝廷崇文，赵氏一面尚武，一面习文，在天水赵氏中出了不少文官。在唐代，高居相位者有五位赵姓，出于天水者就占了三位，即赵仁本、赵憬和赵彦昭。宋代天水赵氏发展达到顶峰，赵宏殷生五子赵匡济、赵匡胤、赵匡义、赵匡美、赵匡赞，赵匡胤发动陈桥兵变建立宋朝，是为宋太祖。

宋太祖夜访赵普（刘俊绘）

在赵氏的其他郡望中，涿郡是汉时所置，系颍川赵氏分支。南阳郡是战国时秦国置郡，系天水赵氏分支。颍川郡是秦时所置，系京兆赵氏。

赵氏的堂号，主要有半部堂和琴鹤堂。

首先是半部堂。后周时，赵普协助赵匡胤立宋朝，后任宰相，治国有方。太祖问他：“爱卿，你是怎样把国家治理得这么好的？”赵普回答道：“我不过靠半部《论语》

罢了。”赵普死后，家人整理他的遗物，果然只有《论语》，后人遂以此为堂号。

其次是琴鹤堂。宋时殿中侍御史赵抃是清廉爱民的好官，因其脸黑，人称“铁面御史”。他做成都知府时，一身正气，两袖清风，见人民安居乐业，就欣然弹琴取乐。他养了一只鹤，用鹤羽之白告诫自己廉洁，用鹤顶之红勉励自己忠诚。因他别无长物，唯有一琴一鹤，后人便以琴鹤为堂号。

赵氏始于赵城，后迁晋地，建立赵国，赵姓始昌。赵国的疆域包括今陕西一部分，到赵武灵王时开疆拓土，疆域扩充至河套。秦朝宗室赵佗建立南越国，把赵氏活动的范围拓展至今两广和越南一带。西汉赵王迁的后裔迁居涿郡，称为涿郡赵氏或河间赵氏。南朝时，天水赵氏的一支迁居江南。唐初，有赵姓将士开赴福建并定居。赵匡胤建立宋朝，大封宗室为郡国王公。靖康之乱后，赵姓宗室幸存者纷纷逃出汴京，流散各地。其中一支赴临安即今杭州，建立南宋，成为赵姓家族在江南繁衍的主脉。现在赵氏在全国的分布，主要集中于山东、河南、河北，其次分布于黑龙江、重庆、江苏、云南、四川、陕西、山西、安徽、辽宁等地。

历代赵氏名人甚多。如：

春秋末期政治家赵武，晋国执政大夫。曾祖赵衰为晋文公时大夫，辅佐文公成就霸业。祖父赵盾是晋国执政大臣，历事襄公、灵公、成公三朝。父赵朔在晋景公时，继任大夫之职。赵武是《赵氏孤儿》的原型。奸臣屠岸贾灭赵氏，下令屠杀全城婴儿，因程婴的保护，赵武得以复仇。

赵武灵王赵雍，战国时赵国国君，因倡导“胡服骑射”，使赵国成为能与秦国抗衡的军事强国。赵雍晚年传位于子赵惠文王，自号“主父”，谥号为武灵王，墓在山西大同灵丘。

平原君赵胜，战国四公子之一，赵武灵王之子，以食客数千人而著称。秦军围赵都邯郸时，形势十分危急，赵王派赵胜向魏和楚求援。食客毛遂自告奋勇，同赵胜去楚国求援，终解邯郸之围，即所谓“毛遂自荐”。

骑马图（赵孟頫绘）

南越武王赵佗，秦时恒山郡真定即今河北正定人，秦朝名将，南越国创建者。

三国蜀汉名将赵云，身长八尺，姿颜雄伟，随刘备参加博望坡之战、长坂坡之战、江南平定之战，独自指挥入川之战、汉水之战、箕谷之战，战无不胜，人称常胜将军。

宋朝开国皇帝赵匡胤，原为五代后周大将，陈桥兵变后建立宋朝。在位期间依据宰相赵普“先南后北、先易后难”的策略，先后歼灭割据政权，完成全国统一。两次“杯酒释兵权”，罢去禁军将领与地方藩镇的兵权。

宋朝开国功臣赵普，以“半部《论语》治天下”出名，早年担任赵匡胤的掌书记，宋建立后拜相，协助朝廷削夺藩镇，集中兵权，改革官制，安定边防，累封韩王，赐谥忠献。其“半部《论语》治天下”之说对后世影响很大。

元代画家赵孟頫，与欧阳询、颜真卿、柳公权并称为“楷书四大家”，博学多才，能诗善文，擅金石，通律吕，以书法和绘画成就最高。

清代篆刻家赵之谦，后改字㧑叔，篆刻成就甚大，对后世影响深远。

近代吴昌硕、齐白石等都从赵之谦处受惠良多。

在赵氏掌故中，以戏文《赵氏孤儿》最为有名。奸臣欲诛灭赵氏满门，赵氏门客誓死保护赵氏孤儿，不惜牺牲自己的亲子，最终赵氏复仇成功。其中有感天动地的情义，有价值千金的忠诚，使得这个故事在中外流传。但是它的历史真相，据说并不是这样的。赵朔作为晋国大将率兵救郑，大战楚庄王，并娶晋成公姐姐赵庄姬做夫人。赵朔死后，赵庄姬和赵盾的异母兄弟赵婴齐有私，赵朔的叔叔赵括和赵同将赵婴齐放逐到齐国。此事激怒了赵庄姬，她联络对赵氏有积隙的栾氏、郤氏共同对付赵氏，诬陷赵同和赵括谋反。晋景公信以为真，杀死赵括和赵同。此时赵庄姬意识到，赵括、赵同死后，赵家就只剩自己的儿子赵武了，而此时的栾氏、郤氏却乘机壮大起来。赵庄姬把赵武带到晋国王宫中保护起来，免遭栾氏、郤氏杀害。晋景公杀死赵同兄弟后，要把赵氏土地赏给他人，执政大夫韩厥说："赵氏家族的赵衰、赵盾、赵朔都对国家有大功，却没有了后代，也失去了土地，这让后来的人会怎么想呢？谁还愿意为国家尽忠？"结果赵氏的土地被留下，并还给了赵武，赵氏家族得以复兴。

在赵氏家族中，有一个古今闻名的美女赵飞燕。女性之美，有所谓环肥燕瘦，杨玉环是丰腴的代表，赵飞燕是苗条的象征。赵飞燕的名声不限于中国，在国际上也是知名的。日本学者斋藤茂写过一本《妓女与文人》，书中以中国文人与妓女的关系为主线，一定程度上再现了中国历史的特殊风情。

《妓女与文人》第一章谈到赵飞燕姐妹，说"赵飞燕是宫中奴婢的女儿，是阳阿公主家的婢女，后被微服来访的汉成帝看中，被迎进宫中封为婕妤"，"其妹也被封为昭仪，姐妹俩人双双受成帝专宠"。这里说赵飞燕是宫中奴婢的女儿有误。赵飞燕原名宜主，为汉成帝最宠幸的皇后。因其身轻如燕，成帝赐名为"飞燕"。相传赵飞燕穿着云芙紫裙，在高榭之上表演歌舞，忽然起风，飞燕随风欲去。因怕大风把赵飞燕吹跑，成帝特地大兴土木，筑了"七宝避风台"。后因宫廷斗争，赵飞燕被废为庶人，被迫自杀。赵合德是赵飞燕妹妹，与飞燕是双胞胎，姊妹均姿色超人。因父亲擅长音乐，合德从小受音乐熏陶，歌声轻柔动听，富于抒情。飞燕得到皇帝专宠后，想起手足之情，乘机向成帝禀奏，于是合德亦被召入宫内，封为昭仪。

我在《扬州戏曲博物馆陈列文案》中，专设了赵飞燕一条：

> 【赵飞燕歌舞】赵飞燕原名宜主，是江都王刘建的曾外孙女，汉成帝刘骜的皇后。赵飞燕舞姿轻盈，身轻如燕，故名“飞燕”。她善作“掌上舞”，是汉代著名舞蹈家，也是扬州最早的表演艺术家。

赵飞燕还和汉代游戏斗鸭有关。斗鸭是一种以鸭为游戏对象的传统体育项目，西汉时开始在扬州流传。鸭之为戏，分为三类，即斗鸭、射鸭、抢鸭。将鸭蓄于池中，观其相斗以取乐，是为斗鸭。历史上最有名的斗鸭池在扬州，清雍正《江南通志》卷三三云：“斗鸭池，在江都县。汉江都易王故姬李阳华尝畜斗鸭于池上。”江都即今扬州，但今斗鸭池已经无迹可寻。另据《赵飞燕外传》云：“忆在江都时，阳华李姑畜斗鸭水池上，苦獭啮鸭。”可知赵飞燕未作皇后时，应在江都观看过斗鸭表演。

我认识几个赵氏女子，都长得标致水灵，有几分赵飞燕之风。一个是新闻记者，聪明机灵，明眸皓齿，富于才气。我曾送她一副对联：“赵家有飞燕；天下无莫愁。”一个是戏曲演员，伶俐机敏，顾盼生辉，令人爱怜。我也曾为她写过一副对联：“赵璧秦女；悦目赏心。”也许在赵氏的血统中，真有美女的基因？

二一 京兆韦氏

我在本书序言的开头说，小时候我看见家里用的白灯笼上，贴着三个扁扁的老宋体红字“京兆堂”，当时不解其意，后来渐渐明白，京兆堂是韦氏的郡望。郡望是谁都有的，无论富贵贫贱。

韦氏族人大多奉元哲为得姓始祖。元哲是彭祖的玄孙，而彭祖又是颛顼的五世孙，颛顼又是黄帝的三代孙，所以元哲属于黄帝的后裔。

韦氏形成于夏朝少康时代，在商朝发展为上古五霸之一。被商灭国后，子孙以国为姓，北上东北与蒙古，南下云贵与岭南，西迁陕西与甘肃。北迁的韦氏，演变为豕韦族。南迁到西南地区的韦氏，演变为壮、瑶、布依等民族。韦氏在迁徙过程中，留下了一些带韦、沣等字的地名和水名。

韦氏曾长期聚居在京兆一带，至汉时逐渐分布于今河南、山东、陕西、山西、河北等地。三国两晋南北朝时，韦氏的一部分避乱南迁，大部分仍在原地生息，京兆郡于是成为韦氏的主要集聚地。隋唐时，韦氏的繁衍仍以京兆郡即今陕西部分地区为盛,那时候的韦氏名人如韦应物、韦庄等，皆出于京兆。因韦氏的显赫之家多住长安，从而长安有韦曲，也即韦氏庄园。从五代十国到宋元明清，韦氏陆续南迁，直至广西和岭南。宋时韦氏的足迹几乎达到南方各地，成为广西的大族了。明清时，韦氏足迹踏上台湾岛。

关于韦氏的起源，诸说不一。

一说出自彭姓，为颛顼高阳氏大彭之后裔，以国名为氏。据记载，夏朝少康时，封大彭国支族于豕韦，即今江苏徐州一带。豕韦国又称韦国，商时称为韦伯，周时失国，后裔遂以国名为姓，称为韦氏。简单地说，韦姓出于高阳氏颛顼之后。

一说出自风姓，为三皇五帝之首包羲风姓的后裔，其地也叫豕韦，在今河南滑县。质言之，韦氏出自风姓彭祖之后。豕韦氏一度十分强大，与大彭氏列为夏商时代的五霸。豕韦，也即韦，夏末灭于商，不久复国，又为商王所灭，改封子姓韦侯于此。汉丞相韦贤诗曰：“肃肃我祖，国自豕韦。黼衣朱绂，四牡龙旂。”在甲骨卜辞中，证实商朝确有“韦侯”存在。豕韦亡国后，子孙四散，以国为氏，或称豕韦氏，或称韦氏。

一说韦氏出自子姓，卜辞中有子韦，乃商王的后裔。

最可信的一说，是韦氏可能出自治理皮革的职业。古代有一种服装，就叫“韦弁”。或说韦的本义，原是指背离。在甲骨文中，韦字像两人相背之形，乃是违字的本字，同时也像双手搓揉猪皮的形状。古人生活多用兽皮，凡去毛的生皮称为革，经过加工鞣制的熟皮称为韦。因此韦的另一层意义，是柔软的皮。古人为了提醒自己的言行不要过于暴烈，常常身佩柔皮。最早擅长养猪的氏族，必然精于制作皮衣、铠甲之类，其中一种特技是将坚硬的兽皮鞣制为软皮。他们居住的地方称为“豕韦”，城堡称为

韦弁为皮制衣服（《三礼图》）

“郼”，不但有了国，而且发展成姓。

又说韦氏出自韩姓，为韩信后裔，韩氏为避难，改姓韦氏。西汉初年，功臣韩信为吕后所杀，萧何暗中派人将韩信的儿子送往南粤躲避。韩氏后人为了避免追杀，取韩字半边“韦”作为姓氏。

还有说韦氏出自汉代西北的疏勒国。疏勒国在今新疆喀什，其国有韦姓。唐时桓彦范因功受赐韦姓，其后人以韦姓自居。清代广西、贵州、湖广、海南的苗、瑶、水、仫佬等民族也有韦姓。

韦氏的郡望，主要是京兆和平阳。

京兆郡，汉初将右内史东部改为京兆尹，三国曹魏改京兆尹为京兆郡。此支韦氏，为汉丞相韦贤少子韦玄成之后。

平阳郡，三国时曹魏所置，郡治平阳县，故址在今山西临汾尧都，辖地大致与今临汾相仿。平阳之名，此后长期使用。明清有平阳府，范围较平阳郡更大。

韦氏的堂号有一经堂，出自汉儒韦贤事。《三字经》云：“人遗子，金满籝；我教子，惟一经。”邹鲁谚云：“遗子黄金满籝，不如教子一经。”韦氏一经堂由此而来。有扶阳堂，也源于韦贤，韦贤官至宰相，封扶阳侯，故以扶阳作堂号。有京兆堂，汉人韦玄成为少傅、太子太傅，直至御史大夫，位列三公，后举家迁居京兆，子孙繁盛，故以京兆立堂。有五云堂，唐人称“城南韦杜，去天尺五”，故江淮韦氏以五云为堂号。有盖文堂，贵州安顺和黔南一带的韦氏，常以盖文为堂号。

各地韦氏的排行用字，多有不同。如：

广东中山韦氏排行用字：“永乾佑宁嘉，延国安靖始。”

湖北仙桃韦氏排行用字：“智思守先训，敦厚乃本元。”

山东淄博韦氏排行用字：“贤孝忠良节，福禄寿祯祥。恭宽信敏惠，繁衍世泽长。”

贵州都匀韦氏排行用字：“应永廷恩毓，忠良继国邦。荣华昌万世，庆喜福寿长。”

广西壮族韦氏排行用字："元银显照，加成祖子。"

江苏大丰韦氏排行用字："春庆元和广，龙海万家迁。立德贞吉昌，有余才成林。"

京兆堂韦氏的排行用字十分复杂："祖启福基，海文世应。成朝克振，儒志联庆。国秀昆荣，逢光显定。经汝良嘉，英华善永。修得贤才，昌润建景。恒舒端薄，祥茂远兴。"我所在的扬州江都京兆堂韦氏，只知道从曾祖父以来的排行用字是"学长国华"，其他不详。

韦氏宗祠有各种楹联，与先人的郡望和德行相关。如：

"望出京兆；源自高阳。"此联言韦氏的源流和郡望。

"历事四帝；勇麾三元。"上联出唐代贤相韦处厚，历事宪、穆、敬、文四帝，一时推为贤相。下联出清代三元里抗英首领韦绍光。

"一经教子；五世扬名。"上联谓西汉韦贤，以《诗》授徒教子，与少子韦玄成相继为丞相，故谚云："遗子黄金满籯，不如一经。"下联谓韦孟，至韦贤前后五世，称邹鲁大儒。

"蚌珠有两；凤阁联双。"上联指东汉韦端，有子韦康、韦诞，孔融赞曰："想不到双珠出于老蚌。"下联指唐代韦承庆，官至凤阁侍郎、同平章事。

"耻卖公道；倨见权贵。"上联出明人韦斌，尝曰："假弹劾以快私仇，投细微以卖公道，吾所深耻。"下联出唐人韦方质，权贵登门，倨床自若。

"好男儿岂为降将；真宰相莫若劬公。"上联言北周韦孝宽，齐国招降，对曰："孝宽为镇关西男子，必不为降将军。"下联言唐人韦安石，数番折辱武则天宠臣，众人曰："真宰相也。"

"红袖书笺，五云散彩；缬袍覆体，一枕留芳。"上联云唐韦陟事。下联云唐韦绶事。

"五世大儒，邹鲁流芳奕叶；一家贤相，父子济美当年。"上联谓韦贤。下联谓韦孟。

历代韦氏的名人，自也不少。如：

韦方国君韦遐，协助周武王伐纣有功，后封为伯国，迁于故国韦地（今河南滑县），称为韦伯国，韦遐亦称为韦伯遐。西周末韦国亡，族人迁居彭城（今江苏徐州）。

秦汉诗人韦孟，因秦政苛暴，躬耕不仕。刘戊与刘濞通谋作乱，韦孟在刘戊乱前作诗讽谏。传到子孙韦贤，五世皆邹鲁大儒，以诗为“韦氏之学”。韦孟诗仅存《讽谏诗》《在邹诗》两首，前者谏王，后者述志。

邹鲁大儒韦贤，韦孟第五代孙，被召举家迁入长安做官，性质朴，善求学，精通《诗》《礼》《尚书》，进宫授昭帝以《诗》，封扶风侯，卒谥节侯。

汉代丞相韦玄成，少而好学，明于诗礼，谦逊侠义，尤敬贫贱，曾为太子太傅。父韦贤死后，佯狂而让爵于兄，朝议高其节操。

三国时韦昭，著名学者，少即能文，任丞相掾、太史令等职，作《博弈论》，为时所称，著有《洞记》《官职训》《辨释名》等。

南朝将军韦叟，善相术，给尚未登上皇位的刘裕看相时说：“君相贵不可言。”后刘裕成为宋武帝，果然成事。

南朝虎将韦睿，南朝梁武帝时任豫州刺史、雍州刺史、护军将军等职，指挥果断，谋略过人，因多次率军大败北魏，被魏人称为“韦虎”。

北朝兵家韦孝宽，早年在北魏多次参战，立功而升迁，后为西魏重用，又帮助北周打败北齐，统一北方。

隋代飞虎将韦桃符，初为韦衮仆人，从其习武，勇而有谋。韦衮每次出征，韦桃符跟随于后，横冲直闯，无人能敌，人称“飞虎将”。

唐代韦贵妃，名珪，北周太傅韦孝宽曾孙女，北周骠骑大将军韦总孙女，隋开府仪同三司郧国公韦圆成女儿，嫁李世民为妃，死后陪葬昭陵。

贤士韦弘机，出使西突厥，将诸国风俗物产撰为《西征记》，为唐高宗建造宫室，将园林建筑与自然地形完美结合。

唐中宗与韦后（《百帝图·斜封除官》）

唐中宗韦皇后，姿色极美，先立为太子妃，后立为皇后，因勾结武三思专擅朝政，事败被杀，贬为庶人。

大臣韦坚，曾任长安县令，以才能卓越、办事精干闻名。因渭水曲折淤浅，不便漕运，韦坚征调民工，修筑运渠，引渭水入渠，渠成后每年运粮两百余万石，提高效率多倍。

诗人韦应物，曾任苏州刺史，世称韦苏州。其诗写景优美，感受深细，清新自然，又有慷慨悲愤之作，著有《韦江州集》《韦苏州集》等。

画家韦偃，善画鞍马，传自家学，与曹霸、韩幹齐名。杜甫赋诗对韦偃之画倍加赞赏。韦偃亦善山水、松石、人物，所画山水风格高超，属王维一派。

南康郡王韦皋，曾任剑南西川节度使，经略滇南，大破吐蕃，因赫赫事功被封为南康郡王，给韦氏带来荣耀，终使韦氏成为“离天尺五”的名门巨族。

史学家韦述，小时将家藏两千卷书阅尽，中进士时年纪还小，身材不高。考官宋之问说：“韦学士童年有何事业？”韦述对曰：“性好著书。”宋之问说：“本求异才，果得迁、固。”撰有《开元谱》《两京新记》。

唐末词人韦庄，诗人韦应物四代孙，曾任后蜀宰相，词风清丽，有名于世，著有《浣花词》《秦妇吟》。

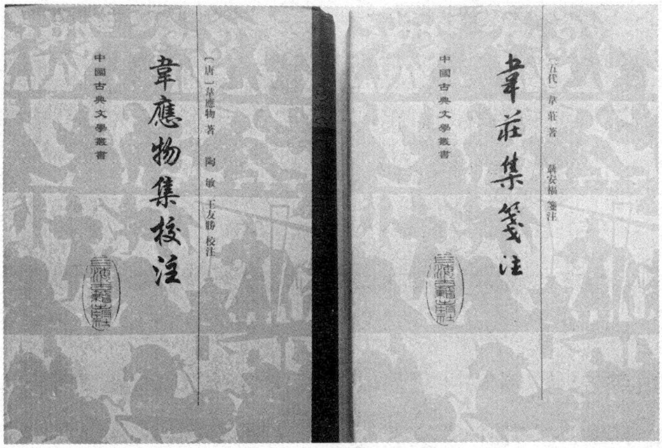

《韦应物集》与《韦庄集》书影（《中国古典文学丛书》）

清代武解元韦仲魁，聪颖好学，性情豪放，白日识文，夜间习武，后在云贵战绩卓著，被清廷授予云贵地方要职。

三元里抗英头领韦绍光，菜农出身，喜习武术。英军曾窜至三元里肆行淫掠，调戏其妻，韦绍光即与乡民奋起反击，怒杀敌兵十余名，旋与乡众聚集三元古庙，以三星旗为号，毙敌两百余人。

太平天国北王韦昌辉，原名志正，因受官吏欺压，参加拜上帝会，献出家产，开炉制械，积极准备起义。金田起义时，全家从征。后造成天京事变惨剧，被洪秀全处死。

另外，因韦氏而产生的成语典故有：

明目张胆——见《新唐书·韦思谦传》。韦思谦是唐高宗时的监察御史，为人刚正不阿，不畏权势，经常出外巡察，揭发贪官污吏。有一次韦思谦发现中书令褚遂良有错，于是上书揭发，致褚遂良降职。后来褚遂良重获起用，就报复韦思谦，把韦思谦降为县令。即便如此，韦思谦仍然不屈不挠，说："大丈夫当正色之地，必明目张胆，以报国恩，焉能碌碌保妻子邪？"后来韦思谦再任御史大夫。"明目张胆"原来是说擦亮眼睛，胆大直行，后来由褒义变为贬义。

遗子黄金满籝，不如一经——意为与其留下满筐金银，还不如传授一经给子孙。因为给子孙留下再多的遗产，也可能被他们很快挥霍干净，所以不如教给他们安身立命的道理。原见《汉书·韦贤传》：“贤四子。长子方山为高寝令，早终；次子弘，至东海太守；次子舜，留鲁守坟墓；少子玄成，复以明经历位至丞相。故邹鲁谚曰：‘遗子黄金满籯，不如一经。’”颜师古注：“今书本籯字或作盈，又是盈满之义。”韦氏后人有一经堂，即源于此。

我一直关注我的先祖是从哪儿来的，但是迄今并无结论。很多年之前，《扬州晚报》记者马进采访我，发表的采访文章题为《韦明铧：扬州文化成就了我》。其中《家族之谜》写道：

对家族源头的考证不得其果，令他无法释怀。

韦明铧的衣胞之地在江都杨家庄，如今已并入真武。

“那是里下河水乡的一个小镇。盐邵河自南而北贯穿其中。两岸布满茶馆、酒肆、药店和杂货铺子。长大后，我曾追溯它的历史。”

“清初扬州人石成金在《传家宝》中，有关于邵伯湖畔杨家庄的故事描写。晚清董恂《甘棠小志》中也提及这一地点，据记载：自真武庙、杨家庄，沿河可至邵伯。可见，杨家庄有据可查的历史已有数百年了。只是，韦姓却是一个谜。”

“杨家庄韦姓仅此一家。根据父亲回忆，他的祖父是个文化人，擅操各类乐器，尤擅是二胡、琵琶等。他会唱昆曲和扬州清曲，却从不劳作。至于家族自何而来，缘何流落扬州远郊，却不得而知。”

有两条线索让韦明铧一度兴奋地探究了好些时日。

“祖父曾提及，先祖可能来自广西，也即古苍梧之地。按此说法，我们这支韦姓或是壮族人，且极有可能系当年随太平军北上而来。”

韦明铧的这一推断颇有几分可信。十九世纪中叶，太平军曾三度攻克扬州。清兵平息太平军后，太平军大批将士隐姓埋名散落于扬州民间。这一支韦姓客居杨家庄确有可能。

“我曾经考证太平天国北王韦昌辉的家谱，不过，并未找到有力证据表明我们家族与他有何渊源和关联，这条线索算是断了。”

另一条线索来自一只灯笼。

“小时候，家里有一只灯笼。一面繁书‘韋’字，另一面则题有‘京兆堂’字样。京兆堂系韦姓的一个堂号。按照这个堂号，我的家族发祥地有可能是长安。唐代长安城内百姓有句谚语：‘城南韦杜，离天尺五。’从字面上来理解，也就是居于长安城南的韦、杜两大家族，离天仅尺五之距，可见其人丁之旺和权位之重。不过，仅凭此就断定我的家族来自长安，还有些牵强。总之，至今仍存疑惑。”

关于江都韦氏的我家这一支，就只能说到这个程度。

二二　陈留孙氏

我的祖母姓孙。在我的老家扬州一带，姓孙的人极多。到乡下去，可以碰见许多孙家庄，为了区别起见，它们常常叫大孙家庄、小孙家庄、前孙家庄、后孙家庄等。走到任何一个地方，都能遇到姓孙的人。可以说孙姓是最常见的姓氏。

孙氏的起源，与古老的姬姓、妫姓、姚姓、芈姓等有关。

一是源于姬姓。周公姬旦封康叔于卫（今河南淇县），是为卫国。至春秋时，卫武公有一个儿子叫惠孙，惠孙的孙子叫武仲乙，将祖父惠孙的字作为姓氏，他的后代就以孙为姓。孙武、孙膑、孙权都是惠孙的后裔。

二是源于妫姓和姚姓。此说比较拉杂。大致是说齐景公时，大夫田无宇之子田书因为伐莒有功，被封于乐安，并获赐姓孙。

三是源于芈姓。春秋初，楚国有个孙叔敖，担任令尹。孙叔本来是字，但他的子孙以其字为氏。

四是源于荀姓。汉宣帝名叫刘询，为了避询的音讳，下令荀氏不得再姓荀，一律改为姓孙。

五是源于其他赐姓和改姓。例如三国时东吴将领俞河因功而被赐姓孙，因称孙河。山东郓城李集乡李氏，原姓轩辕，因遭奸臣陷害，为避祸而将轩辕氏改为孙、轩、李三姓。新罗初期，朝鲜遗民多以朴为姓，后来分别赐姓，其中的茂山大树部改名渐梁部，并赐姓孙。五代时，契丹和大贺氏结盟，契丹的审密氏被赐姓孙。明初，朱元璋禁止使用复姓，将公孙、叔孙、长孙、士孙、王孙、孟孙、仲孙、季孙之类，全部改为孙。清朝时，满洲八旗的孙佳氏改为孙氏。

孙氏的得姓始祖，有孙乙和孙书。孙乙是姬姓孙氏的得姓始祖，孙书是妫姓孙氏的得姓始祖。

孙乙，字武仲，又称武仲乙。据史籍记载，周文王第八子卫康叔的后人中间，有一位名惠孙。惠孙的儿子叫耳，耳的儿子叫武仲。从武仲开始便以惠孙的字为姓氏，由此孙乙成为孙氏得姓的始祖。

孙书，原名田书。春秋时，陈国的陈完逃到齐国，改姓田，古代田、陈发音相似。田完的子孙中有一位田书，在齐国做大夫，他因为伐莒有功，被齐景公封于乐安，获赐孙姓。孙书从此成为孙氏的始祖。

孙氏一直活跃在河南、山东一带。自春秋战国之后，孙氏由北而南迁徙。战国时，孙氏出了军事家孙武，其子孙明因父亲之功而封富春侯，封地在今浙江富阳，形成了孙氏在南方的郡望。秦汉以后，孙氏由山东向四周拓展，西进山西，南达浙江，西南达湖北。三国时，孙坚父子在江南建立吴政权，孙氏的地位达到顶峰。魏晋南北朝后，中原和江南的孙氏都得到迅速发展，出现了一批名门望族。宋朝时，孙氏为人口较多的大姓，主要集中在安徽、河南、山东、江苏等地。在淮河流域和长江流域，形成了两个孙姓聚集区。明朝时，孙氏主要分布于浙江、山东、江苏、江西等地。

孙氏的郡望，有吴郡、汲郡、乐安郡、陈留郡等。

吴郡，东汉所置，原属会稽郡，治所在吴县（今江苏苏州），所辖之地包括今江苏、浙江的一部分，三国时，孙吴定都吴郡，晋时改为吴国，南朝时复为吴郡，隋唐时，或称吴郡，或称苏州。

汲郡，西晋所置，治所在汲县（今河南卫辉），北魏时，迁郡治于枋头（今河南浚县），后复迁汲县，北周时废汲郡，隋朝改卫州为汲郡，郡治卫县（今河南浚县），唐时改卫州为汲郡，辖境相当于今河南卫辉、新乡、辉县、获嘉、修武等地。

乐安郡，东汉时置，一度改为千乘国，郡治在临济（今山东高青），辖境大致相当于今山东滨州东、淄博北、东营南一带，三国魏时移治高苑（今山东博兴一带）。

陈留郡，春秋时郑地，因为陈所侵，故曰陈留。秦始皇一统中国后，废分封，置郡县，设立陈留县。汉高祖刘邦在西进灭秦的途中，曾攻占陈留。武帝时分河南郡置陈留郡。至董卓乱国，曹操乃自陈留兴兵倡义。晋时为陈留国，隋时为郡，明清为县。《史记》记刘邦伐秦时，谋士郦食其说："夫陈留，天下之冲，四通五达之郊也。"《陈留县志》亦云："陈留既大郡，而首邑为名都，实封爵衣冠、人才礼乐之所聚，盖极盛矣。"陈留郡为大多数孙氏的郡望。

孙氏的堂名，有平治堂、乐安堂、富春堂、映雪堂等。

平治堂是因为孙叔敖把楚国治理得民富国强，故名。乐安堂是因为孙书伐莒有功，被封于乐安，故名。富春堂是因孙武带着兵法见吴王，吴王把他封到富春，故名。映雪堂系出自乐安郡，东晋御史大夫孙康幼时家贫，买不起灯油，冬天映雪读书，终成大儒，故号映雪堂。其他有东莞堂、太原堂、江东堂、安庆堂等，均以地望立堂。

孙姓的宗祠，都有自家的对联。如：

"兵家祖；循吏宗。"上联指春秋齐国孙武。下联指楚国孙叔敖。

"闭门联榻；漱石枕流。"上联谓清人孙锳不事举业，与其弟构古棠书屋，闭门联榻，谈古论今。下联谓晋人孙楚隐居，枕流欲洗其耳，漱石欲厉其齿。

"江东立国；冀北空群。"上联说孙权继承兄业，称帝，国号为吴。下联说春秋孙阳善于相马，韩愈称"伯乐一过冀北之野，而马群遂空"。

"三孙威振华夏；两赋名留神州"。上联言东吴孙坚、孙策、孙权三父子。下联言东晋孙琼有《悼艰赋》《箜篌赋》。

"愿乘风破万里浪；甘面壁读十年书。"此乃孙中山自题。

“兵法卓绝传后世；药方回春救苍生。”上联谓《孙子兵法》和《孙膑兵法》。下联谓唐代医家孙思邈。

“十三篇用兵如神，有文经必有武备；千金方活人无算，能治国亦能齐家。”见于安徽芜湖白马山孙氏宗祠。上联意出孙武。下联意出孙思邈。

“法效鬼谷，赋著天台，乃武乃文，垂芳徽于不朽；源溯赣江，派分湘水，在兹在彼，将怵惕以同深。”见湖南单家井孙氏宗祠。上联谓孙膑、孙绰。下联谓本支孙氏的来源和迁徙。

孙氏的名人，历代甚多。如：

春秋战国时楚国令尹孙叔敖，曾主持治水，倾尽家资，历时三载，终于筑成中国历史上第一座水利工程芍陂，借淮河古道泄洪，筑陂塘灌溉农桑，造福黎民。孙叔敖辅佐楚王，施教导民，宽刑缓政，止戈休武，休养生息，使农商并举。

秦国相马大师伯乐，本名孙阳，以善相马闻名。传说天上管马的神仙叫伯乐，因孙阳精于识马，故人称伯乐。楚王请伯乐寻找千里马，伯乐买来一匹拉盐车的瘦马，楚王见状，很不高兴。经过半个月精心饲养，马变得精壮神骏。楚王跨马扬鞭，但觉两耳生风，顷刻间已到百里之外。

春秋末期军事家孙武，被后人尊为孙子。孙武的曾祖父、祖父都是名将，他受家教熏陶，自小喜研兵法。孙武作《兵法十三篇》即《孙子兵法》，觐见吴王，被吴王任命为将军。孙武与伍子胥协助吴王阖闾伐楚，五战五捷，攻占楚国，打败越国，大破齐军，使吴确立了霸主地位。

三国枭雄孙坚、孙权、孙策，称霸一方。孙坚号称江东之虎，武艺高强，胆识过人，长子孙策，次子孙权，都是人杰。孙坚英年早逝，孙策带领周瑜一众人等横扫江东，为建立东吴政权打下基础，人称小霸王。孙策也英年早逝。孙权当政。曹操曾经感叹：“生子当如孙仲谋。”仲谋是孙权字。辛弃疾《南乡子·登京口北固亭有怀》咏道：“年少万兜鍪，坐断东南战未休。天下英雄谁敌手？曹刘。生子当如孙仲谋。”又有孙

孙夫人像（《三国画像》）

夫人，孙权之妹，相传名叫孙尚香，曾为左将军刘备之妻。《三国志》称为孙夫人，在戏曲中被不断描绘成富于个性的女性。

唐朝医学家孙思邈，被后人尊为“药王”，著有《千金方》。孙思邈医术高明。他在路上遇到一支送葬队伍，死者是难产妇。他发现棺材里滴出鲜血，立刻叫人打开棺材，为产妇诊断扎针。片刻后，产妇苏醒，生下婴儿。孙思邈擅长妇科、儿科、外科、五官科。在中医学上，他首次主张治疗妇女儿童疾病要单独设科，并在著作中首先论述妇儿医学。

书法家孙过庭，胸怀大志，博雅好古，曾任右卫胄参军等职，擅楷书、行书，尤长草书，取法王羲之、王献之。宋人米芾认为唐草得二王法者，无出其右。孙过庭的传世书迹，有《书谱》《千字文》《景福殿赋》等，其中成就最高的是《书谱》，在古代书法理论史上有重要地位。

明清学者孙奇逢，明亡后隐居不仕，与黄宗羲、李颙并称三大儒。孙奇逢的学术以陆象山、王阳明为根本，提倡慎独，重视天理，而又切合日常。他对己修身严格，对人从不作态，即使是担夫走卒，也诚意相待，因此名闻天下而无人嫉妒，著有《理学宗传》《读易大旨》《四书近指》《夏峰先生集》等。

革命先行者孙中山，原名文，号逸仙，曾经行医，后组织同盟会，领导辛亥革命，号召推翻清朝专制统治，建立中华民国，被推举为临时大总统，1925 年在北京逝世，根据其遗愿，葬于南京紫金山，被尊为“中华民国国父”，著有《建国方略》《建国大纲》《三民主义》等。

孙中山像（《中国大百科全书》）

有人统计，在历代状元中，孙氏至少有十多位。但在孙氏名人中，影响最深远的还是军事家孙子。孙子的名字倒底是孙武还是孙膑，长期来争议不断，人们一直分不清孙武和孙膑究竟是一个人还是两个人。《汉书·艺文志》提到《吴孙子》和《齐孙子》，但《隋书·经籍志》只提到《吴孙子》。唐宋之后，人们认为《孙子兵法》是经过曹操删改成书的，也有人说根本就没有孙武其人。1972 年 4 月，在山东临沂银雀山发掘的两座汉代墓葬中，同时发现写在竹简上的《孙子兵法》和《孙膑兵法》。直到两部兵书同时放在人们面前时，千年的争议才得到澄清。

孙武是齐国人，因为避难而来到吴国，并受到重用。他主张以少胜多，多次击败楚国，助吴国成为霸主，他所著的《孙子兵法》被后人奉为经典，不但用于军事，还用于经商。孙膑是孙武的后代，出仕后到魏国做官，被人陷害，受到膑刑，后来被救到齐国，指挥齐国军队，两次击败魏军。他的《孙膑兵法》，也是军事学经典。

《孙子兵法》又称《孙武兵法》，是中国现存最早的兵书，也是世界上最早的军事著作。全书共十三篇。它的主要内容，第一至第三篇写战略运筹，第四至第六篇写作战指挥，第七至第九篇写战场机变，第十至第十一篇写军事地理，第十二至第十三篇写特殊战法。全书语言简洁，内容富有哲理，被后代奉为军事经典。

《孙膑兵法》共十六篇。第一至第四篇记孙子与齐威王、田忌的问答，第五至第十五各篇的开头都称“孙子曰”，第十六篇也记述了孙子与齐威王的问答。通过《孙膑兵法》，可以证实《史记·孙武吴起列传》有关孙武仕吴、孙膑仕齐以及各有兵法传世的记载。

我的祖母姓孙，亲戚中也有许多姓孙的，但是都不大联系。据我父亲回忆，他想起他的外婆一家人的命运，心里就很难过。因为他目睹这个像模像样的家庭，包括有一定文化和技能的老老小小，为旧时的鸦片恶习所毁灭，最后只剩他的一位小舅，以及大舅死后留下的一双儿女。

父亲说，他的外公叫孙兆鹤，是个读书人，写得一手好字，可惜不知道从什么时候起吸上了鸦片，使他的精神老是萎靡不振。他的外公有三个儿子，两个女儿，其中大女儿就是父亲的母亲、我的祖母，二女儿在上海纱厂做挡车工，大儿子当的是皮匠，二儿子学的打烧饼，三儿子干的搬运工。没想到，大儿子、二儿子都吸食鸦片，钱财用尽，家破人亡。父亲的这一篇回忆录，题为《外婆一家的悲剧》，写得痛彻骨髓。

我的那些姓孙的亲戚，多有年轻时寄养在我家的，后来一个个出去，便再无音信。我感到韦家有恩于孙氏，而他们信义观念薄弱，情商低下，最终没有一个成功也是必然。

二三　延陵吴氏

我的外婆家姓吴，母亲自然也姓吴，两个表哥及其子女们，也都是吴氏子孙。但我一直不知道吴氏的郡望在哪里。

吴原来是个国号，出于姬姓，也是黄帝轩辕氏的后裔。相传黄帝之后建立周部落，传至周文王姬昌。姬昌出世时，有祥瑞出现，泰伯、仲雍得知此事，就自动让贤，一起南下，给当时落后的江南带去了先进文化，并被当地土著推为首领，号称句吴。泰伯死后，仲雍继位，三世孙周章改国号为吴，追封泰伯为“吴伯”。至寿梦时称吴王，建都于今江苏苏州。寿梦的第四子季札本该继承王位，但他避而不受，逃到延陵以耕田为生。从此吴王寿梦的后裔分为两支，一支是在政坛纵横捭阖的吴王阖闾、吴王夫差等国君，另一支是季札及其后裔繁衍成当今的普通吴姓。吴国被越国所灭，子孙以国为姓，也即吴氏。

也有其他说法。一说是舜的后代有封在虞地的，因“虞”与“吴”音近，故舜的后人有姓吴的。一说是颛顼帝时有吴权，其后人称吴氏。一说是少康时有神箭手吴贺，其后人为吴姓。一些少数民族，如锡伯族、朝鲜族、赫哲族、柯尔克孜族，因长期与汉族融合，也有了吴姓。

吴氏的郡望，有渤海、延陵、濮阳、陈留、吴兴、长沙、武昌、汝南、江浙等，大部分郡望的吴氏都认为是季子的后裔。

吴氏最大的郡望是渤海郡。按理说，渤海郡应该位于渤海湾周围的地方，包括今天河北和山东等地。奇怪的是，江浙一带的吴氏亦自称渤海吴氏，据说这个“渤海”其实是指东海，也即长江下游的江浙。所以，吴氏的渤海郡望，既包括北方冀鲁的吴氏，也包括南方江浙的吴氏。连福建吴氏的后裔，也多称渤海吴氏。

江南吴氏又有称为延陵郡的，其实与渤海郡之说在本质上一样。延陵是春秋时季子的封邑，位于苏南常州一带。季札为让王位而入延陵，成为延陵始祖，人称“延陵季子”，乃是春秋时代的风云人物。季子饱读群书，博学多才，懂得军政，精通礼乐，关于他“让国”的美德传颂至今。古人甚至将季子与孔子并称，曰“南季北孔”。

濮阳郡，春秋时卫国属地，地在今河南濮阳一带。濮阳吴氏历史悠久，人口众多，后裔分布极广。最早见于史书的濮阳吴氏名人，有三国曹魏文学家吴质。

陈留郡，在今河南开封一带，陈留吴氏自汉魏至隋唐都是当地的望族。名人有汉代的吴恢、吴祐父子，《后汉书》有传。

南方吴氏的总堂号是延陵堂，分堂号很多。如至德堂、源远堂、思敬堂、怡德堂、有秩堂、三让堂、崇礼堂、让德堂、思让堂、均安堂、履成堂、敦厚堂、德让堂、源德堂、树德堂、仁泽堂、世享堂、世德堂、世笃堂、世让堂、永思堂、永怀堂、自求堂、孝言堂、孝敬堂、吴诒堂、奉先堂、尚德堂、金陵堂、怡清堂、治平堂、承先堂、思源堂等，多达数十个。这些堂名都有来历，如至德堂、三让堂的来源，就出自周太王的三个儿子泰伯、仲雍、季历相互礼让的故事。孔子说：“泰伯，其可谓至德也已矣！三以天下让……”后世吴氏就以孔子说的“至德”“三让”作为宗祠的堂名，以示纪念。

吴氏每一支的辈分排行是不同的 。例如：

浙江嵊县吴氏排行用字：“子丑寅卯辰巳午未申酉戌亥。”

湖南岳阳吴氏排行用字：“祥肇起文新世泽，先勋自古远腾芳。传家之道惟仁让，懋德千秋载宠光。”

福建永定吴氏排行用字：“念万仕谭志，国以毓瑞集。其子仁光裕，乃昌宜宗礼。”

我的外公吴氏住在江苏扬州江都。外婆原住的村子叫马家庄，但就我所知，这个村子没有一家姓马的。关于外公这支吴氏的排行，我只知道我母辈的排行是“宝”，接下来是“志”，其他一无所知。我的姨妈名叫吴宝兰，我的一位远房舅舅叫吴宝发，我的母亲按理来说应该叫吴宝某。我母亲的名字实际上却是吴桂兰，这是因为当初起名时没有严格按照排行用字。我的两位表哥分别叫吴志源、吴志隆，到他们的子女这一辈，又完全不讲排行了。

历代吴氏名人甚多，各有建树。

在政治领域，首推战国时兵家吴起，卫国人。吴起善于用兵，初为鲁将，继为魏将，后奔楚国任令尹，主持变法。吴起是军事家、政治家、改革家，也是法家和兵家的代表人物。他在内政、军事方面都有成就，仕鲁时击退齐国，仕魏时屡次破秦，仕楚时主持改革，史称“吴起变法”。后世把他和孙武并称为“孙吴”，《吴子兵法》《孙子兵法》又合称“孙吴兵法”，在古代军事学领域占有重要地位。

另一位知名的政治人物，是秦末农民起义领袖吴广。朝廷征发闾左屯戍渔阳，陈胜、吴广为屯长。他们行至大泽乡即今安徽宿县一带时，为大雨所阻，不能按期到达。按照秦法，过期要杀头。陈胜、吴广便发动戍卒起义，陈胜自立为将军，吴广为都尉，号召群众反秦。随着反秦斗争的开展，起义军内部矛盾逐渐暴露，吴广被杀，起义失败。

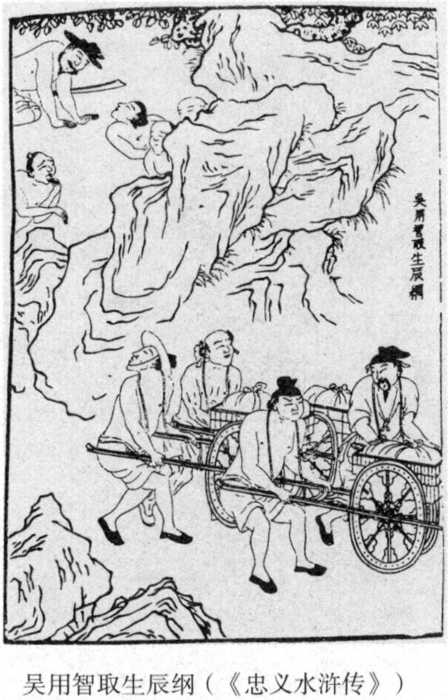

吴用智取生辰纲（《忠义水浒传》）

《水浒传》里的吴用，绰号“智多星”，虽然是梁山好汉，其实是虚拟人物。根据书中的描写，他满腹经纶，足智多谋，常以诸葛亮自比，在梁山泊排名第三。他是梁山上掌管机密的军师，山寨中几乎一切军事行动都由他一手策划。受招安后，因宋江被害后托梦给他，他与花荣一同在楚州南门外蓼儿洼宋江墓自缢，也是悲剧的人生。

还有一位现代历史学家吴晗，早年毕业于清华大学，后任云南大学、西南联合大学、清华大学教授。

吴氏在文学艺术方面人才尤多。

隋宫女子吴绛仙，因为画眉而出名。吴绛仙原为殿脚女，后入宫作女官，封为崆峒夫人。她才貌出众，擅画蛾眉，受炀帝青睐，宫中纷纷效仿。其画眉材料为螺子黛，产自波斯，价格昂贵。相传炀帝最喜隔帘看吴绛仙画眉，以至忘食，称其“秀色可餐”。吴绛仙被誉为画眉圣手，古代传有《绛仙画眉图》。

唐代画家吴道子，所绘人物，时号“吴家样”。吴道子善画衣褶，有飘举之势，时称“吴带当风”，后被尊为画圣。民间画工则尊其为祖师。吴道子使山水画成为独立画种，使山水画不再是人物画的附庸。

吴绛仙像（《百美图》）

明代小说家吴承恩，科举屡遭挫折，嘉靖中补贡生，后任浙江长兴县丞，因为耻为五斗米折腰，拂袖而去，专意著述，著《西游记》，另有《射阳先生存稿》等。有人说过，一个人一生哪怕只写《西游记》一本书，便可不朽。

清代小说家吴敬梓，因家中有文木山房，晚年自称文木老人，又因移家南京秦淮河畔，故又称秦淮寓客，幼颖异，善记诵，性情豪迈，不善治生，不数年家产挥霍殆尽，晚年客居扬州，落拓纵酒，卒于扬州琼花观，著有《文木山房诗文集》《文木山房诗说》等，尤以讽刺小说《儒林外史》传世。

书画家吴让之，作为包世臣的入室弟子，善书画，精篆刻，少时追摹秦汉印作，后直接取法邓石如，得其神髓，又综合自己的学识，发展完善“邓派”篆刻艺术，在篆刻史上具有举足轻重的地位。

书画家吴昌硕，别号缶庐、苦铁，同治秀才。工诗，善书，尤精篆刻，曾为西泠印社社长，著有《缶庐集》《缶庐印存》及多种书画集。

现代画家吴作人，早年受教于徐悲鸿，后赴法国留学，不久转入比利时布鲁塞尔皇家美术学院学习油画，回国后长期从事美术教育，任教于中央大学艺术系。他提倡现实主义美术，重视基础训练和艺术修养。

画家吴冠中，毕业于国立杭州艺术专科学校，后去巴黎国立高级美术学校留学，返国后任教于中央美术学院、清华大学、北京艺术学院、中央工艺美术学院等，画风独特，自成一家。

戏剧家吴祖光，才华横溢，声震剧坛，主要作品有《正气歌》《牛郎织女》《林冲夜奔》《风雪夜归人》等，均收入《吴祖光选集》。

书画家吴湖帆，擅长中国画，历任上海中国画院画师，上海大学美术学院副教授，中国美术家协会上海分会副主席，在中国绘画史上有重要地位。

吴氏还有几位异才。如清代科学家吴其濬，著有植物学著作《植物名实图考长编》和《植物名实图考》。中国科学院院士吴征镒，从事植物学研究和教学七十年，是中国植物分类学、植物系统学、植物区系地理学、植物多样性保护以及植物资源研究的开拓者。围棋名家吴清源，有“神童”之称，在日本做职业棋士，号称“昭和棋圣”。

吴氏女性之中，金陵女子大学校长吴贻芳最受人尊敬。吴贻芳是中国第一批女大学生，第二位大学女校长，先后主金陵女大二十余年，将学校治理得蜚声海内外。她认为人格教育对培养学生是最重要的，一个甘于奉献、服务社会的人，必先具备健全的人格，要做到这点必须从小事注意起。她提出习惯贵在“慎之于微”，学校尤当注重慎微的陶冶。吴贻芳要求学生有使命感，当国家民族需要时，要有“我在这里，来差遣我”的态度。1979年，吴贻芳获美国密执安大学为世界杰出女性专设的“智慧女神”奖。

吴氏另一位杰出的女性是核物理学家、被誉为“东方居里夫人”的吴健雄。吴健雄毕业于中央大学物理系，获得加州大学伯克利分校物理学博士学位，为美国科学院院士，曾获美国国家科学勋章。1990年，中国科学院紫金山天文台将国际编号为2752号的小行星命名为“吴健雄星”。

我喜欢的吴氏名人是吴敬梓。很多年前，我曾到安徽全椒去瞻仰吴敬梓的故居。据说在中国文学史上，如果要列出前六部小说，那就是明代的《三国演义》《水浒传》《西游记》，清代的《聊斋志异》《儒林外史》《红楼梦》。被鲁迅称为伟大小说的只有两部，《儒林外史》和《红楼梦》。这两部书俨然古典小说的巅峰，恰似双子星座。巧的是，这两部小说都与扬州有密切关系。《儒林外史》的作者吴敬梓有扬州情缘，生前经常念叨唐人张祜的诗句：“人生只合扬州死，禅智山光好墓田。”谁料一语成谶，最终他真的死在扬州，由他的亲朋好友出钱把他的灵柩送回安徽。

二四 上党樊氏

最早知道的樊姓名人，是樊梨花。那个在戏台上身穿白色铠甲，手执刀枪，英姿飒爽，武艺高强，所向披靡的巾帼英雄，一直活在我的儿时记忆里。她和花木兰、穆桂英、梁红玉、白娘子等一起，构成了中国古代文学中英雄女性的群像。

与樊梨花的英武气概形成对比的，是白居易的爱姬樊素，与小蛮齐名。《旧唐书·白居易传》云："樊素、蛮子者，能歌善舞。"据说白居易对樊素相当喜爱，写她的诗不止一首，有名句曰"樱桃樊素口，杨柳小蛮腰"，千载传诵。

樊素像（《百美图》）

樊氏，一说出于姬姓，一说出于子姓，和很多姓氏一样，以国为氏。在孔子弟子七十二贤人中，有一个樊迟，字子迟，那是早期的樊氏名人。

樊字的本义，是马的负担过重，停足不前。在甲骨文和金石文中，樊字像一匹马的背上驮了很多沉重的东西，马本身反而变得很小。同时，樊字的上部又像是篱笆或笼子，引申为牢笼、藩篱、围绕、边缘等意。笼子是原始人类捕捉和驯养兽类的工具。擅长编制樊笼的族群，称为樊氏。樊指樊人所住的地方。因为樊氏族人擅长编制樊笼，自然也擅长建筑围墙、篱笆、城堡，最后发展为国名和姓氏。据考古发现，在河南信阳的古樊城地下，出土了樊国的器皿，铭文表明古樊国人民是东夷嬴姓的后裔，捕捉飞禽和编制鸟笼是他们擅长的特技。

据说尧帝时有个酋长，名叫樊竖。他是拥戴尧为帝的，后来被封到山东的西南立国为君。夏商时，樊氏迁到陕西长安东南，后人称樊仲氏。又相传樊姓是伏羲氏之后、高辛氏之后、颛顼氏之后、商汤氏之后等，不一而足。有一种说法是，商朝中期形成了七个大族，即陶、施、樊、繁、锜、几和终葵，樊氏为七族之一。周武王灭商后，商代遗民分别迁往各地，樊氏望族多在山东、山西一带，山西的上党郡成为樊氏主要郡望。

先秦时，樊氏活动区域主要在今河南和陕西一带。秦汉以后，西部、北部和中原的樊姓发展相对较快。隋初，山西的上党、河南的南阳形成樊氏望族。进入唐宋时期，樊姓向南和向东部发展，很快进入皖赣苏浙。有意思的是，唐人杜环在游历大食国后所写的《经行记》书里，提到在阿拔斯王朝的城市里遇到了在那里作画的长安人樊淑，这位樊淑可能是把中国绘画艺术带到西方的第一人。两宋时江南始有樊姓见诸史册。到明清时，各地都有樊氏的足迹了。现在看来，陕西、河南、江西等省樊氏最为常见，三省的樊氏约占全国樊氏人口的一半。其次则是江苏、湖北、河北、江西、甘肃等地。

樊氏的始祖，据说是仲山甫，他是周文王的后代，是周宣王的贤臣。当时周王朝边境动乱，仲山甫率领一些卿士征战回方，成就了周王朝的中兴大业。仲山甫战功显赫，受封于樊地（一说在今湖北樊城，一说在今河南济源）。仲山甫受封后，称为樊仲，后代遂以国号为氏。

樊氏的郡望主要有两个，一是上党郡，一是南阳郡。

上党郡，最早见于春秋时晋国。赵、魏、韩三家分晋，韩国置上党郡。

秦统一中国后，建三十六郡，上党郡是其中之一，治所在今山西长子一带。汉时沿置。三国时，郡治移到壶关（今山西长治）。西晋时，郡治向东北移到今山西潞城。隋朝建立后，将上党郡治迁往上党县（今山西长治）。唐时，改上党郡为潞州。

南阳郡，在春秋战国时指泰山以南、汶水以北一带。两汉之际，南阳郡辖三十六个县。隋朝废黜，后又复置。唐初废黜。

樊氏的郡望还有庐江郡、沛国郡等。堂号则有上党堂、南阳堂、舞阳堂等。

浙江有樊氏大宗祠，又称博龙祠，位于招贤镇樊村，建于清乾隆年间。宗祠分前、中、后三进，前进为戏台，引人注目的是戏台的八卦井和木雕狮子球，雕刻尤其精美。樊氏大宗祠现为浙江省文物保护单位。山东有樊子祠、樊子墓，包括庙、府、墓、林，并有碑刻数十统。现为山东省文物保护单位。洛阳新安玉梅村有樊氏祠堂，地处新安、渑池、宜阳三县接合部，重建于民国年间。

樊氏宗祠的部分楹联含有该姓名人典故：

“巨鹿贤守；屠狗英雄。”上联指汉儒樊准，自幼学习儒学，官巨鹿太守、河内太守、尚书令等，在巨鹿任上时，安抚百姓，发展农桑，使境内得以安定。下联指汉将樊哙，汉初随刘邦平定叛乱，官左丞相，封舞阳侯。

“彭城医圣；猗乐文魁。”上联言三国名医樊阿，华佗弟子，擅于针灸。下联言北齐文人樊逊，以孔子“见贤思齐”为座右铭激励自己。

“下床答拜；尽室登仙。”上联谓东汉樊英有疾，其妻遣婢拜问，樊英下床答拜。下联谓《列仙传》中樊夫人善道术，举室仙去。

“孝谦文学；子盖清廉。”上联出北齐樊逊，字孝谦，以文著称。下联出隋朝樊子盖，人称清廉。

“南阳世泽；营国家声。”全联说唐人樊兴，征战立功，封营国公。

“隐乐湖山之迹；补衮诗歌之章。”上联言汉代樊英事。下联言西周樊穆仲事。

“陇西出谋获全胜；鸿门斥项解危机。”上联出东汉樊志张，博学多才，游陇西时，将军段颎请见之，他说：“东南角无复羌，宜乘虚引出，住百里，还师攻之，可以全胜。”将军从之，果胜。下联出樊哙事。

“不以荣华耀乡里；常将道德养祥和。”此为汉人樊敏碑联。

“高风清节超巢许；丰功伟烈并萧曹。”上联谓西周樊仲甫事。下联谓汉初樊哙事。

“壶山隐居，术灭风火；杏堂高第，学有师传。”上联言东汉学者樊英事。下联言鲁国名人樊迟事。

樊氏的排行用字，各地不一。如：

湖南张家界樊氏排行用字：“金学传世永，文章定能云。”

湖北襄樊樊氏排行用字：“自西达于清，世开永在兴。仁义礼智信，晓雨玉堂春。”

安徽芜湖樊氏排行用字：“世开经国秀，道胜继周卿。”

四川南充樊氏排行用字：“乾坤定荣华富贵。”

历史上的樊氏名人，略有：

秦国大将樊於期，避罪于燕时，得燕太子丹庇护。后荆轲欲替太子丹杀秦王，望得其首级入秦，樊於期自刎而死。

西汉将军樊哙，谋士范增打算设鸿门宴谋杀刘邦，樊哙持盾闯入，斥责项羽，助刘邦生还，后谏刘邦不要贪图安乐，封舞阳侯。

术士樊英，通晓阴阳地理，擅长推测灾异，在壶山隐居时，求学者络绎不绝，州郡请他则从不答应。

大唐功臣樊兴，处世谨慎，为人忠诚，官至检校右武侯将军、襄城郡公，陪葬献陵。

巾帼英雄樊梨花，父樊洪为西突厥守将，后投唐朝，樊梨花美貌绝伦，智勇双全，是著名女将。

明代名士樊继祖，著有《双岩奏疏》《十友传》《山海纪程》《金丹集》等。

明清画家樊圻，擅画山水、花卉、人物，“金陵八家”之一。

晚清诗人樊增祥，别字樊山，撰有《彩云曲》《后彩云曲》等。

樊哙闯宴（《百将图》）

樊於期仗义献头，樊哙舍身救主，都是历史上令人惊心动魄的典故。唯有樊梨花的故事，充满了妩媚之感。樊梨花是不是传说中的人物呢？查阅有关资料，说她姓名樊梨花，丈夫薛丁山，儿子薛刚、薛强，曾任天下都招讨、征西兵马大元帅，后封一品诰命镇国夫人、威宁侯等。有这样一份材料，似乎可以证明樊梨花是历史上真实的人。要言之，樊梨花是唐贞观年间人，因与薛丁山平定西北边乱而家喻户晓。她的事迹在方志、稗史中都有记载。其父樊洪，是西突厥寒江关的关主，原系隋将，后依突厥，最终投大唐。因为小说《说唐三传》《薛家将》和戏曲《薛刚反唐》《三请樊梨花》等民间文学艺术的渲染，樊梨花的名字广传民间，反而让人觉得她似乎是一个虚构的人物。

多地有樊梨花的传说和遗迹。河北蔚县有千年木瓜树，据《蔚县志》记载是樊梨花手植。辽东有威宁营，因樊梨花被册封威宁侯而得名。宁夏贺兰山苏峪口有樊家营子，为樊梨花扎营之地。新疆塔城草原上有石人名樊梨花，不远处有樊梨花点将台。河南南召有樊梨花古城寨遗址，是目前保存最完整的樊梨花遗迹。

但是樊梨花后来的确被神化了。西安有一座青华宫，不知建于何年。有信众前来朝拜，说青华宫乃是唐代护国英雄樊梨花元帅修道成仙之处。还有人说，青华宫在唐代已经存在，规模宏大，香火旺盛。而青华宫里，也真的塑起了樊梨花的神像。

被神化后的樊梨花，也附带了许多神奇的传说，如鸣沙山的传说。鸣沙山在巴里坤哈萨克自治县和乃楞格尔草原交汇的地方。沙山的四周是莽原，风吹过时，沙山发出呜呜的声音。相传樊梨花有一次西征时，看这里水草丰美，就让一营女兵在这里安营扎寨。夜间狂风大作，飞沙走石，黄尘弥漫，天地莫辨，连续刮了七天七夜。风停后，这里出现一座沙山，驻扎在此的女兵全部葬身沙山。另一个传说有所不同，说樊梨花西征至此，遭遇敌军，一场恶战之后，女兵集体遇难。此时，突然狂风大作，遮天蔽日，风停后，女兵的遗体都被沙山掩埋。鸣沙山，就这样成了远征女兵的丰碑。

在我的朋友中，有一位琴人樊继健。我为她编的《广陵琴话》写过序，序中说："樊继健的名字，我是在几年前讨论扬州市非遗传承人的专家会上得知的，她在那次会上被确定为古琴的市级传承人。后来与她有几次接触，觉得她性格沉静，举止稳重，待人诚挚，言语中肯，便心生好感。又得知旅居加拿大的琴人林敏是她习琴的引路人，彼此便愈加信任。"樊继健，字绿绮，号枯木禅室主人，扬州人，自幼酷爱传统文化，举凡古诗、中医、太极、琴棋、书画，无所不好。90年代初，师从广陵琴派大师梅曰强，深得要旨，在继承绮丽细腻、跌宕多变、刚柔相济、音韵并茂的广陵派风格的基础上，形成了细腻深沉、古朴幽远的个人琴风，尤擅《高山》《流水》《龙翔操》《普庵咒》《秋夜读易》《渔樵问答》《梅花三弄》《墨子悲丝》诸曲。现为绿绮琴馆馆长，广陵老年大学、邗江老年大学特聘琴师，广陵古琴学会会长，广陵琴社副社长，扬州市琴筝艺术协会副会长。

我的外孙女，名叫樊帆，她的名字是我起的。樊是负重之马，帆是助航之物，我希望她认准目标，不断前行。

二五 南阳姬氏

姬是中国最古老的姓。姬是黄帝的姓，周朝的姓，也是吴国、鲁国、燕国、卫国、晋国、郑国、曹国、蔡国等诸侯国君的原姓。

姬氏的始祖是华夏人文初祖黄帝，传说黄帝居住在姬水之畔，故以姬为姓。由姬姓直接衍生的姓氏有四百多个，如周、吴、郑、王等，占了《百家姓》总数的一大半，由这些姓衍生出来的姓氏更多，所以姬氏可谓名副其实的万姓之祖。

作为华夏人文初祖的黄帝，其实是远古时期部落联盟的首领，与生于姜水之畔的炎帝并称为中华始祖。黄帝住在轩辕之丘，故号轩辕氏。建都于有熊之地，故又称有熊氏。因为有土德之瑞，故称为黄帝。据说黄帝有四位夫人，也即嫘祖、女节、丽娱、嫫母。

黄帝像（《历代圣贤像》）

在三代以前，姓和氏是两个概念。姓是为了区别家族，厘清婚姻，而氏在姓之下，二者有主次、从属的不同。西周初年大封诸侯的时候，姬姓国达五十多个。《左传》云："凡、蒋、邢、茅、胙、祭，周公之胤也。"又云："虞、虢、焦、滑、霍、杨、韩、魏，皆姬姓。"秦灭周后，周王朝的宗族以周为姓。姬姓封国的后代也多以被封之地为姓，出现了吴、鲁、魏、胡、杨、蔡、韩、霍、蒋、郑、毛、卫、阎等姓，姓姬的人反而不多了。到唐开元年间，因"姬"与唐玄宗李隆基之"基"同音，为了避讳而将姬姓改为周姓，姬氏的族人愈益减少。

不过，也有外姓改为姬姓的。如汉平帝时，封姬相如为褒鲁节侯，更姓为公孙，后又改为姬姓。南北朝陈时，尚书右仆射周弘正为了避讳，改为姬姓。金国时，山西高平人雍翼为了避讳，改姓为姬。白族原有鸡氏，后据谐音改为姬姓。满族格格氏，意为姐姐，后也冠汉姓为姬。

姬姓族人多次迁徙。如周公率部分族人迁至洛阳，周公之子伯禽带领族人迁至山东。周朝灭亡之后，族人散居河南、山西、陕西等地。今陕西、河北、江苏、安徽以及北京、上海、天津、重庆、台湾、香港等地，均有姬姓。姬姓主要为汉族，此外满、回、白、壮、苗、水、布依、傈僳等民族也有姬姓人家。

姬氏的望郡是南阳郡和太原郡。南阳郡位于今河南南阳，太原郡位于今山西太原。

姬氏的堂号，有寿丘堂，因黄帝是姬姓的始祖，而黄帝生于寿丘，故名。又有赤舄堂，因为《赤舄》是歌颂周公旦的诗，故名。

姬氏宗祠的楹联，略有：

"源自黄帝；望出南阳。"此为姬姓宗祠通用联，言其源流和郡望。

"红衣国士；赤舄元公。"上联谓明代监生姬序，英宗曾梦中见他身红衣，于是提拔任用。下联谓西周姬旦即周公。

"明代西安知府；汉时信义将军。"上联言明代知府姬敏，德行纯备，节操过人。下联言后魏将军姬澹，征战有功，获封侯。

"教稼田官，肇周家始祖；行仁者王，徙岐山古公。"上联指姬姓祖先后稷。下联指姬姓先人迁岐。

据说清康熙帝赐给周公七十五代孙排行二十字："枝兴衍圣绪，隆茂庆脉长。广生忠厚嗣，永远洁正方。"

历史上姓姬的名人甚多，如：

高阳氏颛顼，相传是黄帝的后代。屈原自称是颛顼的后裔。

高辛氏帝喾，为三皇五帝中的第三位帝王，黄帝的曾孙，前承炎黄，后启尧舜。帝喾因功封于辛地。颛顼死后，喾承帝位。

古公亶父，周族首领，周文王的祖父，姬发追谥他为周太王。

周文王姬昌，商末周族首领，奠定了周灭商的基础。姬昌死后，他的儿子姬发灭商建周，追封其为文王，传说曾推演《周易》。

周武王姬发，姬昌次子，因其兄被纣王杀害，最终消灭殷商，建立周朝，并改帝为王，为历史上的千古第一王。

周公姬旦，周文王四子，周武王之弟。武王死后，成王年幼，由他摄政。其时管叔、蔡叔、霍叔勾结夷族反叛，周公奉命出师，三年后平叛，并将周朝势力扩至东海。后建成洛邑，称为东都。

周成王姬诵，周武王之子，继位时年幼，由周公旦辅政，亲政后，营造新都洛邑，大封诸侯，制订礼乐，加强统治。成王与其子康王统治期间，社会安定，百姓和睦，被誉为成康之治。

周穆王姬满，史称穆天子，西周第五位君主。他是历史上最富于传奇色彩的帝王之一，事见《穆天子传》。

管仲，人称管子，周穆王的后代，伟大的军事家、政治家、经济学家。

吴国第一代君主泰伯，本名姬泰，史称泰伯、太伯，古公亶父长子。太王传位于季历，太伯与仲雍让位于弟季历而己迁至江南，成为吴国第一代君主。

晋文公重耳，春秋时晋国国君，在诸臣的辅助下成为春秋五霸之一。

吴王阖闾，始祖为太伯，都于吴(今江苏苏州)。阖闾以伍子胥为相，以孙武为将军，国势日益强盛。

名医扁鹊，本姓姬，因医术高超，时人借用上古神话中神医"扁鹊"

之名称呼他。扁鹊擅长各科，在赵为妇科，在秦为儿科，在周为五官科，名闻天下。相传中医典籍《难经》为扁鹊所著。

燕太子丹，战国时燕王喜之子，曾策划荆轲刺秦王事，失败后被燕王斩首献给秦国。

南北朝高僧慧可，俗名姬光，得达摩衣钵真传，是禅宗代表人物之一，被尊为“禅宗”二祖。

明朝西安知府姬敏，孟津人，律学家、数学家。

神拳姬际可，创六合枪法，是心意拳、六合拳、形意拳的始祖，后人称其在少林寺学艺，故有“拳出少林”之说。

在姬氏名人中，最为悲壮的一位人物是燕太子丹即姬丹。他是荆轲刺秦王事件的策划人，燕国的太子。太子丹曾在秦国做人质，后来回国，发誓复仇，请荆轲去暗杀秦王。谋刺未成，荆轲反而被杀。最后，燕王担心秦王灭燕国，便拿太子丹的头献给秦王求和，而燕国终被灭。

其实燕太子丹和秦王嬴政在少年时代是朋友。嬴政做了秦王之后脸色就变了。秦王要统一六国，燕国在秦王的刀锋之下。这时忽然发生了一件事，秦国将军樊於期叛逃到燕国，太子丹收留了他。有人劝太子丹不要收留他，否则会激怒秦国。但是太子丹出于仁义，还是收留了樊於期。这时候有个谋士田光来找太子丹，推荐自己的好朋友荆轲。田光也是一个异人，他为了激励荆轲报效太子丹，当场刎颈自杀。太子丹善待荆轲，终于和他谈起对于秦国的计划。太子丹尊奉荆轲为上卿，让荆轲住上等的馆舍，吃丰盛的宴席。荆轲终于表示，愿意去见秦王，条件只有一个，那就是用樊将军的头和燕国的地图来换取秦王的信任。樊於期又是一个异人，听了荆轲的话，就毅然割下自己的头，被荆轲装到匣子里。荆轲不能一个人到秦国去，得找一个助手，那就是十三岁就敢杀人的秦舞阳。荆轲和秦舞阳两人出发了。太子丹在易水边为他们饯行，高渐离击筑，荆轲就唱了那首千载之后尚催人泪下的歌：

风萧萧兮易水寒，

壮士一去兮不复还！

荆轲见到秦王，展开地图，在一刹那间，他操起匕首刺向秦王，不料秦王躲开了。秦舞阳吓得发抖。在一场短兵相接之后，荆轲与秦舞阳两人当场毙命。而燕国，就此成为秦王的眼中之钉。面对秦军压境，燕王只得杀死自己的儿子太子丹，将他的头献给秦王以求宽恕。秦国虽然得到太子丹的头，但还是马不停蹄灭了燕国。

关于燕太子丹的有名典故，是太子丹在秦国当人质时，被秦王囚禁起来。太子丹请求放自己回国，秦王说："乌头白，马生角，乃许耳。"太子丹听了仰天长叹，恰巧这时房外飞来一只白头乌鸦，秦王只好送太子丹回国。"乌头白，马生角"比喻不可能出现的事。

二六 咸阳嬴氏

知道嬴姓，自是因为秦始皇的缘故。以前从未遇到过姓嬴的人。据说现在嬴氏在江苏、山东、四川、云南、北京、河北、福建、浙江等省市均有分布，江苏最多，但在我周边竟无一人姓嬴。其他如山东、四川的嬴姓人口也数以千计，全国的嬴姓人口可能也就万余人。嬴姓的人虽然我没有见过，秦始皇兵马俑博物馆我倒是去过几次。

可是嬴姓在历史上实在是非比寻常。嬴是秦的国姓。起先，有皋陶姓嬴，被禹选为继承人，却意外死亡，后来禹选了伯益为接班人。相传上古有八大姓，即姜、姬、姚、嬴、姒、妘、妊、妫。后来，由嬴姓又分衍出廉、徐、江、秦、赵、黄、梁、马、葛、谷、缪、钟、费、瞿等姓氏，号称“嬴姓十四氏”。

关于嬴姓的来历，《史记·秦本纪》记载：

> 秦之先，帝颛顼之苗裔孙曰女脩。女脩织，玄鸟陨卵，女脩吞之，生子大业。大业取少典之子，曰女华。女华生大费，与禹平水土。已成，帝锡玄圭。禹受曰：“非予能成，亦大费为辅。”帝舜曰：“咨尔费，赞禹功，其赐尔皂游。尔后嗣将大出。”乃妻之姚姓之玉女。大费拜受，佐舜调驯鸟兽，鸟兽多驯服，是为柏翳。舜赐姓嬴氏。

文中的柏翳，一作伯益，就此成了舜的重臣。又相传伯益善于畜牧、狩猎，并发明了凿井之术。他实际上掌管山林川泽、草木鸟兽之事。伯益有二子，老大叫大廉，老二叫若木，是舜赐给了伯益姓氏——嬴。

清人段玉裁认为，嬴氏始于皋陶，本应姓偃，偃和嬴在古代乃一声之转。舜帝禅位于禹后，伯益被任命为执政官。禹晚年效尧舜禅让之例，欲让位于伯益，但伯益谦让不就，隐居于箕山。实际上，禹死之后，由其子启继位，建立了古代第一个君主制国家——夏。夏启也知道自己的王位是伯益所让，就分封伯益的长子大廉为葛国国君。葛国后来为商汤所灭。夏启还分封伯益的次子若木为徐国国君。徐国后来被吴国所灭。

伯益的后人秦非子，姓嬴，名非子，是周朝诸侯国秦国的开国君主。他善于养马，得到周孝王的赏识，获封秦地，成为秦国第一代君主，史称嬴秦。经过若干代的传承，秦国日益强大，至嬴政并六国，建一统，书同文，车同轨，才有中国第一个中央集权的秦王朝。

秦朝很快灭亡。嬴姓也随之式微。为了避祸，嬴氏族人纷纷改姓逃散。据说在秦之后，正史中可考的嬴姓人物不过一二人，真可骇叹。直至明朝末年，才有个将军嬴启高为人所知。嬴氏后人重修《嬴氏族谱》时，都自称是嬴启高之后。

秦始皇嬴政（《中国大百科全书》）

嬴氏的郡望，大致有四种说法，即咸阳郡、西秦郡、天水郡、陇西郡。实则四郡在同一西北区域。

嬴氏以咸阳郡为自己的主要郡望，应该较为合理，因为那里是嬴氏的发祥地。在正史中，西秦郡并非正式的地名，只是鲜卑人在秦国故土之西建立过西秦政权。西秦也是天水的俗称，但并未建郡。嬴氏的望地，在秦属陇西郡，在汉属天水郡，唯有咸阳系秦之都城，所以咸阳是嬴氏鼎盛时代的活动地域。至于天水郡和陇西郡，虽然陇西置郡在先，但天水的管辖地域更符合嬴氏的繁衍生息范围。

嬴氏的名人，大致有：

嬴氏第一人是柏翳，事迹如前所述。

秦国开国君主嬴非子喜欢养马。周孝王得知秦非子擅长养马，旋即召见，并询问养马之道。秦非子对马匹的调养、训练、繁殖和疾病防治无不精通。孝王于是让他主管马匹，并封于秦地。秦非子由此成为秦国始封君，开启了嬴秦由游牧部落向国家形式逐步过渡的新纪元。

救周封爵的秦襄公，秦庄公次子。《史记》载："秦襄公将兵救周，战甚力，有功。周避犬戎难，东徙洛邑，襄公以兵送周平王。平王封襄公为诸侯，赐之岐以西之地。曰：'戎无道，侵夺我岐、丰之地，秦能攻逐戎，即有其地。'与誓，封爵之。襄公于是始国。"秦襄公因为仁义救周，得到了封爵的机会。

秦始皇嬴政，被明人李贽称为"千古一帝"。嬴政生于赵国邯郸，即王位后除掉吕不韦、嫪毐等人，重用李斯。秦灭韩、赵、魏、楚、燕、齐六国，奠定中国本土疆域。嬴政认为自己胜过三皇五帝，采用三皇之皇、五帝之帝而构成"皇帝"的称号，自称"始皇帝"，同时以三公九卿管理国家大事，废除分封制，代以郡县制，修筑长城和灵渠。

秦始皇在民间有不少传说和演绎故事，有名的是《秦始皇赶山填海》。扬州香火戏有这出戏。剧情大意是：秦始皇筑长城饿死了许多人，观音菩萨扮成民女来到人间看个究竟，看到万里神州尸骨遍野。她见成群结队的民工像牛马一样弓背拉石，磨破的肩膀一滴一滴地淌血，不觉大发慈悲，扯下一把头发分给民工，要他们用发丝抬石头。民工们一试，很重的大石头轻轻一抬就起来了，高兴得唱起歌来。秦始皇知道后，心想发丝能够拉得动大石，如果聚在一起不是威力更大吗？就下令收缴发丝，编成一条鞭子。他用鞭子一抽，山就移动起来，于是将它命名为赶山鞭，用它赶山填海、扩展疆土。赶山填海之事惹怒了海龙王，龙王召集虾兵蟹将，商量对策。一天，秦始皇在赶山途中遇见一位美女，欲纳为妃。谁知少女是龙王的女儿，晚上乘秦始皇熟睡之机换走赶山鞭，悄悄返回龙宫。第二天秦始皇继续用鞭子赶山，抽了几下，山也不动，才发现鞭子被换了，美女也不见了，只得气愤回宫。

在这个故事里，秦始皇的贪婪好色暴露无遗。但人们最恨的，还是他的焚书坑儒。

鲁迅说：

> 不错，秦始皇烧过书，烧书是为了统一思想。但他没有烧掉农书和医书；他收罗许多别国的“客卿”，并不专重“秦的思想”，倒是博采各种的思想的。秦人重小儿；始皇之母，赵女也，赵重妇人，所以我们从“剧秦”的遗文中，也看不见轻贱女人的痕迹。

嬴政遣使求仙（《百帝图》）

古代史上嬴姓的最后一位名人，是明末的武举人嬴启高，他因为平定奢崇明、安邦彦、安孝良之乱有功，封骠骑将军，诏命恢复嬴姓。后来，嬴启高参与阻击张献忠军，阵亡于四川绵阳沉香铺。明廷追念其功勋，授其子嬴洲以锦衣千户之官，世袭龙营守备。至清顺治年间，嬴洲请辞世袭，解组归川。这一支嬴氏族人就定居在川黔交界的地方。

史传的“嬴姓十四氏”中，廉氏源于大廉，后人有廉颇，赵之良将。徐氏来自若木，因若木封于徐，成为徐姓之始。若木的后代，又分为四支，分别是徐氏、赵氏、黄氏、马氏。伯益第十三世孙名造父，生活于周代，善于驯马和驾车，深得穆王重视。因造父在平定徐偃王叛乱中护驾有功，穆王将赵城赐他，造父子孙就以赵为姓。伯益再传几十代，经夏商到西周，有裔孙名嬴元仲，受封于江，建立江国，子孙便以江为氏。周平王时，秦仲讨伐西戎有功，其少子康受封于夏阳梁山（在今陕西韩城），其后姓梁。伯益又有后裔封于黄国，即光州定城之西。黄国为楚所灭，子孙以黄为姓。赵国大将赵奢因战功封于马服（在今河北邯郸西北），称为马服君，其后人以马为姓。嬴氏葛国在今河南宁陵，葛国灭亡后，后人以葛为姓。伯益治水有功，受封于大费，后代以费为姓。秦人的先知非子，居于秦谷（在今甘肃天水），其后分为二支，一支为秦氏，另一支为谷氏。春秋时，秦穆公称霸西戎，谥号为缪，后人以缪为姓。这些都是从嬴氏衍生出来的姓氏。

还有一种说法，秦始皇的后人流落到朝鲜半岛，后来又东渡日本。起初他们中有人掌管日本朝廷的出纳工作，并且为天皇养蚕织绢，天皇赐姓“太秦公”。明治维新时期，日本要求所有日本人必须有姓，并让秦始皇的后代改姓羽田、波多等姓。这样，嬴氏在日本也就彻底灭迹了。

二七 兰陵萧氏

有一个著名的字谜，谜面是“无边落木萧萧下”。这是杜甫的一句诗。谜底很绝，是一个字“曰”。为什么是“曰”呢？解开这个谜语的关键，是要理解“萧萧下”的深刻含义。

中国的南朝，是四个短命的政权宋、齐、梁、陈构成的。其中齐、梁两个政权的皇室都姓萧，所以“萧萧下”要理解为齐、梁两朝之下的一个王朝，也就是“陈”，繁体字为“陳”。“无边”意为除掉偏旁，“落木”是删木字。“陳”字去了偏旁是“東”，“東”字去了木字是“曰”。所以“无边落木萧萧下”的谜底是“曰”字。如果历史上没有连续的两个政权建立者都姓萧，也就不会有这个谜语了。

实际上，萧不仅是南齐、南梁皇帝的姓，还是西梁的国姓和辽朝一位王后的姓。

萧氏源于夏朝，始于萧国。《通志·氏族略》云：“萧氏，古之萧国也，其地即徐州萧县是也。后为宋所并。微子之支孙大心，平南宫长万有功，封于萧，以为附庸。宣十二年，楚灭之，子孙因以为氏。”和许多姓氏一样，萧氏源自一个叫萧的封国。

萧氏的郡望是兰陵郡、广陵郡、河南郡。

兰陵郡，萧氏的主要郡望。历史上有两个兰陵。北兰陵在今山东枣庄一带，西晋所置，隋时废郡。南兰陵在今江苏武进一带，东晋所置，是萧姓南迁后的主要聚居地。

广陵郡，战国时楚有广陵邑，秦时置广陵县，地均在今江苏扬州。西汉置广陵国。东汉改广陵郡。隋朝改江阳县。南唐又恢复广陵原名。北宋并入江都，即今扬州。

河南郡，在秦代名三川郡，西汉时改河南郡，治所在洛阳（今河南洛阳）。东汉时为提高河南郡地位，长吏不称太守而称尹。隋初废，后复为豫州河南郡。唐为洛州河南府。元为河南路。

萧氏的堂号，有兰陵堂、河南堂、广陵堂，均以望立堂。又有定汉堂，为纪念丞相萧何协助汉高祖刘邦奠定汉朝，故名。又有制律堂，和定汉堂一样，因丞相萧何制定汉朝律例典制，故名。

萧氏堂号还有师俭堂、友爱堂、八叶堂、同文堂、敬爱堂等，各有来历。此外有四序堂，为潮阳萧氏始祖萧洵的生祠。祠堂坐东向西，按中轴线对称布局，前后三进，天井二方。匾额上书写“萧氏始祖祠”，背面书写“兰陵世胄”。

萧氏的由来，有如下数说：

一说以国为姓。相传伯益善于用火，大禹时他掌管火种，焚烧荆棘，驱赶禽兽，开辟耕田，疏通水道。后人分封至萧地（今安徽萧县），建立萧国，其后裔以国为姓。

一说出自子姓。周代宋国有个微子启，有后裔名大心。大心立功，分封于萧，后建萧国，自为萧国君主。萧为楚所灭，子孙复国未得，遂以国为姓。

一说他族改姓。汉时有巴哩、舒噜、伊苏济勒三族被赐姓萧。魏晋南北朝时，北方动乱，士族南逃，有人改姓为萧。北宋末，契丹族的拔里氏、回鹘族的述律氏等改姓萧。

徽州有萧江祠堂，规模很大。我曾去参观。根据祠堂简介，萧江宗祠又名永思祠，始建于明朝万历年间，后毁于太平天国战火。民国时重建。“文革”期间又被拆毁。萧江宗祠曾被誉为江南七十座著名宗祠中最好的一座宗祠，为婺源四大古建筑之首。新世纪之后第三次重建。萧江宗祠以规模大、占地广、雕刻精、材料好，为国内罕见。祠堂一般是单姓的祭祖场所，为什么这是萧、江两姓的祠堂呢？据介绍，宋神宗时，有萧氏一族避难到云湾，因其先世从北渡江而来，遂易萧姓为江姓。结果，从萧姓改江姓的“萧江”子孙繁衍成云湾巨族，干脆把村名改成江湾。而该地萧氏的始祖，据说是西汉名相萧何。另一说是唐末江南节度使萧祯避乱南渡，易姓为江，始有“萧江”。

先秦时，萧国被灭，族人辗转于鲁、宋、楚之间，后来多居于丰沛一带。秦汉时社会动荡，萧氏四处播迁。汉时因萧何拜相封侯，萧氏一时显贵，族人多有为官者，今陕西、河南、河北、山西等地皆有萧氏迁入。西晋永嘉之乱后，北方士族大举南迁，萧氏纷纷迁往江苏、湖北一带。其中萧彪后裔萧整一支定居在江南的兰陵，从此兰陵成为萧氏的主要聚居地之一。南朝时，萧整的后人萧道成和萧衍分别建立南齐和南梁。同时，萧氏在刘宋、南陈、北齐、北魏、北周也有多人位居要津。隋唐两代，萧氏族人既为皇亲，又为显宦。安史之乱和唐末五代时，萧氏族人迁移到江西、安徽、湖南、广东和福建等地。随着“湖广填四川”的推行，萧氏大规模进入四川，成为四川的大姓。清康熙之后，萧氏开始迁入台湾。如今萧姓主要集中于湖南、四川、湖北、江西等地，约占全国萧姓总人口的一半。其次分布于广东、山东、河南、福建、广西、贵州等地。

萧氏宗祠的部分楹联：

“收图兴汉；辅政匡君。”上联指汉初萧何辅佐刘邦，建立汉朝。下联指汉臣萧望之，对时政多有匡正。

“相传八叶；文著六朝。”上联谓唐初萧瑀，家中八代任宰相。下联谓南朝萧统，所编《昭明文选》影响很大。

“三瑞御史；八叶相公。”上联言宋代萧定基为御史，仁宗尝称彭齐文章、杨伾清操、定基政事为“三瑞”。下联言唐代萧瑀之后八世宰相。

“凤箫引侣；虎穴卫亲。”上联指萧史娶秦穆公之女弄玉为妻，教弄玉吹箫，能作凤鸣，成仙而去。下联指清人萧启奉母避乱，堕虎穴中，萧启以身蔽母。

“兰陵世泽；文选家声。”出南朝梁萧统编撰《文选》之事。

“聚书三万卷；为政十二州。”上联谓南朝萧统。下联谓南朝宋尚书左仆射萧思话，先后十二次担任州刺史，爱才好士，人咸归之。

“高帝以廉治国；名臣惟俭传家。”上联言南朝齐建立者萧道成，以清俭自奉，卒谥高帝。下联言汉初大臣萧何，不置广屋，以俭自律。

“制律功高能固汉；选文心瘁继传经。”上联指萧何。下联指萧统。

“昴宿腾辉，应延赞侯祥瑞；忠心报赤，特呼宗老芳名。”上联指萧何。下联指梁代江夏太守萧琛，少明悟，有才辨，不事产业，特进金紫光禄大夫。

各地萧氏的排行用字略有：

福建安溪萧氏排行用字：“学乃身奇宝，儒如席上珍。君赐为宰相，必为读书人。”

湖南麻阳萧氏排行用字：“守典崇诗礼，敦伦尚敬恭。美怀江左右，秀发海西东。”

江苏泰州萧氏排行用字：“世泽丕显，克振家声。尚荣尔宗，孝谨其敦。”

安徽泾县萧氏排行用字：“支传群俊英，隆盛必文光。”

河南汤阴萧氏排行用字：“敬宗尊祖，乃可长延世泽。崇德象贤，自克丕振家声。”

湖北黄冈萧氏排行用字：“云日光常被，功名大显扬。家风鸿作述，祖泽自绵长。裕德辉先绪，祚隆庆吉祥。世第皆荣盛，宗传纪远芳。”

江西赣州萧氏排行用字：“彦美继家声，笃厚辉光远。”

萧氏名人，历史多有。如：

西汉相国萧何，早年任秦沛县县吏，后辅佐刘邦起事。攻克咸阳后，萧何接收了秦宫的律令、图书，掌握了全国的山川、户册，对日后制定政策和取得胜利起了重要作用。萧何采摭秦法，修订律令制度，成《九章律》。

太傅萧望之，萧何七世孙，历任大鸿胪、太傅等，以儒家经典教授太子，主治《齐诗》，兼学诸经，是汉代《鲁论语》的知名传人。李白《客中行》所赞“兰陵美酒”相传即萧氏家酿。

南朝名臣萧思话，涉猎经史，擅长隶书，精通音律，善于骑射，袭封父爵，封阳县侯，被宋武帝刘裕赞为栋梁之材，先后十二次担任州刺史，清廉自律，礼贤下士，人多归附。

齐高帝萧道成，南齐开国皇帝，萧何二十四世孙，少时师从名儒，性情深沉，通习经史，曾任南兖州刺史，后渐揽刘宋朝权，终即帝位，建国号齐，史称南齐，有围棋专著《齐高棋图》。

梁武帝萧衍，南北朝时梁朝的建立者，为萧何二十五世孙。初时萧衍尚能留心政务，改革弊端，晚年渐渐怠于政事，沉溺佛教。后来萧衍被囚死于建康台城，谥号武皇帝。

南朝梁代文学家萧统，梁武帝萧衍长子，虽被立为太子，但英年早逝，未及即位便去世，谥号昭明，后世称为昭明太子，曾主持编撰著名的诗文总集《文选》，又称《昭明文选》。

梁武帝萧衍（《中国大百科全书》）

唐朝宰相萧瑀，南朝梁明帝萧岿第七子，从小以孝道闻名天下，刚正不阿，光明磊落，初封新安郡王，后降唐受封宋国公，任光禄大夫，六次担任宰相，又因故六次被罢免。

宋代画家萧照，拜李唐为

师，入南宋画院为待诏，喜为奇峰怪石，望之有波涛汹涌、云聚风卷之势，作品有《秋山红树图》《光武渡河图》《竹林七贤图》等。

明代名臣萧良有，生而颖异，誉为神童，万历时升为翰林院修撰，后任国子监祭酒，三次出任乡会试主考官，杜绝干谒，严格考选，所取之人多为名臣。后遭弹劾请求终养，著有《玉堂遗稿》《龙文鞭影》。

太平天国西王萧朝贵，原姓蒋，因过继萧氏为子，故改姓萧，自幼家境贫苦，靠种菜烧炭度日，后得洪秀全器重，将其妹洪宣娇嫁与他为妻。太平军陷桂林、克兴安、攻全州、进湖南，均由萧朝贵指挥，进攻长沙南门时，萧朝贵被炮弹击中而死。

在萧氏名人中，有一位生在皇家，身为太子，却和政治疏离而与文化结缘的人物，就是萧统。萧统因为编纂《文选》而彪炳千秋。《文选》又称《昭明文选》，收录梁代以前的优秀文学作品，历来受到重视。古人认为熟读此书，便可充当半个秀才，所谓“文选烂，秀才半”。萧统编选《文选》的遗址，也成了读书人“朝圣”的地方。早在《全唐诗》里，就常有人提起文选楼。如李益《送襄阳李尚书》：“俗尚春秋学，词称文选楼。”齐己《闻贯休下世》：“争得梁太子，重为文选楼。”然而，文选楼究竟在何处，历来颇多异说：

一说在湖北襄阳。襄阳是萧统出生之地，自古有昭明台，以为纪念。《襄阳府志》云：“昭明台在郡城中央，其迹甚古。”《方舆胜览》云：“文选楼，梁昭明太子立，聚贤士共集《文选》。”后人以为昭明台即文选楼。

一说在浙江临安。临安有天目山，山中有太子庵，庵内有萧统读书台，或说此即《文选》成书之地，故又名文选楼。画家叶浅予在此写生时，见其破败，曾赋《太子庵破庙吟》诗：“天目古迹多，此庵最负名。敢问当局者，何以慰昭明？”

一说在安徽贵池。贵池县城西乡有山，山中野花杂草，乱藤矮松，有文选楼与杏花村相邻。清人顾敏恒《重修梁昭明太子祠碑文》云：“贵池县西庙者，故梁太子祠也……庙之规模，夙称巨丽，璇题纳月，金爵承云，曰文选楼，存古迹也。”

一说在安徽和县。香泉镇古称平疴镇，据说昭明太子满身疥疮，久治不愈，后移居香泉，一日三浴，不久病愈。相传萧统在此一边沐浴，一边著书，故此地有文选楼，还有昭明塔、昭明亭、昭明书院等。

一说在江苏常熟虞山。虞山读书台位于东南麓，今辟为公园。园中奇石兀立，古木参天，原有土墩隆起，上有方亭，亭内嵌有三块碑石，当中一块草书“读书台”三字，为清人觉罗雅尔哈善所书。俗称此即文选楼。

一说在江苏江阴顾山。顾山状如蹲猫回顾，故名。山上有梁代古刹香山寺，寺中红豆树相传为昭明太子所植。据说萧统曾在此编修《文选》，故清人有《重修顾山文选楼碑记》和《重修昭明太子读书楼碑记》。

一说在江苏镇江南郊。招稳山群峰环绕，谷深林密，松柏修竹，景色幽绝，山间有昭明太子读书台和增华阁。相传萧统在此编著《文选》，如《江苏省镇江市地名录》载，招隐寺内的读书台和增华阁，即当年萧统读书和编书的地方。

还有一说是在江苏扬州。传为唐人颜师古所著《大业拾遗记》载：“帝尝幸昭明文选楼，车驾未至，先命宫娥数千人升楼迎侍。微风东来，宫娥衣被风绰，直泊肩项，帝睹之，色荒愈炽，因此乃建迷楼。”此言隋炀帝事。一般认为隋炀帝之迷楼在扬州，据此文选楼亦当在扬州。清人程穆衡《燕程日记》云：“乾隆二年二月初三日，天晴……三岔河十里至扬州……文选楼，即今文选巷是。”近代扬州学者朱自清也认为，文选楼就在扬州。他的《说扬州》写道：“扬州游览以水为主，以船为主，已另有文记过，此处从略。城里城外古迹很多，如‘文选楼’‘天保城’‘雷塘’‘二十四桥’等，却很少人留意；大家常去的只是史可法的‘梅花岭’罢了。”

其实，在扬州，文选楼也有两处，一在仁丰里的旌忠寺，一在毓贤街的阮元家。文选楼何其多也！

二八　弘农杨氏

杨姓对我来说，是再熟悉不过了。我出生的老家在杨家庄。虽然在我生活的整个少年时代，没见过杨家庄有一户杨姓人家，但想必若干年前这里的杨姓人家一定很多，后来慢慢消失了。譬如扬州城里的地名，有叫辕门桥、宛虹桥、流水桥的，其实那里既没有河，也没有桥。那是由于年深日久、世事变迁的缘故。《杨志卖刀》的水浒故事，还是在杨家庄看的。

汴京城杨志卖刀（《忠义水浒传》）

杨氏的起源并不复杂。一说源自姬姓。周武王的孙子，封邑于杨，称为杨侯，是为杨姓的始祖。或谓周宣王将子长父封到杨国，号为杨侯，后裔以杨为姓。或谓晋灭杨后，封杨地为大夫羊舌肸的食邑，羊舌氏被灭后，族人以封地杨为姓。

二说源自扬姓。古时杨、扬二字不分，以邑为氏。关于杨、扬二字的通假，有地名扬州可证。九州之一的“扬州”，汉时皆作木旁的“杨州”，唐后皆作手旁的扬州。这也说明古时杨、扬二字可以通假。

三说源于改姓，主要由同源、避难、收养、过继、赐姓及少数民族改姓等构成。如三国时，诸葛亮平定湖南、贵州的僚族，赐当地土著赵、张、杨、李等姓。北魏孝文帝迁都洛阳后，推行汉化政策，其中的莫胡卢氏改为杨姓。隋代的杨义臣本姓尉迟氏，鲜卑人，为北魏勋臣八姓之一，隋文帝为表彰尉迟氏，赐姓杨。宋代的龙图阁学士倪焻因反对王安石变法，遭到流放，幼子倪顺因外家庇护得以幸存，改为杨姓。

杨氏最早出于古时的杨国，地在今山西洪洞。杨国是周代的诸侯国，姬姓，爵位为侯爵。周宣王为防止猃狁的进攻，封其子尚父为杨侯，建立杨国，以杨树为图腾，活跃在今山西洪洞、临汾、浮山一带。杨国亡后，杨氏便向西发展繁衍，起先迁入陕西，然后迁入山西，继而来到河南。战国时，有杨氏族人迁入湖北，后因楚国势力不断加强，他们向东南迁至江西。同时，又有杨氏自山西迁至江苏和安徽。秦汉时期，杨姓广泛分布于北方。后因西晋的永嘉之乱、唐时的安史之乱、宋代的靖康之乱，杨氏子孙为避乱大举南迁，直至福建沿海。元末明初，江西、浙江的杨姓迁往湖广一带。随后，杨姓开始向海外迁移，东南亚一带也有杨氏的踪迹。今杨姓主要集中于四川、陕西、山西，而以四川为杨姓第一大省。

杨氏的郡望，主要是弘农郡、天水郡、河内郡。

弘农郡，西汉所置，地在今河南灵宝。所辖范围历代有变化，汉时包括河南西部的南阳、陕西东南的商洛等，历来是军事政治要地。唐时，弘农郡分为陕州、虢州。宋时，弘农县改为常农，从此弘农不再使用。

天水郡，得名源于“天河注水”的传说。这里原来人烟稠密，山水灵秀，秦末因战乱和干旱，致使民不聊生。传说有一天，狂风呼啸，雷电交加，天上河水倾泻而下，形成一湖，名曰天水湖。后来汉武帝设郡，名曰天水郡，治所在平襄（今甘肃通渭）。后世天水郡屡废屡设。

河内郡，也是汉代所置之郡，地在今河南焦作、济源、新乡、安阳等地。隋设河内县，唐设怀州，元设怀庆路，明清设怀庆府。而河内县之名不变，常为治所。直至民国时，改河内县为沁阳县。

杨氏的堂号，有弘农堂、关西堂、四知堂等。

弘农堂来自弘农郡，以望立堂。关西堂源于东汉时关西人杨震，博览明经，时称“关西孔子”。四知堂也出自杨震，他非常清廉，拒绝别人行贿时曾说：“这件事有天知、地知、你知、我知，怎么说没人知道呢！”后人遂以“四知”为堂号。杨姓的堂号还有光裕堂、赐书堂、崇本堂、清白堂、务本堂、绍兴堂、瑞本堂、绍先堂、河东堂、栖霞堂、秦和堂、鸿仪堂、安阳堂、鸿山堂、新杨堂、道南堂、信海堂、北山堂、洪洞堂等。

多有杨氏宗祠，其楹联略有：

“三公泽世；四杰传芳。”上联指东汉杨震，列三公之位。下联指杨炯，与王勃、骆宾王、卢照邻合称“初唐四杰”。

“关西世第弘农郡；河内家声光裕堂。”全联谓杨氏的名郡名堂。

“程门立雪尊师道；孔圣传家立美名。”上联言北宋杨时，有程门立雪之说。下联言东汉杨震。

“三相才华齐凤阙；千金诗赋重钟山。”上联出明人杨士奇、杨荣、杨溥三宰相。下联出杨廉夫，能诗，明太祖朱元璋称赞他的《钟山》诗“值千金，姑且赏赐五百”。

“立雪表恭，摘星见志；鳣堂集庆，雀馆呈祥。”上联说宋人杨时、杨亿。下联说汉人杨震，传说其讲堂前有冠雀衔三鳣鱼飞至。

“眼里有余闲，登山临水觞咏；身外无长物，布衣素食琴书。”此联为清代书法家杨沂孙自题。

“关西孔夫子，英雄人物宗风范；北宋杨家将，文武衣冠祖庙光。”此为江西杨氏宗祠联。

“忍人让人莫去害人，行一片公道增福增寿；修己克己安分守己，存半点天理积子积孙。”此为广东杨氏宗祠联。

杨氏的排行用字，各地有别。如：

重庆巫山杨氏的排行用字："志道世荣怀，锡德永发祥。敬守国庭献，登崇孝友良。进修全大美，敏学焕文章。立念思先泽，继承正启芳。"

湖北沔阳杨氏的排行用字："元伯光天，日月星辰。宗之源远，世代克成。"

湖南湘乡杨氏的排行用字："尧政应洪日，名士百代昌。容让传国美，忠良永远彰。"

安徽安庆杨氏的排行用字："中浮鼎振，大有咸林。益千风遇，礼代同仁。"

江苏六合杨氏的排行用字："田德常林玉，昌保贵如金。"

辽宁抚顺杨氏的排行用字："万金法庆常，树立永吉祥。兴家助为本，盛世久安康。"

陕西安康杨氏的排行用字："世远嗣番，发祥汉佑。富本培元，钟灵毓秀。"

山东临沂杨氏的排行用字："传家惟效友，继世尚公平。一本常敦序，同宗保令名。法权自先启，守之在心中。敬绍兴绪远，复立鸿文通。"

贵州毕节杨氏的排行用字："银孟洪灿曾，居家永时春。正大光明远，万代世泽长。"

历代杨氏名人很多，略有：

杨姓始祖杨伯侨，侨亦作桥、乔，又名文实。周襄王念其先人功勋，封伯侨于杨，称为杨侯，承继其祖爵位，谥号贤敬。

战国杨朱学说创始人杨朱，主张"贵己""重生""人人不损一毫"，其思想见于《列子》《庄子》《孟子》《韩非子》《吕氏春秋》等。战国时，"天下之言不归杨则归墨"，可见其学说影响之大。

隋文帝杨坚，隋朝开国皇帝，改元开皇，即位后在政治、经济等方面进行改革，修订刑律和制度，将州、郡、县三级制改为州、县两级制，派晋王杨广南下平陈，统一南北。

隋炀帝杨广，隋文帝杨坚次子，隋朝第二位皇帝，先为晋王，后率

隋炀帝杨广（《百帝图》）

军南下灭陈，在位时开凿运河，营建东都，迁都洛阳，多次发动战争，亲征吐谷浑，三征高句丽，滥用民力，致使民变，隋朝覆亡。

五代十国吴国奠基人杨行密，史称南吴太祖，封弘农郡王、吴王。杨行密在江淮举起割据大旗，遏制朱温南进步伐，避免了更大范围的动乱。他奠基的吴国，实现了由藩镇向王国的转型，使南方割据势力与北方中原政权并存。

北宋名将杨业，官至云州观察使、判代州，赠太尉、大同军节度使，少时倜傥任侠，善于骑射，读书不多，但忠烈勇武，甚有智谋，以骁勇远近闻名，屡立战功，号为“无敌”，曾大破辽军，威震契丹，后中伏而败，孤立无援，绝食而死。

南宋诗人杨万里，与陆游、尤袤、范成大并称。宋光宗为其亲书“诚斋”二字，故世称其为诚斋先生。曾任国子博士、广东提点刑狱、太子侍读、秘书监等职，官至宝谟阁直学士，封庐陵郡开国侯。他一生作诗两万多首，传世作品有四千余首，被誉为一代诗宗，著有《诚斋集》等。

明朝内阁首辅杨士奇，著名学者，少时丧父，游学四方，累官礼部侍郎，拜少师、华盖殿大学士，兼兵部尚书，身在内阁为辅臣数十年，与杨荣、杨溥并称“三杨”，先后担任《明太祖实录》《明仁宗实录》《明宣宗实录》总裁官。

明朝内阁首辅杨荣，曾任文渊阁大学士、翰林侍读，性警敏通达，善于察言观色，在文渊阁治事，谋而能断，老成持重，尤其擅长谋划边防事务，史称其“挥斤游刃，遇事立断”，著有《后北征记》《杨文敏集》。

明朝内阁首辅杨溥，曾授翰林编修，任太子洗马，因遭诬陷入狱，获释后授翰林学士，旋升太常寺卿，并入内阁，为人谨慎，上朝时也总是低头循墙而行，著有《澹庵文稿》《杨文定公诗集》等。

太平天国东王杨秀清，出生于广西桂平农家，以耕山烧炭为业，后参与发动金田起义，被洪秀全封为东王，号称九千岁，集教权、政权、军权于一身，在天京事变中被杀，家人僚属几无幸免。

在古代杨氏名人中，人们最爱谈论的是杨贵妃。据说她并没有死在马嵬坡，而是经过秘密策划后，逃到日本去了。如今，只有她的《出浴图》还在各种画册里尘封着。

我最感兴趣的是杨朱。据考，他姓杨，名朱，字子居。《列子·杨朱》中有一段有趣的问答：

禽子问杨朱曰："去子体之一毛，以济一世，汝为之乎？"

杨子曰："世固非一毛之所济。"

禽子曰："假济，为之乎？"

杨子弗应。

禽子出语孟孙阳。孟孙阳曰："子不达夫子之心，吾请言之。有侵若肌肤获万金者，若为之乎？"

曰："为之。"

孟孙阳曰："有断若一节得一国，子为之乎？"

杨妃出浴图（康涛绘）

禽子默然有间。

孟孙阳曰："一毛微于肌肤，肌肤微于一节，省矣。然则积一毛以成肌肤，积肌肤以成一节。一毛固一体万分中之一物，奈何轻之乎？"

禽子曰："吾不能所以答子。然则以子之言，问老聃关尹，则子言当矣。以吾言问大禹墨翟，则吾言当矣。"

从这里可以看到杨朱的基本主张。杨朱的主张在《孟子·尽心》中说得更为清楚：

杨子取为我，拔一毛而利天下，不为也。墨子兼爱，摩顶放踵利天下，为之。

可知杨朱学派与墨家学派的主张是完全对立的，墨子要"兼爱"，杨子要"为我"。按孟子所说，杨子认为即使拔身上一根汗毛能使天下得利，他也不愿意；而墨子认为只要对天下人有利，纵然自己费尽气力也甘心情愿。

归纳杨朱的思想，主要是"贵己"或曰"为我"。后世批评杨朱之说自私，其实杨朱的思想并不那么简单。所谓"贵己"，认为"古之人，损一毫利天下，不与也；悉天下奉一身，不取也。人人不损一毫，人人不利天下，天下治矣"。他是说，如果人人都自重自爱，互不侵损，天下就得到治理了，这不是没有道理的。所谓"为我"，是尊重每个有生命的个体，不为任何所谓的国家或公权所奴役、侵犯、牺牲，其实是对任意侵害公民个体利益的抗议。

杨朱主张的"一毛不拔"并不错，任何冠冕堂皇的理由都不应该成为剥夺个人财产或生命的借口，因为所有的人生而平等。

吕思勉在评价杨朱时指出，杨子的"为我"说，以哲学论，可谓甚深微妙，“或以自私自利目之，则浅之乎测杨子矣”。

《列子》记载过杨朱的故事。有一次，杨朱经过宋国，在旅店里休息。店里有妾二人，其一人美，其一人恶，恶者贵而美者贱。杨子问其故，有个伙计说：“其美者自美，吾不知其美也。其恶者自恶，吾不知其恶也。”杨子说：“弟子记之！行贤而去自贤之行，安往而不爱哉！”等于说，做贤德之事却不处处标榜自己是贤德之人，到什么地方不会受到他人的敬爱呢？又有一次，杨朱的邻人丢了羊，带着许多人去追羊。杨子说：“嘻！亡一羊何追者之众？”邻人说：“多歧路。”回来后，杨子问：“获羊乎？”邻人说：“亡之矣。”杨子说：“奚亡之？”邻人说：“歧路之中又有歧焉。吾不知所之，所以反也。”杨子忽然变色，整日都不开心。门人感到奇怪，问：“羊贱畜，又非夫子之有，而损言笑者何哉？”杨子不答。过了一些时候，有个学生问杨子：“昔有昆弟三人，游齐鲁之间，同师而学，进仁义之道而归。其父曰：仁义之道若何？伯曰：仁义使我爱身而后名。仲曰：仁义使我杀身以成名。叔曰：仁义使我身名并全。彼三术相反，而同出于儒。孰是孰非邪？”杨子曰：“人有滨河而居者，习于水，勇于泅，操舟鬻渡，利供百口。裹粮就学者成徒，而溺死者几半。本学泅，不学溺，而利害如此。若以为孰是孰非？”他的学生默然而去。回来之后，他才体悟到，大道因为岔路太多而丢失了羊，学生因为方法太多而丧了命。学习的东西不是根本上不同、本质上两样，结果却有这样大的差异。只有归到相同的根本上、回到一致的本质上，才会没有得失的感觉，也不至于迷失方向。

杨朱主张建立各人为自己而不侵犯别人的社会，这在现实中难以做到。也许正如韩非所说的那样，杨朱虽然明察，但是行不通。即使行不通，杨朱依然不失为一个著名思想家。

二九 下邳钱氏

有一个特殊的时期，在中国姓钱是一件可耻的事情。钱，被认为是一种肮脏的东西。例如在样板戏《海港》中，那个搞破坏的阶级敌人名叫钱守为。但在前人所编的《百家姓》里“赵钱孙李”，钱是位列第二的。

学者指出，如果考虑到《百家姓》的编写年代，那么前几个姓氏的排列是不难理解的。赵是宋朝皇家的姓氏，列为首。钱是五代十国中吴越国王的姓氏，后来主动归宋，故列第二。在五代十国之中，吴越最富，君主是钱氏。北宋建立初期面对赵宋的强兵，钱氏不愿生灵涂炭，便将国土和民众归入宋，走向和平统一。为感戴以民生为重的钱氏国王，《百家姓》把钱姓排在了赵姓之后。

钱原作籛。清人王相《百家姓考略》云：“钱，徵音。彭城郡。系出籛氏。彭祖姓籛名铿。支子去竹，而为钱氏。”钱氏最早可追溯到大彭国始祖籛铿，籛铿是钱姓的始祖。传说籛铿活到八百岁，是古代有名的寿翁，也是神话中寿星的原型，被后人尊为彭祖。

钱氏早期主要是在今江苏彭城和浙江吴兴繁衍发展。魏晋之际，湖州的钱姓蔚成大族。乌程、长兴等地的钱姓，有不少子弟出将入相。这些地方在三国吴时隶于吴兴郡，所以吴兴成为钱氏著名郡望。隋唐政治文化中心在长安、洛阳等北方城市，钱姓族人也开始迁向北方，并遍布中原各地。唐末，临安钱镠在剿灭叛臣的过程中占有两浙之地，被唐廷先后封为越王、吴王、吴越王，于是钱氏王朝建立。五代时，钱氏遍布吴越全境，包括今浙江、上海、苏南等地。宋元时，钱氏发展到今河南、广东、安徽、福建、湖南、湖北、江西等地。南宋灭亡后，钱氏族人多弃政隐居，潜心于读书或商贾。入元后，江南动荡，人口流徙。钱氏宗人逐渐向周边新兴城市迁徙，出现了许多新兴的钱氏支系，如松江、吉水的钱氏家族。明清时，今云南、四川、重庆、贵州、甘肃、陕西、河北、辽宁等地均有钱氏聚居点。很多钱氏家族背井离乡，甚至漂流到海外谋生，我国台湾地区与东南亚均有大量钱氏族人。

今回族、苗族、壮族、傣族、藏族、黎族、土家族、哈尼族、布依族、纳西族都有少量钱氏族人。吴越王钱镠曾赐人姓钱。台湾高山族中，有一支因忠于清廷，被乾隆帝赐姓钱。

钱氏的郡望，主要有下邳郡、彭城郡、吴兴郡诸说。

下邳郡，东汉所置，治所在下邳，辖地北至江苏邳县，南至安徽嘉山，东至江苏涟水、淮安。

彭城郡，西汉改楚国为彭城郡，不久复为楚国，东汉时又改为彭城国，治所在彭城（今江苏徐州）。

吴兴郡，三国时所置，治所在乌程。其地相当于今浙江临安、余杭一线西北，兼江苏宜兴等地。

钱氏主要的堂号，有下邳堂、彭城堂、吴兴堂等，都是以望立堂。此外有吴越堂、丹桂堂、万选堂、锦树堂等。

钱氏有不少陵墓或宗祠。杭州有钱王陵，是吴越国王钱镠的墓地，全国重点文物保护单位。钱王陵坐落于临安锦城太庙山，在杭州城外。又有钱王祠，位于西湖涌金池南，供奉钱氏三世五代国王，清康熙、乾隆二帝在此留有“保障江山”“忠顺贻庥”等题字。另外，国家博物馆收藏钱氏金书铁券，是唐昭宗李晔赐给当时担任镇海镇东军节度使钱镠的免死金牌。为纪念先祖，吴越钱氏后裔有元宵钱王祭活动，已被列入浙江非物质文化遗产名录。又有《钱氏家乘》传世，分为个人篇、家庭篇、社会篇、国家篇等，是历史上影响较为广泛的家训。

钱氏宗祠的楹联，略举如下：

“马上运槊；车旁课读。”上联说五代吴越王钱镠善射，能上马运槊。下联说清人钱陈群幼时家贫，母亲陈书课读于纺车旁。

“射潮靖海；庐墓旌闾。”上联言钱塘大堤为潮水所毁，吴越王钱镠命强弩数万射之，潮退堤成。下联言宋人钱尧卿童年丧父，终日守墓，举为孝廉。

“泽承周府；名并钱郎。”上联谓钱氏来历，下联谓唐人钱起。

“彭城世泽；越国家声。”上联云彭祖为钱氏之祖，封于彭城。下联云吴越国王钱镠。

“武肃功名久；彭城世泽长。”上联指吴越王钱镠，下联指彭城郡望。

“钱姓周文王钦赐；铁券唐昭宗敕封。”上联言钱氏起源，乃周文王所赐。下联言金书铁券乃唐昭宗所赐。

“启匣尚存归国诏；解弢时拂射潮弓。”全联写吴越王钱镠。

“仙凤玉露争飘洒；密竹疏松斗志苍。”此为清代学者钱大昕所撰联。

“名标鼎甲，门闾代代；秀毓钱塘，兄弟怡怡。”上联指明代翰林修撰钱福廷对第一，礼部尚书钱士升殿试第一。下联指宋代秘书监钱昆兄弟均为进士。

“陌上花开，铁券王孙君独秀；梁间燕语，乌衣子弟我重来。”此为江苏无锡钱氏宗祠联。

钱氏的名人很多，第一要数彭祖。其他如：

江东钱氏第一代祖钱让，一名钱逊，博学豪迈，豁达善谋，忠诚亮直，封富春侯，食邑五千户。

大唐功臣钱九陇，性英勇，善骑射，官至左武卫大将军、潭州都督、巢国公。

诗人钱起，天宝年间进士，为“大历十才子”之冠，与郎士元齐名，世称“钱郎”，著有《钱考功集》。

吴越国创建者钱镠，曾征发民工，修建钱塘江海塘，又在太湖流域普造堰闸，促进了吴越经济发展。

北宋文人钱惟演，累官至崇信军节度使，博学能文，辞藻清丽，所著今存《西昆酬唱集》《金坡遗事》。

南宋画家钱选，入元不仕，擅长人物、花鸟、蔬果和山水，笔致柔劲，着色清丽，自成风格。

明代状元钱福，号鹤滩，弘治进士第一，官翰林修撰，三年告归，诗文以敏捷见长，著有《鹤滩集》。

抗倭壮士钱泮，曾任刑部主事、员外郎等职，秉公断案，执法严明，曾回乡组织族人自发抗倭。文徵明为其撰墓志铭。

状元钱士升，授翰林院修撰。友人被魏忠贤迫害入狱，钱士升荡尽家产，竭力营救，受到东林党特别推重。

钱一本，“东林八君子”之一，潜心六经，尤精于《易》，人称启新先生，与顾宪成分主东林书院讲席。

南明清官钱肃乐，为官清正，执法严正，不畏权贵，曾率义军坚持抗清，直至病逝。

明清文士钱谦益，精于文史，工于词章，主东南文坛数十年，在明清两朝俱为官，著有《初学集》《有学集》。

清代藏书家钱曾，好抄书，以用墨精良、校勘仔细著称，世称“钱抄”，可与毛晋抄本媲美。

钱大昕像（《清代学者像传》）

考据学家钱大昕，善于以考证方法治史，著有《唐石经考异》《元史艺文志》《潜研堂文集》《经典文字考异》等。

状元钱棨，字湘舲，自幼饱读诗书，勤学不辍，才华过人，远近闻名。

文人钱泳，著有《履园丛话》。

导弹之父钱学森，中国航天事业奠基人，为组织领导火箭、导弹和航天器的研究发展工作发挥了重要作用。

力学和应用数学专家钱伟长，成名之作《弹性板壳的内禀理论》提出关于扁壳的非线性方程组，被国际上称为“钱伟长方程”，著有《穿甲力学》《广义变分原理》等。

原子核物理学家钱三强，原子能学科的学术带头人和科技计划的制定者，对中国核工业事业居功至伟，与钱学森、钱伟长并称“三钱”。

国学大师钱穆，历史学家，后移居台北，著有《国史大纲》《中国思想史》《中国文化史导论》《先秦诸子系年》《宋明理学概述》《中国近三百年学术史》等。

学者钱锺书，致力于中国和西方文学的比较，著有《管锥编》《谈艺录》《写在人生边上》与小说《围城》等。

钱氏的排行用字，具有地方色彩。如在吴越一地，有所谓排行百字：

> 圣神功德厚，光盛武林春。敕券传家宝，文章贯日清。
> 诗书忠孝远，兰桂冕尊旒。温良恭俭让，奕叶立尼门。
> 王侯从古有，英烈正今新。物华天象应，人杰地灵生。
> 蛟腾连凤起，电紫与霞横。海阔波涛大，枝繁根蒂深。
> 仰观星斗近，俯视泰嵩轻。皇图期巩固，终始袭骈臻。

其他如：

云南昆明钱氏排行用字：“铸本广济远，宏以宜泰人。”

安徽怀宁钱氏排行用字：“正中大齐光，普寿新安近。”

湖南湘潭钱氏排行用字："广诒彰世序，永锡茂宗支。"

江苏泰州钱氏排行用字："普存忠厚承先泽，兆启科名展俊才。"

浙江海宁钱氏排行用字："兴邦保国，崇德志道。通经博古，明体达用。"

广东潮汕钱氏排行用字："伯思孝友，仲怀敬恭。忠信立德，礼义衍芳。"

贵州瓮安钱氏排行用字："国正天兴顺，真元世道昌。儒学登诗礼，英华大文章。"

在钱氏名人中，对我影响最大的是钱锺书。我在南京时，常去成贤街的图书馆借阅他的名著《管锥编》。《管锥编》是古文笔记体著作，全书五册，论述范围由先秦至唐。作者考论词章和义理，力求打通时间、地理、语言、文化和学科的界限，旁征博引，上天入地，左右逢源，妙不可言。据统计，书中引述四千位作者的上万种著作，读来如入宝山，应接不暇。

"管锥"的意思，是以管窥天，以锥刺地。所窥者大，所见者小，所刺者巨，所中者少，这自然是作者的自谦。《管锥编》不容易读，但如一旦投入，则比读小说更为有趣。

理解钱锺书，或者理解《管锥编》，都不是容易的事，只有读完全书之后，才会豁然开朗。

钱锺书是无锡人。他除了《管锥编》，还有《谈艺录》，但是一般人感兴趣的是他的长篇小说《围城》。《围城》的故事发生于20世纪20至40年代。主人公方鸿渐是个从南方体面家庭走出来的青年，迫于家庭压力，与同乡周家女子订亲。他上大学期间，周家姑娘病逝。准岳父被方鸿渐所写的唁电感动，愿意资助他出国求学。方鸿渐在欧洲游学时，游手好闲，不理学业，为了糊弄家人，他买了个"克莱登大学"的假博士文凭。在回国的船上，他与留学生鲍小姐邂逅相遇，打得火热，同时遇见女同学苏文纨。到上海后，他在准岳父开办的银行任职。这时候，他获得了苏文纨的青睐，又和她的表妹唐晓芙一见钟情，整日周旋于苏、唐二人之间。抗战开始后，方家逃难至上海。在朋友赵辛楣的引荐下，几个人同赴三闾大学任教。后来方鸿渐与孙柔嘉订婚，离开三闾大学回到上海，在一家报馆任职。最后，方鸿渐夫妇与方家、孙家的矛盾激化，他深深地陷入感情的围城。

凭心说，我不太喜欢《围城》。我宁可读佶屈聱牙的《管锥编》，也不想看妙语如珠的《围城》。

三十 扶风马氏

马氏的得姓始祖是赵奢，乍一听很奇怪。

战国初，赵、魏、韩三家瓜分晋国。赵国的公子赵奢善于用兵，抗击秦军，多次获胜，封于马服，称为马服君。赵奢死后，又葬于马服山，故子孙以马服为姓，简称为马。按照此说，马氏归根结底其实出自嬴姓，因为赵奢属于帝颛顼裔孙伯益之后。马服是赵国的属邑，位于今河北邯郸西北的紫山。西汉时，马氏从马服迁到扶风茂陵（今陕西兴平东北），扶风成为马氏的郡望。

关于马氏的起源，说法颇多。

有说源于官位的。西周时有官名马质，专管马匹的征收。《周礼·夏官·马质》记载："马质，掌质马。马量三物，一曰戎马，二曰田马，三曰驽马，皆有物贾。"马质的后裔以祖先的官职称谓作为姓氏，称马质氏，后来简化为马氏。

春秋时楚国有官名巫马，负责给马治病。古代巫、医同义，因此马医亦称巫马。《周礼·地官·巫马》记载："巫马，掌养疾马而乘治之。"巫马的后裔称巫马氏，后省称马氏、巫氏。

鲁国有官名马廋人，后来齐国、晋国、燕国、秦国亦设此官职，专职养马、驯马，并教军士驾驭马匹。另外，周秦汉时期的官制，大都有司马一职，主管军事。司马的后裔自称司马氏，也称马氏。

也有他姓改为马氏的，这类例子不一而足。信奉伊斯兰教的民族，姓马的很多，因为马、穆二字音近，明人常将穆罕默德译作马哈麻。这种译法对后世影响很大，清人徐松《西域水道记》、魏源《海国图志》都将“穆”译为“马”，称穆罕默德为“马圣人”。在此情况下，很多回族人也选用马姓。在清代，满族马佳氏也有改姓为马的。

马氏最初发祥于春秋战国时的邯郸一带，战国末逐渐散居关中。到汉代，今陕西兴平茂陵一带，也即扶风，成为马氏繁衍的中心。由汉而晋，马氏渐次分布于今河南、河北、山东、湖北、四川、甘肃、江苏、浙江等地，也大举迁徙于西北，再东迁黄淮。唐末开始有河南马姓人前往福建安家，并发展成望族。唐末五代时有马殷从军作战，被封为王，建立楚国，包括今湖南全境、广西大部，以及广东、贵州一些地区，使马氏得到广泛发展。宋以后福建、广东的马氏逐渐增多，明代进一步发展。清后期马氏部分后裔移居台湾，并远徙海外。现在马氏主要分布于宁夏大部、甘肃大部、青海东部、内蒙古西部、新疆乌鲁木齐地区。

马氏的主要郡望，有扶风郡、京兆郡、临安郡、西河郡、广陵郡、华阴郡、正平郡。

扶风郡，汉代称右扶风。三国初以右扶风改置扶风郡，治所在今陕西兴平。后屡有兴废。

京兆郡，汉代为京兆尹。三国初改置京兆郡，治所在今西安。唐时将雍州升为京兆府，京兆郡从此被京兆府取代。

临安郡，实指杭州。

西河郡，古代所指不一，未详马氏郡望为何地。

广陵郡，汉时或称广陵国（今江苏扬州）。

华阴郡，唐代改华州置华阴郡，治所在郑县（今陕西华县）。

正平郡，北魏先于临汾置南太平郡，后改征平郡、正平郡，治所在今山西新绛。北齐、北周因之。隋时废郡。

马氏的主要堂号，有铜柱堂、绛纱堂、扶风堂、敦睦堂等。铜柱堂出自汉伏波将军马援，马援远征交阯获胜，在交阯立铜柱表功。到唐朝，马援的后裔马总做安南都护，在汉朝立铜柱的地方新立两根铜柱，五代时马希范也立了铜柱。铜柱成为马氏战功的象征。绛纱堂出自汉校书郎马融。马融才高博洽，为世之通儒，曾设绛纱帐授徒，弟子常千余人。以此，绛纱帐成为马氏文化的标志。

马姓的堂号还有扶风堂、驷德堂、回升堂、孝后堂、睇眩堂、宝善堂、体仁堂、志诚堂、忠孝堂、树德堂、裕本堂、诚忍堂、刻鹄堂、善述堂、书诚堂、敦远堂、存德堂、文英堂、监兹堂、公明堂、衍庆堂、乐真堂、敦悦堂、静业堂、藏拙堂、青云堂等。

马氏宗祠的对联，多用马氏典故。如：

“夫人卖饼；贤后含饴。”上联出唐初大臣马周，少年好学，精通《诗经》《春秋》。下联出东汉明帝皇后马后，大将马援之女，以贤德闻名后宫。

“龙虎出谷；鸾凤冲霄。”上联谓唐人马燧，少有大志，苦读兵书，屡立战功，官至宰相，封北平郡王，图形绘于凌烟阁，韩愈为之写碑铭，誉为龙虎。下联谓马周，唐太宗赐书有“鸾凤冲霄，必假羽翼”句。

“白眉继烈；青海重光。”上联言三国名士马良。下联言东汉卫尉马腾。

“绛帐设教；铜柱立功。”上联指东汉马融。下联指马援。

“追赠学士；御封真人。”上联出明礼部右侍郎马愉。下联出宋进士马钰。

“四家待诏；三代推官。”上联谓南宋画家马远，任画院待诏，画风遒劲严整，自成一格。下联出清代学者马骕，任淮安推官，治先秦历史，著有《绎史》《左传事纬》等。

“宜城五兄弟；元曲四大家。”上联出三国名士马良。下联出元代曲家马致远，与关汉卿、白朴、郑光祖并称“元曲四大家”。

“师皇乘龙去；伏波裹尸还。”上联言黄帝时兽医马师皇，善治马，后乘龙仙去，被后世尊为兽医始祖。下联言东汉名将马援，尝曰：“男儿要当死于边野，以马革裹尸还葬耳。”

“少女素雄才辩；仙姑雅号清浮。”上联指东汉马融之女马伦，少有辩才，嫁袁隗为妻，夫妇争论，马伦得胜。下联指宋人马钰，进士及第，后得道术，其妻仙去，人称孙仙姑，号清浮山人。

“远浦帆归曲致远；长春留引经季长。”上联嵌元代曲家马致远名。下联嵌东汉经学家马季长名。

“骨气乃有老松格；神妙直到秋毫颠。”此系徽商马曰璐撰马姓宗祠联。

“具王佐才，筑砦钓渭；步隐沦躅，授业著书。”上联出唐代银青光禄大夫马周。下联出宋代承事郎马端临。

“乌威圣德，万古流芳英烈将；玉面神光，千秋垂泽崇仁军。”此为清代乌面将军马信庙联。马信原是郑成功部将，到台湾进驻彰化县之燕雾上堡，不幸阵亡，后人为他立庙。

“铜柱今犹未倒，愿吾宗后裔继承，再镇边疆传祖迹；绛帷长可宏开，喜尔辈生徒环立，重披古典讲儒经。”此系马季常撰马姓宗祠联。全联言马援、马融事。

马氏的排行用字，各地有自己的习俗。如：

陕西陕南马氏排行用字：“文成登元良，玉启英进昌。忠孝全富贵，永远正朝堂。”

云南华宁马氏排行用字：“文春安甲，家有本元。国中远正，四德维新。”

山东阳谷马氏排行用字：“永云月世德，文修继志成。保守广进化，作述维令名。光耀功安顺，忠孝吉庆祥。诗书长久续，兴业代相传。”

历代马氏名人甚多，如：

汉代名将马援，军事家，史称伏波将军，封新息侯，后病死军中。其老当益壮、马革裹尸的气概，甚得后人崇敬。

儒家马融，历任校书郎、郡功曹等职，一生注书甚多，有《老子》《离骚》《孝经》《论语》《诗经》《周易》《三礼》《尚书》等，尝坐高堂，施绛纱帐，前授生徒，后列女乐。

文士马良，兄弟五人都有才华，马良最为出色，因眉中有白毛，人称白眉马良。谚称：“马氏五常，白眉最良。”

蜀汉名将马超，马援之后，少年成名，蜀汉建立后，官至骠骑将军，有剑术“出手法”流传后世。

三国马超（《三国志传》）

大唐宰相马周，少孤好学，放浪不羁，因谏言有功，得太宗重用。有《上太宗疏》《陈时政疏》《请劝赏疏》《谏公主昼婚疏》传世。

宋代西域天文星历学家马依泽，太祖时应诏入华，协助编制《应天历》，后封爵世袭司天监。

真人马钰，曾遇重阳子王嘉，授以道术，后与妻同时出家。妻先仙去，马钰亦羽化成仙。

南宋画家马远，擅画山水，多作一角、半边之景，构图别具一格，有“马一角”之称。与夏圭、李唐、刘松年合称“南宋四家”。

元代曲家马致远，“元曲四大家”之一，以《天净沙·秋思》最脍炙人口：“枯藤老树昏鸦，小桥流水人家。古道西风瘦马，夕阳西下，断肠人在天涯。”

马曰琯像（《清代学者像传》）

明代航海家马欢，多次参加郑和下西洋航行，担任翻译，著有《瀛涯胜览》，成为中国人认识世界的重要著作。

马皇后，历史上马皇后著名者有二。先有汉明帝皇后，系马援之女。后有明太祖皇后，名马秀英，以辅佐朱元璋和大脚出名。

清代徽州盐商马曰琯、马曰璐兄弟，在扬州东关街建街南书屋，藏书百橱，扬名遐迩。凡南北文人过扬州者，马氏必盛待之。编辑《四库全书》时，马氏多有贡献。

语言学家马建忠，著有《马氏文通》，为中国第一部全面系统的语法著作。

诗人马君武，革命家、教育家。他的诗指点江山，意气风发，最有名的是讽刺张学良的诗句“赵四风流朱五狂，翩翩胡蝶最当行”。

学者马寅初，经济学家、教育家、人口学家，曾任北京大学校长，所著《新人口论》是卓有见地的不朽之作。

京剧老生马连良，代表剧目有《借东风》《甘露寺》《清风亭》《四进士》等，与谭富英、奚啸伯、杨宝森并称“四大须生”。

在马氏女性中，朱元璋的皇后马氏在民间有相当高的知名度。她的出名不是因为别的，首先因为她是大脚。扬剧有一出戏叫《马娘娘》，讲述明朝开国皇帝朱元璋在金陵奠都后，对卑微的身世十分避讳，不容他人提及，有犯忌者必招杀身之祸。画师何上清因画了一幅《赤足送子观音图》，被人恶意篡改，诬陷他嘲弄皇上当过和尚和皇后有一双大脚。朱元璋听说后大怒，命将画师问斩。马娘娘知情后，规劝皇帝未果，情急中乔装民女，星夜出宫，搭救画师。军士不明真相，将她抓进宫中，交皇帝亲自审问。马娘娘以民女不可与皇帝直面为由，背对朱元璋，用夫妻间私谈过的故事劝谏丈夫宽容待人、勿失民心。朱元璋最终释疑。

马秀英皇后生于宿州闵子乡新丰里。其父因仗义杀人，携女逃往定远，将女儿托付于郭子兴。郭子兴夫妇把她收为义女，授以史书，教以女红。马氏长得虽不漂亮，但端庄温柔，老成干练，加上善解人意，知书达礼，所以博得众人称赞。元末红巾军起义，占据了濠州，即今凤阳，在皇觉寺当和尚的朱元璋参加了红巾军。由于朱元璋有勇有谋，连立战功，郭子兴将义女马氏许配他为妻。当时女子大多数缠足，可是马氏坚决不肯，家人也无可奈何。她当皇后之后，也曾为自己的大脚发愁，每与客人见面，总是用长裙将脚遮盖起来。有一次，马皇后乘轿到南京街头游览，忽然吹来一阵大风，将轿帘吹起，她的两只大脚暴露了。她急忙把脚缩回去，但还是有路人注意到了。此事传开，轰动京城。据说“露出马脚”典出于此。

马皇后坚持内侍不得兼任文武官职，以杜绝宦官乱政之弊。她建议不要大兴土木，平时粗茶淡饭，带头缝织衣服。臣下进贡珠宝等物，她劝说朱元璋不要收受，因为许多王朝就是为此而失去政权。马皇后的这些意见，都被朱元璋所采纳。朱元璋生性多疑，唯对马皇后十分尊重。马娘娘故后，朱元璋不再立皇后。

我去年因工作需要，曾去浙江嵊州，路过马寅初故居，入内参观。故居整理得还算整洁，但是门庭冷落。马家在当地是殷实之家，那么大的房子，也盛不下少年马寅初向往外部世界的心。马家供他外出读书，以为他会回来继承家业，光耀门楣，其实他的道路和大多数青年学子一样，没有回来继承祖上的事业。马寅初，一个因为《新人口论》而被后人记住的学者。

三一　东莱蒋氏

几年之前，我到扬州蒋王中学做讲座，详细谈到蒋王这个地名的来历。蒋王出自汉末广陵人蒋子文。传说蒋子文死后“成神”，人们建蒋王庙祀之。在南京东郊紫金山麓也有蒋王庙，因为蒋子文生前曾任秣陵县尉，秣陵即南京。朱偰《金陵古迹图考》记载：“蒋子文之庙，始兴于吴，崇于晋，大于南齐，而衰于明。”

蒋氏出于姬姓，据说是周公旦第三子伯龄之后。伯龄封在蒋邑，建立蒋国，成为周朝的一个小封国。蒋国被楚灭后，姬伯龄的后裔就以故国之名为姓，世代相传。相传蒋国在汝南一带。也有人说，蒋氏可能源于子姓，是殷商之后。

古代一些民族汉化改姓时，也姓蒋。回族、苗族、瑶族、傣族、壮族、羌族、蒙古族、拉祜族、布朗族、土家族等民族均有蒋氏，多是唐、宋、元、明、清时朝廷推行羁縻政策和改土归流时所改。满族的蒋佳部后来改姓蒋。

今河南为蒋姓的发祥地。在楚灭蒋后，蒋姓族人除了少部分留居原地，大部外迁。秦汉时蒋氏迁入陕西、山东。汉末有蒋氏南迁江苏宜兴，再迁浙江奉化。唐初蒋氏进入福建，宋后进入广东。明清时，福建、广东蒋氏部分族人移居海外。现在蒋姓人口主要集中于四川、湖南、江苏，其次分布于广西、浙江、安徽、重庆、贵州等地。

蒋氏的郡望有东莱郡和乐安郡。

东莱郡，始置于西汉，治所在掖县（今山东莱州），东汉时移治黄县（今山东龙口），后改为国。唐改为州。

乐安郡，南朝宋始置，故址在今山东广饶。

蒋氏的堂号有乐安堂，因蒋氏有一支迁往乐安，即今山东广饶，在此发展为望族，故名。又有钟山堂，三国时秣陵尉蒋子文死后，在钟山有其庙，蒋氏因以钟山为号。又有九侯堂，西汉名臣蒋翊以清廉出名，因不满王莽专权，告病返乡，终身不仕。其孙蒋横随光武帝刘秀南征北战，功勋卓著，封为浚遒侯。后蒋横遭到误杀，昭雪后刘秀以王侯之礼葬蒋横，并将蒋横的九个儿子全部封侯，蒋氏因有九侯堂。

蒋氏的辈份用字，各地不一。如：

重庆九侯堂蒋氏的排行用字："朝廷先现应，文员启世新。熙和崇大化，兰贵发奇英。灵峰高腾汉，方生万代荣。"

湖南宁邑蒋氏的排行用字："际忠成源河海兆，永朝世立国泰民。安湘启祖传嗣广，英贤恒守应昌荣。"

湖南安化蒋氏的排行用字："荣如永宗然彦孟，金朝加益显忠诚。克立奇功修学业，英贤世守圣明君。"

广西富川蒋氏的排行用字:"湘桂姬周裔,齐联团结欢。英才期蔚起,敏学绍书香。"

安徽定远蒋氏的排行用字:"克宏尔尚允,存思孝其正。文学华邦国,长太耀门庭。"

贵州遵义蒋氏的排行用字："汉国君师懋廷源，安连学仕尚文昌。"

浙江义乌蒋氏的排行用字："元亨茂贞，敬顺和恒。常怀孝悌，永守诚明。恭宽敏惠，慈爱廉仁。绵延福泽，谨慎言行。"

江苏徐州蒋氏的排行用字："天尊士立，广继荣昌。光大孝友，志守忠良。振兴百世，育化万方。德仁远传，永保家邦。"

蒋氏宗祠的楹联，常见的如：

"九侯世泽；三径家声。"全联指汉人蒋诩隐居故里，闭门谢客，后人有九人封侯。蒋氏庭中辟三径，唯与高士来往。

“山亭世泽；玉渚名流。”上联谓西周蒋伯龄受封蒋邑，古有山亭。下联谓清代发明家蒋煜，制造多功能浑天仪，与范崇简、胡长龄等名流比邻而居。

“为社稷器；具文武才。”上联言蜀汉蒋琬，被诸葛亮称为社稷之器。下联言曹魏蒋济，素有文武之才。

“钟山留祀；竹径初宾。”上联出蒋子文，封蒋侯，钟山有其庙。下联出蒋诩，院中栽竹，足不出户。

“铜符鼎峙；玉笋联班。”全联指汉人蒋满、蒋万父子同时受诏，以蒋满为淮南相，以蒋万为弘农守。

“山亭绵世泽；荆渚颂名流。”上联言蒋伯龄。下联言蒋煜。

“雅言诗书执礼；益友直谅多闻。”此系清代书家蒋衡撰联。

“花色遍四封之丽；竹阴留三径之清。”上联指唐人蒋沇，兄弟四人均为才吏。下联指汉人蒋诩。

“赋秋河而得丽女；过清溪又访小姑。”上联指唐人蒋防。下联指三国蒋子文妹。

“邦显碧岩三绝画；廷锡集成万卷书。”上联出明代画家蒋时行，筑楼于碧岩，三年不下，所绘《真武像》《上庵图像》《瀑布龙口圣像》合称三绝。下联出清代学士蒋廷锡，受钦命核定《古今图书集成》万卷。

“玉笋民班，丰姿可爱；琼花直谏，赤胆堪嘉。”上联云唐人蒋凝，风姿美仪，号水月观音。下联云明人蒋瑶，曾直谏武宗。

“科甲肇遂兴之首，簪缨不二世族；阀阅自湖楚而上，钟鼎第一名家。”此为宋文天祥为吉州龙泉南乡衡溪蒋氏重修族谱所题。

在历史上，蒋氏治家甚严，有家训、家风、家规之类传世。四川阆中《蒋氏家规》十条，在某种程度上体现了蒋氏家族文化之一斑：

不孝父母，集族杖八十，罚跪三日。

冒犯尊长，集族杖四十，罚跪一日。

强嫁节妇，集族杖八十，送官法处。

兄弟就婚，集族杖八十，另行出嫁。

窝拐妇女，集族杖八十，令妇归家。

夫妇活折，集族杖八十，仍令团聚。

一女两聘，集族杖四十，仍归前聘。

匪窝害人，集族杖四十，送官法处。

万索加补，集族杖四十，送官法处。

设赌聚众，集族杖四十，送官法处。

其中“夫妇活折”“万索加补”应该是当地方言，揣其意可能是夫妻吵架和借高利贷之意。

历代蒋氏名人很多，略举如下：

汉代将军蒋横，因战功显赫被封为九江太尉，死后被追封为九江侯。

三国名宦蒋琬，蜀汉进尚书令，迁大将军，录尚书事，后封为安阳亭侯，接替诸葛亮为丞相。

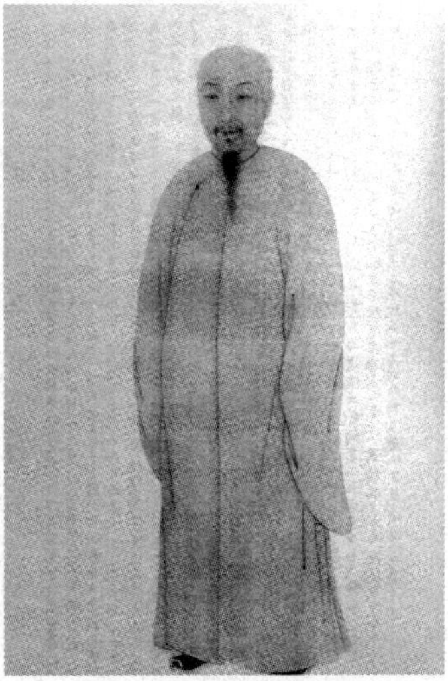
蒋士铨像（《清代学者像传》）

唐代宰相蒋伸，曾任户部侍郎、兵部侍郎，拜为同中书门下平章事。

南宋进士蒋允济，幼时家贫苦读，兄弟二人同时考中进士，成为美谈。

清代文人蒋士铨，江西铅山人，进士，官至翰林院编修。

蒋梦麟，曾任北京大学校长，致力于整饬纪律，发展群治，以补本校之不足，认为教育的长远之计在于取中国之国粹，调和世界之精神，著有《西潮》《新潮》《谈学问》《中国教育原则之研究》等。

蒋碧薇，徐悲鸿夫人，后嫁张道藩。

最后谈谈蒋子文的故事，事见干宝《搜神记》：

蒋子文者，广陵人也，嗜酒好色，挑达无度，常自谓己骨清，死当为神。汉末为秣陵尉，逐贼至钟山下，贼击伤额，因解绶缚之，有顷遂死。及吴先主之初，其故吏见文于道，乘白马，执白羽，侍从如平生。见者惊走。文追之，谓曰：我当为此土地神，以福尔下民。尔可宣告百姓，为我立祠。不尔，将有大咎。是岁夏，大疫，百姓窃相恐动，颇有窃祠之者矣。文又下巫祝：吾将大启佑孙氏，宜为我立祠。不尔，将使虫入人耳为灾。俄而小虫如尘虻，入耳皆死，医不能治。百姓愈恐。孙主未之信也。又下巫祝：若不祀我，将又以大火为灾。是岁，火灾大发，一日数十处。火及公宫。议者以为鬼有所归，乃不为厉，宜有以抚之。于是使使者封子文为中都侯，次弟子绪为长水校尉，皆加印绶。为立庙堂。转号钟山为蒋山，今建康东北蒋山是也。自是灾厉止息，百姓遂大事之。

南京紫金山，一名钟山，因山形如钟而得名。因蒋子文之故，钟山改名蒋山。蒋子文开始只是民间之神，后来才封王封侯，成为正神。西晋时，蒋子文加拜相国，重修庙宇，再塑金身。南朝时，蒋子文又加官进爵。刘宋时蒋王庙修葺一新，蒋子文官封相国、蒋王。萧齐时蒋子文再次晋级，跃为蒋帝。梁朝时大旱，诏令臣民到蒋帝庙祈雨，果然如愿，后来直接以“天子”视之。

蒋子文经历了从人到神的过程，经汉、吴、宋、齐、梁、陈六个朝代。这场造神运动，看起来像是一场闹剧，其实也有值得深思之处。人们在现实生活中遇到不可预测的灾祸，就可能病笃乱求医，到处找药方。这时候如有某种偶然的机缘，能消弭灾祸，这个偶然因素会被人们赋予神圣的光环。而当人们把这种心目中的神圣一步步偶像化的时候，就会把生活中一切利好之事都归功于神圣。神圣的地位越来越高，人们再也离不开他，谁也不会怀疑他的万能。如果有人敢怀疑神圣，他会被万众所指。然而现在无论在南京，还是在扬州，当年烟香缭绕、人头攒动的蒋王庙，都早已片瓦不存了。

另一个值得一谈的是明朝扬州知府蒋瑶。扬州南门外街的缸巷，原名遗爱坊。明正德年间，武宗南巡，随从多扰民自肥，而扬州知府蒋瑶刚正不阿，多所裁抑，民赖以安，扬州人因建“蒋公遗爱祠”于巷口，故名遗爱坊。后因其地多缸行，遂称缸巷。蒋瑶是明弘治年间进士，正德时，历两京御史。蒋瑶上奏时政弊端七件事，其中说：“内府的军器局有军匠六千人，宦官做监督的人有二人，现在增加到六十余人，每个人占军匠三十人的耗费。其他各局都这样做，军队怎么会不耗费呢？”又说：“传奉官和滥收校尉勇士也最好一并革除。刘瑾虽然已经被杀，权力还是被宦官掌握。”皇帝下旨诘问，并且说：“从今以后，有像蒋瑶一样议论朝政的，不用再上奏。”不久，蒋瑶就离开京城，出任荆州知府，筑黄潭堤，又调扬州任知府。

蒋瑶在扬州的事迹，主要与明武宗朱厚照有关。

张岱在《快园道古》里写道：

> 武宗南巡，驾至淮安，太守薛赟折去沿河民房，以便扯船，纤取绢帛为之。及过扬州，太守蒋瑶曰：“沿河非临幸之地，扯船自有河岸，何必拆毁民居？如有罪，太守自当之。”又江彬传旨，命扬州报大户，蒋曰：“扬州四大户：一两淮盐运司，一扬州府，一钞关，一江都县。百姓穷，别无大户。”彬又传旨选绣女，蒋曰：“扬州止三个绣女。”江问何在，蒋曰：“民间并无，止知府亲生三女，必欲选时，可以备数。”江语塞，事遂寝。

《明史·蒋瑶传》记载：

（蒋瑶）调扬州。武宗南巡至扬，瑶供御取具而已，无所赠遗。诸嬖幸皆怒。江彬欲夺富民居为威武副将军府。瑶执不可。彬闭瑶空舍挫辱之，胁以帝所赐铜瓜。不为慑。会帝渔获一巨鱼，戏言直五百金，彬即畀瑶，责其直。瑶怀其妻簪珥、袿服以进，曰："库无钱，臣所有惟此。"帝笑而遣之。府故有琼花观，诏取琼花。瑶言自宋徽、钦北狩，此花已绝，今无以献。又传旨征异物，瑶具对非扬产。帝曰："苎白布，亦非扬产耶？"瑶不得已，为献五百匹。当是时，权幸以扬繁华，要求无所不至。微瑶，民且重困。驾旋，瑶扈至宝应。中官邱得用铁絙系瑶，数日始释，竟扈至临清而返。扬人见瑶，无不感泣。迨迁陕西参政，争出资建祠祀之，名自此大震。

大致翻译一下，意思是武宗南巡到扬州，蒋瑶只是给皇帝提供随行的用具而已，没有赠送礼物。那些受宠的近臣很生气。江彬想抢夺富民的住房作为威武副将军府，蒋瑶执意不可。江彬把蒋瑶关在空房子里打击羞辱他，并且用皇帝所赐的铜瓜威胁他。蒋瑶也不为之慑服。恰逢皇帝获得一条大鱼，皇帝开玩笑说价值五百金呢。江彬当即将鱼送给蒋瑶，并且向他索要银两。蒋瑶怀揣其妻的簪珥、袿服进献，说："库里没有钱，臣所有的只是这些。"皇帝一看笑了，然后把他打发走了。扬州府以前有琼花观，皇帝下诏索取琼花。蒋瑶说自宋徽宗、宋钦宗被掳北去之后，此花已经灭绝，现在没有可以用来进献的。又传旨征收异物，蒋瑶都说不是扬州出产的。皇帝说："苎白布，也不是扬州出产的吗？"蒋瑶不得已，给皇帝进献了五百匹。那个时候，因为扬州繁华，当权者的索求无所不包。如果没有蒋瑶，百姓会困苦不堪。皇帝返回京城时，瑶随驾送到了宝应。宦官邱得用以铁绳捆绑蒋瑶，几日后才释放，竟然随驾到临清才许返回。扬州人看见蒋瑶，没有不感动哭泣的。等到他转任陕西参政的时候，扬州百姓争相出资修建祠堂来祭祀他，蒋瑶的名声自此大振。

三二　济阳江氏

江氏源自嬴姓、姬姓、子姓，也源自古老的江国。

古有江国，地在今河南正阳东南。江国为楚所灭，子孙以国号为姓。江国是殷商至春秋时期建立的诸侯国，又名鸿国、邛国，以鸿鸟为图腾。据史籍所载，伯益之三子江元仲，受封于江邑，建立了江国。江国先依附于楚，后又与齐、宋联合攻楚。东周时，江国受制于楚、齐、宋等大国，经常遭受淮河的水患。后来楚国出兵讨伐江国，晋国为江国解围。次年楚国再次讨伐江国，江国终被消灭。江国的宗族逃亡外地，其后裔为了纪念故国，便以江为姓。一部分江国人被楚国强迁到江亭即今湖北江陵一带。一部分江国人逃到陈国（今河南淮阳）。还有些江国人向四方播迁，分散于北方多地。江氏的子孙因地立堂，就有了后来的济阳堂、淮阳堂等。

一说江氏系翁氏所分。五代十国之一的闽国，有福建莆田人翁乾度将军，曾与洪、江、方、龚、汪等五位将领义结金兰。在战争中，结义的五人全部阵亡。翁将军不忍心看到五位结义兄弟无后，便命六个儿子分别姓翁、洪、江、方、龚、汪。其中，分姓江的子孙也继续姓江。这六个儿子后来都中了进士，史称“六桂联芳”。

一说江氏源于萧氏。唐末宰相萧遘遭遇战乱，他的后裔渡新安江避难，族人得以保全。为了纪念渡江这一重要事件，萧氏改为江氏。或说萧氏因为败于黄巢，故指江为姓，亦称“萧江”。萧江的后裔主要聚于江西婺源的江湾，那里有新修的“萧江祠堂”。

一些少数民族也有改姓江的。如蒙古族的江吉氏，明朝时改为江氏。藏族的土司，清朝也有改姓江的。

秦汉时期，江氏主要活动于今河南、山东、湖北一些地方，后来向西、北、南发展，河北、山西、安徽等地也有了江氏的足迹。两晋南北朝时，北方政权频繁更迭，江氏向东南地区如浙江等地迁移。唐宋之际，随着中原居民的大批南下移民，江氏进入了赣、浙、闽广大地区。如今江氏主要分布在长江流域及其以南地区，广东、广西、福建、湖南等地有许多江氏族人，而以广西为最多。

江氏的郡望，主要是济阳郡、淮阳郡。

济阳郡，原为西汉所置济阳县，治所在今河南兰考东北。晋时置济阳郡，治所在济阳，辖区包括今河南兰考东、山东东明南等地。东晋后郡废。

淮阳郡，秦时所置。汉时为淮阳国，建都于陈地（今河南淮阳），后来一度改为陈州、陈国。隋唐又改为淮阳郡。

江氏的堂号，有梦笔堂、岷源堂、济阳堂、余庆堂、敦睦堂、忠廉堂、六桂堂等。其中的梦笔堂，出自江淹。南朝梁代的江淹，少有文名，世称江郎。传说江淹少时，梦见神人授以五色笔，醒来后文采焕发。其中的忠廉堂，因宋时江灏统领义兵捕盗有功，历任柳州、象州两州知府，为官忠廉，故名忠廉堂。

江氏有许多祖训流传，清代人撰写的尤多。如：

> 迁者迁，守者守，各从其愿。日后往来，询问叔侄相认者，发福无疆；忘本背义者，贫穷夭折。
>
> 孝顺者，寿长富贵；忤逆者，遭凶遇害。
>
> 教子诵读，使知礼义；勤攻四业，各安本分。
>
> 贵显莫得恃强凌弱，微贱切勿附势趋炎。

如有行恶、偷盗、奸猾、骗人，如此不肖子孙，许房长觉察重处。

若移异地居住被势豪欺压，如诬盗、杀伤，及图赖等情，各房长会众，告官理究，无得落人圈套。

与异姓同居共里，务要听人编保，遵人约束，毋得违众自立，以取众恶。

早纳官粮，勿负私债。

富莫设娼宿妓，贫莫狗偷鼠窃。

莫因小忿而成大祸，莫贪小利以致大害。

凡我子孙，听我俚言，慎毋忽略。

这些告诫非常切用于日常生活。又如江鸿渐《伯奎家训》云：

动其爱敬之心，养其淳良之气。

毋不孝以戕天性，毋不弟以坏人伦。

毋骄奢以堕家声，毋赌荡以耗生业。

毋作奸以犯大辟，毋不轨以致参夷。

或有匪类，共相警诫。或有忤逆，共相劝谕。

以培瓜瓞椒蕃之祈，以振宗祧光裕之风。

江氏宗祠的楹联，也近似于格言和家训。如：

“望厓骁骑；文坛骄龙。”上联指南齐骁骑将军江敩，不为权贵低头，时人重其品格。下联指南朝梁文学家江淹，才华横溢，有《江文通集》。

“徙戎著论；止水鉴忠。”上联谓西晋江统，官至散骑常侍。下联谓南宋江万里，官至左丞相兼枢密使。

“生花梦笔；刻炬成诗。”上联言江淹，曾梦神人授以五色笔。下联言梁江洪，夜集赋诗，到时即成。

“千秋文藻富；五色笔花新。”全联指梁朝文人江淹。

“释诗风雅颂；为仕宋齐梁。”上联云清人江永。下联云梁人江淹。

“柏叶家风古；笔花春色新。”上联指清人江春霖。下联指梁人江淹。

“源从济水家声大；派衍淮阳世泽长。”此为莆田秋芦梅洋江氏厅堂的楹联。

“一经传世基忠孝；百世闻风起孺顽。”此系清末陈宝琛为莆田江春霖故居题联。

“荔枝清味人犹觉；香雪玲珑梦最凉。”此为清代画家江石如撰联。江石如，工翎毛花卉。

“济世安民恩泽厚；阳春白雪品位高。”首字嵌江氏郡望“济阳”二字。

“郑子出游，徒劳解佩；梅妃失宠，安用明珠。”上联云仙女江妃二女，游于江滨，遇到郑交甫事。下联云唐玄宗妃子江氏，因爱梅花，号为梅妃。

“文藻特新，竟符梦笔之异；膏油不继，岂辞随月之勤。”上联谓江淹事。下联谓江泌事，江泌少贫，夜读时随月光升屋。

“俎豆幸千秋，谏议当年称孝子；笔花开五色，文通有后继书香。”上联指东汉江革，曾背母避难，遇贼则以母亲年老恳求，贼不忍犯，邻人称为“江巨孝”。下联指南朝江淹事。

“兄宰相、弟尚书，联璧文章天下少；父成仁、子取义，一门忠孝世间稀。”上联说南宋江万里、江万顷兄弟，江万里官至宰相，江万顷官至户部尚书。下联说江万里及其子江镐、江万顷及其子江鉴。元军南侵，江万里父子投水而死，江万顷被元军抓获，不屈而死，其子江镐也遇难。

历代江氏名人很多。略如：

汉代绣衣使者江充，以其妹能歌善舞，嫁与赵国太子刘丹，成为上宾。江充谒汉武帝时，帽缀鸟羽作缨，走动时摇冠飞缨，颇有妇人意味，武帝感到他与众不同。后因与太子有隙，被太子斩首。

西晋名宦江统，官至散骑常侍，作《酒诰》，提出发酵酿酒法。《晋书》赞道：“江统风检操行，良有可称，陈留多士，斯为其冠。”

南朝文学家江淹，六岁能诗，才华横溢，《恨赋》《别赋》尤为人传颂。一日，梦见郭璞对其言道：“我有一支笔在你这儿放了多年，请还给我。”江淹将五彩笔还他，从此再无佳句，人称江郎才尽。

文学家江蒨，官至尚书吏部郎、右将军，幼而聪警，过目能诵，在政清约，务在宽惠，著有《江左遗典》。

北朝北魏丞相江瞻，有逸群之才，懂医学，通音律，擅书画，能制兵器，曾推行木牛流马、连弩弓箭等，逝后被封为胶武侯。

唐朝舞蹈家江采萍，善歌舞，能书画，唐玄宗宠妃，幼时背诵《诗经》，少年善于诗赋，自比于晋朝才女谢道韫，号梅妃。

宋朝忠臣江万里，自幼颖异，少有文名，官至左丞相兼枢密使，秉性峭直，力主抗元。元兵攻破饶州时，江万里率子江镐等投水，著有《宣政杂录》。

江永像（《清代学者像传》）

宋朝画家江参，平生嗜茶，长于山水画，独创“泥里拔钉皴”，自成一家，不意得暴病而卒，人惜未尽其才，有《千里江山图》。

明朝翰林江灏，号称“一日天子”。万历皇帝欲祝祭南郊，有病不能亲往，拟派大臣代驾。文武百官戴上皇冠就头昏，唯独江灏安然。江灏因此当了“一日天子”。

清朝学者江藩，号郑堂，师承惠栋，将经学分为汉学、宋学两派。阮元曾聘他任丽正书院山长。有藏书室曰炳烛室、半毡斋，著有《汉学师承记》

《宋学渊源记》《江湖载酒词》等。

还有一位学者江永，徽州人，清代著名学者。江永是生员出身，晚年入贡，博通古今，尤长于考据之学，于音韵、乐律、数学、天文、地理多有精通，著有《历学疑问》《古今历法通考》等。

关于江氏，还有一件轶事。清代扬州城砖中，有一种四面都有铭文，文字分别是“两淮运司江□重修”“大清光绪二十四年”“戊戌孟秋”“经历吴办”。城砖数量既多，质量也佳。“光绪二十四年”为公元1898年。

城砖上的“两淮运司江□”究竟是谁呢？据考证，是清朝两淮盐运使江人镜。

江人镜，字云彦，号蓉舫，徽州婺源人，自幼聪慧，道光年间乡试中举，次年任镶白旗汉学教习。咸丰初任内阁中书，后为军机章京，因功赏顶戴，升内阁侍读。同治年间授山西蒲州知州，到任后查禁溺女、劝储积谷、捐薪助院、致力河防，得到皇上嘉奖，后任太原知府，代理山西按察使，其间清理积案、减免徭役、大力赈恤、救活灾民，广为山西人称颂，后任河东盐法道、河东兵备道、湖北盐法道等，兼理中外通商事务。光绪年间升两淮盐运使，清除积弊，增收国税，皇帝特下旨赏一品顶戴花翎。江人镜任两淮盐运使后，便在扬州定居，共育十子七女。他本想回安徽老家安享天年，可惜没等衣锦还乡就病逝扬州，享年七十七岁，最后灵柩运往婺源晓起村安葬。著有《知白斋诗钞》。

江人镜的生平，主要见于《蓉舫府君行述》。

江人镜精通盐务，监修过《河东盐法备览》，并对两淮所属通州、泰州、海州的煎盐产量预以核查，将结果上报。江人镜在扬州居住日久，感情甚笃，曾集句题扬州史公祠云：“天地有正气；园林无俗情。”工整而典雅。

江人镜于光绪年间在扬州为官十年。这个时期的扬州城，西风东渐，动荡不安。他就是在此形势下，用盐税来烧砖筑城的。

三三　平原东方氏

相传远古时期，伏羲创立八卦。他的后代羲仲出生的时候，根据八卦图推算是在震位，而震位表示东方，因此羲仲以东方为姓。

东方氏的名人，似乎首推汉武帝时的滑稽家——东方朔。奇怪的是，东方朔本来姓张，父亲已早去世，出生后三天母亲病亡。对于这个没人过问的孤儿，邻居因为他出生时东方刚亮，就给他起名为东方朔。而等他出了名之后，东方氏也名噪一时。在唐代，东方氏俨然成为平原郡的大姓望族。宋以后，东方氏渐渐式微。如今只在北京、山西、山东、台湾等地，有少量东方姓族人散居。

总而言之，东方氏的始祖是羲仲，因为他出生时的八卦方位是东方，所以他不但姓东方，而且他的族人世代执掌东方青阳令。

东方氏的郡望和堂号，都比较简单。郡望主要是平原郡，堂号有平原堂、四何堂等。

东方朔像（吴伟绘）

平原郡，始建于西汉初年，治

所在今山东平原，辖境包括今山东平原、禹城、齐河、临邑、商河、惠民、阳信等地。东汉之后，或为国，或为郡。北魏时废。隋唐时曾以山东德州为平原郡。

平原堂，以望立堂。四何堂，出自东方朔事。有一次，汉武帝在祭祀灶神时把祭肉赐给众臣，别人还没有到齐，东方朔先割一块肉拿回家了。皇帝命他自省，他说："我这个人呀，受了皇上的恩赐，却不等皇上割给我，何等无礼呀！我居然自己拔剑割肉，何等勇敢呀！肉虽然自己割的，但我并没有多割，何等清廉呀！割下肉不是我自己吃，而是拿回去给妻子吃，何等仁爱呀！"武帝笑曰："我命你责备自己，你反而夸起自己来了。"随即又赐给他一份肉。东方氏因此有号称四何堂者。

东方氏有自家的楹联，如：

"伏羲世泽；赐袍家声。"上联言东方氏出自伏羲之后。下联言唐人东方虬赋诗先成，武则天赐以锦袍。

"亭标含象；学士玉堂。"全联谓唐人东方显，为含象亭十八学士之一。

"仙班金马；迹显岁星。"全联指东方朔。上联云东方朔尝任金马门侍中。下联云东方朔为岁星精下凡。

"源自伏羲氏；望出平原郡。"全联指东方氏的源流和郡望。

"金马门擅长讽谏；含象亭标列英名。"上联说东方朔，性格滑稽，善作辞赋，以直言切谏闻名。下联说东方显位列含象亭十八学士。

"东风万里，三阳开泰；方圆九州，六合同春。"全联首字嵌"东方"二字。

"诗韵铿锵，锦袍受赐；文章郑重，象亭名高。"上联谓东方虬，获武后御赐锦袍。下联谓东方显，名列含象亭十八学士。

"切谏直言，强国大计遭冷遇；自责更誉，割肉行为获褒扬。"全联言东方朔事。

历史上的东方氏名人，除了东方朔，还有一些，如：

唐朝史官东方虬，武则天时任左史，善于写诗，人也风趣。他说，他的名字“东方虬”可与古人“西门豹”成绝对。武后游洛南龙门时，命随从文官赋诗，并且刻烛限时。结果东方虬最先作好，获武后赐锦袍。陈子昂在《寄东方左史修竹篇书》中，称赞东方虬的《孤桐篇》“骨气端翔，音韵顿挫”，惜已失传。

唐朝学士东方显，开元年间名列含象亭十八学士。关于十八学士，有两种说法，一指太宗时设立文学馆，以杜如晦、房玄龄、褚遂良、虞世南、孔颖达、李守素、陆清明等十八人为学士，讨论典籍，史称“贞观十八学士”；一指玄宗时在上阳宫含象亭，以张说、徐坚、贺知章、东方显、咸冀、郑虔、崔知举等十八人为学士，史称“开元十八学士”。列名者均为一时名士。

东方朔偷桃（《岁星记传奇》）

此外，宋有学者东方辛，明有大臣东方正，事迹皆不详。

当代有演员东方闻樱，在《红楼梦》中扮演过探春，后担任电影独立制片人、电视剧导演和专题片编导等。

又有漫画家东方月，曾是节目策划人、主持人，著有漫画集《城里有条发呆的鱼》，被誉为“美女丰子恺”。

关于东方氏，比较可谈的就是东方朔了。

东方朔，字曼倩，西汉平原郡人。武帝即位后，征召四方士人，东方朔上书自荐，诏拜为郎，后任太中大夫等。东方朔生性幽默，言谈机敏，常在武帝面前谈笑风生，并借滑稽之词讽喻政治得失。东方朔有《答客难》《非有先生论》等名篇，后人亦托其名为文。明人张溥辑有《东方太中集》。

司马迁《史记·滑稽列传·东方朔》云：

> 武帝时，齐人有东方生，名朔，以好古传书，爱经术，多所博观外家之语。朔初入长安，至公车上书，凡用三千奏牍。公车令两人共持举其书，仅然能胜之。人主从上方读之，止，辄乙其处，读之二月乃尽。诏拜以为郎，常在侧侍中。数召至前谈语，人主未尝不说也。时诏赐之食于前。饭已，尽怀其余肉持去，衣尽污。数赐缣帛，檐揭而去。徒用所赐钱帛，取少妇于长安中好女。率取妇一岁所者即弃去，更取妇。所赐钱财，尽索之于女子。人主左右诸郎半呼之“狂人”。人主闻之，曰：“令朔在事无为是行者，若等安能及之哉！”朔任其子为郎，又为侍谒者，常持节出使。朔行殿中，郎谓之曰：“人皆以先生为狂。”朔曰：“如朔等，所谓避世于朝廷间者也。古之人，乃避世于深山中。”时坐席中，酒酣，据地歌曰：“陆沉于俗，避世金马门。宫殿中可以避世全身，何必深山之中，蒿庐之下。”金马门者，宦者署门也，门傍有铜马，故谓之曰“金马门”。
>
> ……
>
> 至老，朔且死时，谏曰：“诗云：‘营营青蝇，止于蕃。恺悌君子，无信谗言。谗言罔极，交乱四国。’愿陛下远巧佞，退谗言。”帝曰：“今顾东方朔多善言。”怪之。居无几何，朔果病死。传曰：“鸟之将死，其鸣也哀；人之将死，其言也善。”此之谓也。

这是关于东方朔的正传，还有许多轶事流传。如：

初升侍郎。汉武帝喜欢猜谜，一次把壁虎藏在罐子里让大家猜，却没人猜中是什么。东方朔自动请求猜谜，说，它像龙却无角，像蛇又有足，用肢体爬行，用眼睛凝视，不是壁虎就是蜥蜴。武帝看东方朔猜中，赐给他十匹帛。后来武帝让东方朔猜其他的东西，东方朔每猜必中，都有赏赐。东方朔因而得武帝青睐，但也引起郭舍人的嫉妒。郭舍人对武帝说东方朔狂妄自大，要求与东方朔一决高下。不料郭舍人出的谜语，东方朔都能猜中。

善哉大树。汉武帝看见一棵好树，问东方朔树名。东方朔说："此树名叫善哉。"武帝暗中让人标记这棵树，过了数年之后，再次问东方朔此树之名。东方朔回答："此树名叫瞿所。"武帝说："东方朔欺骗我啊，此树的名字为何与之前说的不一样呢？"东方朔回答："大为马、小为驹，大为鸡、小为雏，大为牛、小为犊，人生下来是儿子，长大就变成老子。昨日的善哉，今已长成瞿所。生老病死，万物成败，哪里有定数呢？"汉武帝大笑。

怪哉小虫。武帝游甘泉宫，看到驰道中有一只红色的小虫，头部牙齿耳鼻都有，但是没人认识。汉武帝叫东方朔来。东方朔看完之后说："此虫名叫怪哉。此地曾经关押了很多无辜的人，众人哀愁怨恨，都仰首叹息：'怪哉，怪哉！'藉此感动上天，因愤而生，所以名叫怪哉。此处必定是当年秦朝的牢狱。"武帝当即翻阅地图，果然如东方朔所说。武帝又问："如何驱赶这种虫子呢？"东方朔回答："但凡有忧愁的人，以酒则解愁，陛下用酒灌它自然就消失了。"于是武帝使人将虫子放在酒中，过了一阵虫子果然消散殆尽。

上林死鹿。武帝时有人杀了上林苑的鹿，被有司判为死罪。东方朔对武帝说："这个人确实该死，理由有三：一是使陛下因为一头鹿而杀人，这是第一个该死的理由；让天下人知道陛下看重鹿而轻人命，这是第二个该死的理由；匈奴有犯边的急情，需要鹿的角撞死匈奴兵，这是第三个该死的理由。"武帝听了之后不说话，然后赦免了杀鹿的人。

后人总结东方朔一生的成就，是利用诙谐的方式进行劝谏，在很多问题上，东方朔都尽了人臣之责。东方朔擅长辞赋，但存世很少。山东德州陵城有东方朔墓，湖北黄石铁山有东方朔牌楼，都是纪念东方朔的。

三四　梁郡西门氏

最先知道西门这个姓氏，是因为西门豹。西门氏的历史名人，也首推西门豹。西门豹是战国时魏人，他做官的地方常闹水灾，巫婆说是因为河伯发怒，叫百姓每年投少女于河中，献给河伯，方可免灾。西门豹得知后，愤然将巫婆抛入河中。他开渠排水，造福地方，百姓无不感激。

关于西门氏的来源，据说是因为有人住在西门，后人便以其住地为姓。当然，这是很早很早以前的事情。我在扬州城西门住过，我的女儿还是姓韦，并不姓西门。因为住在西门而让子孙姓西门的，必定是有相当身份的人。

比如西门氏的第一个源头为姬姓。因为春秋时郑国有个大夫居住在西门，故以居地为氏。《通志·氏族略》记载："郑大夫居西门，因氏焉。"

第二个源头也为姬姓。因为战国时卫国大夫石厚住在西门，故以居地为氏。石厚是春秋时卫国大夫，也是历史上的著名人物。

第三个源头仍为姬姓。战国时魏国官吏西门豹的后人，以先祖的名号为氏。《姓苑》记载："西门豹之后，改为西门氏。"

第四个源头为战国时齐国大夫，因他住在西门，便以居地为氏。其子孙又有改为单姓西、门的，相传至今。

如此看来，西门氏的始祖，知道名字的就是石厚和西门豹。

西门氏的发祥地，是春秋时的郑国都城，大致在今河南新郑。西门氏族人长期在此居住繁衍。汉朝以后，西门氏以今河南、安徽为主要集聚区。宋朝以后，西门氏在史籍中逐渐少见。如今在北京、上海、山东等地，有少数西门氏族人零星分布。

西门氏的郡望，第一是梁郡，第二是魏郡。

梁郡，初为梁国。汉高祖刘邦时分封梁国，治所在睢阳（今河南商丘），范围包括今商丘大部分地区及安徽砀山等地。三国曹魏时改为梁郡，隋开皇初年废，后以梁郡为宋州。唐时称为睢阳郡。

魏郡，也是汉初所置，治所在邺县（今河北临漳），辖地跨今冀、鲁、豫三省之界。五胡十六国时，魏郡辖地在今河南、河北、山东之间。隋朝改为相州魏郡，唐朝改为相州邺郡，魏郡之名则移给魏州。

西门氏多以望立堂号，如梁郡堂、魏郡堂等。

西门氏的历史名人不多，如：

汉代有道士西门君惠，喜谈谶纬之学。他曾对卫将军王涉说："刘氏当复兴。"后来，刘秀果然建立了东汉。

唐朝有忠臣西门季玄，历任神策中尉、右迁神策军佐、右中护军、右监门将军、军容使等。他对朝中佞臣特别痛恨，被人们赞为忠心正直。

西门氏的宗祠，也有通用的楹联，如：

"源自郑国；姓启西门。"指西门氏的得姓源流。

"禁河伯娶妇；知光武兴王。"上联谓魏文侯时邺令西门豹，主持开凿水渠，引导漳河，灌溉农田，发展生产。下联谓汉代道士西门君惠，光武指汉光武帝刘秀。

"西风瑟瑟，金声玉振；门庭济济，人寿年丰。"首嵌"西门"二字。

"引河灌田，庶民获利；投巫于水，陋习始革。"言西门豹之事。

看来西门豹的确是西门氏最著名的人物。西门豹性急，《韩非子》云：

> 西门豹之性急，故佩韦以自缓；董安于之性缓，故佩弦以自急。故以有余补不足，以长续短之谓明主。

因为西门豹性子急，所以他随身佩戴一块柔软的皮子，一旦要发脾气，用手摸摸软皮，火气就下去了。

西门豹是个敢作敢为的人，曾被罢官。他在邺城时，为官清正，嫉恶如仇，但没有去讨好魏文侯身边的亲信，所以这帮人对西门豹怀恨在心，在魏文侯面前说了西门豹的坏话。尽管西门豹治邺有功，还是被罢了官。西门豹明白自己被罢官的原因，就向魏文侯请求续职一年，说如果这一年干不好宁愿被处死。魏文侯将官印还给西门豹。接下来这一年，西门豹故意疏于政事，专事媚上，不料却受到了魏文侯的称赞。这时西门豹对魏文侯说："去年我有政绩，您却收了我的官印。今年我只巴结您的左右，您却对我赞赏有加。这种赏罚不分的官，我不想做了。"他说完就辞官而去。魏文侯急忙对西门豹表示歉意。

作为一位能干的官员，西门豹死得很冤。据说他在修建水渠的时候，征用了许多劳力，百姓负担沉重。有人趁机向魏文侯进谗言，陷害西门豹。幸而西门豹用事实来洗刷自己，才免于一死。等到魏文侯的儿子魏武侯继位，有人继续进谗言，西门豹没有逃过此劫，含冤而死。西门豹死后，他开凿的水渠继续造福人民，邺城人在他当年治水的地方修建西门豹庙，后代人也不断为他树碑。

西门庆官作生涯（《金瓶梅》）

另一个西门氏名人，是小说《水浒传》《金瓶梅》的主人公之一西门庆。

西门庆是一个子虚乌有的人物。在《水浒传》中，西门庆原是阳谷县的落魄财主，后来开了一家生药铺。他为人奸诈，贪财好色，使得些枪棒，因为勾搭潘金莲，害死武大郎，最终被武松所杀。在《金瓶梅》中，西门

武松斗杀西门庆（《忠义水浒传》）

庆出身于破落户，从小游手好闲，因巴结官府而暴发，官至理刑千户。他见商人遗孀孟玉楼有钱，便把她娶到家中做妾。他的结拜兄弟花子虚有个千娇百媚的娘子李瓶儿，他便勾引李瓶儿，气死花子虚。他用钱买通蔡京，巴结高俅，终于做到山东提刑所的理刑副千户。他娶过李娇儿、卓丢儿、孟玉楼、潘金莲、李瓶儿、孙雪娥等小妾，淫过春梅、迎春、秀春、兰香等丫头，奸过宋惠莲、王六儿、如意儿、贲四嫂、惠元等仆妇，嫖过李桂姐、吴银儿、郑爱月、张惜春等娼妓，又有外遇林太太、男宠书童儿，最后纵欲而死，年方三十三岁。

西门庆是一个具有重要现实意义的文学形象。他在积聚资本的过程中无所不用其极。他的女婿陈经济因为其父东窗事发，将家产转移到丈人西门庆家暂存，最后被西门庆占有。他是如此地不学无术，但因为用金钱买通了高官蔡京，巴结上当道高俅，也能弄一个山东提刑所理刑副千户的官做做。西门庆最拿手的伎俩是讨好女人，也死于好色。西门庆的名言“咱闻那西天佛祖，也不过要黄金铺地；阴司十殿，也要些楮镪营求。咱只消尽这家私广为善事，就使强奸了嫦娥，和奸了织女，拐了许飞琼，盗了西王母的女儿，也不减我泼天富贵”，表现出天地间最为无赖的那类暴发户的嘴脸。

对西门庆这样一个不畏天、不怕神的恶棍，有的地方居然争夺他的所谓“故里”，不过是文学名著会带来旅游收益的缘故。文学搭台，风月唱戏，使得西门庆居然获得了他自己梦想不到的开发生机。这是文学界的悲哀，也是西门氏的不幸。

有人通过西门庆的买卖生涯，研究明代商业活动和商业经济的特色，认为西门庆的经济行为承载着经济与文化的两重意义。西门庆既是古代社会中前资本主义的商人形象，又是具有恶霸、特权和暴发户特色的发育不完全的资本主义商人特征。西门庆的商业活动，一方面展现了晚明时期新兴商人合伙经营、投资多元、股份制激励、市场配置资源等经营理念，另一方面又暴露出严重的体制问题。关键在于，西门庆的经营方式既不是道义至上的传统商业方式，又不是市场调节的资本主义经济模式。在皇权专制背景下，西门庆表现出了人性的复杂性和矛盾性。看看西门庆的商业活动，可以辨认出某些进步因素，但更能发现专制政权下商品经济是不可能自然而然地发展成资本主义经济的。

三五 河内司马氏

司马氏出自程氏。据说，周朝时有程伯担任司马之职，他的后人便以其职务为姓。又说周宣王时，重黎之后程伯休父，官至司马，掌管军事，佐政辅国。后来程伯休父平定许方，立下功劳，周室许其以官职为姓，遂有司马氏。另据有关资料，司马迁的子孙在汉宣帝时被剥夺太史公的世袭职位，为了躲避迫害，部分司马氏后裔改姓冯、同。元朝时，一些司马氏改为单姓司。那么，司马氏其实与程氏、冯氏、同氏、司氏，都有亲缘关系。

司马氏的郡望并不复杂，也就是河内郡、偃师县、温县几种说法。

河内郡，地在古黄河以北，春秋末置郡，治所在怀县（今河南武陟），辖地包括今河南黄河以北、京汉铁路以西一带。魏文帝时，从河内郡析置朝歌郡。西晋时移治野王（今河南沁阳）。隋唐时，河内郡即怀州。其后元代设怀庆路，明清设怀庆府，河内之名不变。

偃师县，因武王伐纣时在此筑城以“息偃戎师”而得名，今为洛阳辖地，境内有二里头遗址、尸乡沟商城遗址、汉魏洛阳故城遗址和唐恭陵等。

温县，司马氏的望族居地，境内有仰韶文化遗址、龙山文化遗址十多处。相传夏时此地为温国，商时曾在此建都，周时为苏国都城。战国至秦汉之际，温县富冠海内，为天下名都。唐朝后逐步衰落，为僻邑小县。宋代司马光为温国公，与温县郡望有关。

晋武帝司马炎（《中国大百科全书》）

有人根据历史上司马氏名人的地理分布，将司马家族分为四个地域，即西部关中夏阳的司马迁家族、中部夏县的司马光家族、河内地区的司马懿家族、东部殷地朝歌的司马昂家族。其中，司马迁、司马光是历史上有名的史学家，司马昂、司马懿是历史上有名的军事家。西部的司马氏多文采，东部的司马氏有军功，司马氏亦文亦武，也是家族的荣光。

司马氏的堂号，多以望立堂，如河内堂、偃师堂、温县堂等。

司马氏在西汉出了司马迁一家，真正显赫却是在东汉。汉安帝时有太尉司马苞、将军司马钧、尚书右丞司马防等。进入三国后，司马懿兄弟都是魏国大臣，煊赫一时。到司马昭之子司马炎时，晋朝统一中国，这时候司马氏在历史上也达到了巅峰。从此，河内郡成为司马氏最出名的郡望。

司马氏在历史上建立了西晋和东晋，书写了司马世家的辉煌。但是经过两晋南北朝之后，司马氏的影响急剧下降。隋唐时的舆论，多对司马氏不利，尤其是司马懿父子的形象受到丑化。“司马昭之心，路人皆知”，成为狼子野心大暴露的流行俗语。宋辽金时，司马氏有所复兴，最著名的政治人物是司马光。到元明清时期，司马氏的名人不多。

司马氏作为复姓，在南北均有分布。如河南洛阳、偃师、温县等地，又如陕西韩城、山西涑水、安徽宿松、湖南湘潭、山东兰陵、江苏金坛，以及北京、上海、天津、河北、香港、台湾等地，均有司马氏族人散布。

历史上的司马氏名人，总数虽然不多，但也不乏人才。如：

孔子弟子司马牛，名耕，一名犁，字子牛，春秋时宋国人，被封为楚丘侯。《史记·仲尼弟子列传》说他“多言而躁”。传说他的兄长桓魋参与宋国叛乱，失败后逃跑，司马牛也被迫逃亡到鲁国。故《论语》云：“司马牛忧曰：‘人皆有兄弟，我独亡。’”意思是有兄长犹如没有一样。他的同学子夏回答他：“四海之内，皆兄弟也，君子何患乎无兄弟也？”

秦末武将司马欣，原为县吏，后成秦军将领。陈胜起兵后，司马欣辅佐章邯作战，后来投降项羽。秦亡后，司马欣与章邯、董翳三人获得关中之地，分别为塞王、雍王、翟王，《史记》《汉书》将这三位秦将称为“三秦”。司马欣先降刘邦，后投项羽，反复无常，待刘邦“至栎阳，存问父老，置酒，枭故塞王欣头栎阳市”，也算咎由自取。

西汉史学家司马谈、司马迁父子。司马谈一直想写一部贯通古今的史书。在他的教导下，司马迁自幼学习古文，后又随董仲舒学习《春秋》，跟孔安国学习《尚书》。司马迁从做太史令后开始整理史料，准备写作，经过十余年才基本完成写作计划。这期间，除了艰苦的写作，还忍受了肉体和精神的巨大痛苦。《史记》包括本纪、世家、列传、表、书等体裁，约五十二万字，正如鲁迅所说，是“史家之绝唱，无韵之离骚”。

辞赋家司马相如，因作《子虚赋》《上林赋》受汉武帝赏识。他与卓文君的浪漫爱情，成为千古绝唱。在中国戏剧史上，以卓文君与司马相如故事为题材的作品，令人瞩目。元人钟嗣成《录鬼簿》载，关汉卿等写司马相如的剧作有三种。又据周贻白《中国戏剧史》统计，卓文君与司马相如的戏曲多达十六种。

汉末名士司马徽，精于道学、奇门、兵法、经学等，人称水镜先生。司马徽为人清高拔俗，学识广博，有知人论世之明，曾向刘备推荐诸葛亮、庞统等人。司马徽从不说别人的短处，与人交谈都说好话。乡人向他问好，他回答：“好。”有人告诉司马徽自己的儿子死了，司马徽也回答："很好。"司马徽的妻子知道后责备他：人家儿子死了，你怎么说好呢？司马徽说："你的话也很好。"后人称之为"好好先生"。

三国时权臣司马懿、司马师、司马昭、司马炎一家，位极人臣。司马懿原为魏国大将军，后杀曹爽而专国政。其子司马师在司马懿死后继为大将军，杀曹芳，立曹髦。司马昭继兄长司马师之后，也任魏大将军。俗语云："司马昭之心，路人皆知。"此语出自魏帝曹髦之口。

唐代道家司马承祯，自幼好道，无心仕途，师事嵩山道士，得受上清经法及符箓、导引、服饵诸术，后来遍游天下名山，隐居天台山玉霄峰，自号天台白云子，与李白、贺知章、陈子昂、王维、王适、毕构、卢藏用、宋之问、孟浩然为"仙宗十友"。武则天闻其名，召至京城，亲降手敕，赞其道行。司马承祯善书篆隶，自为一体，号为"金剪刀书"。玄宗命他以三种字体书写《老子道德经》，刻为石经。羽化后，追赠银青光禄大夫，谥称"贞一先生"。著有《坐忘论》，讲道教修炼法，主张坐忘收心、主静去欲。

宋代史学家司马光，世称涑水先生，官至龙图阁直学士，主持编纂中国历史上第一部编年体通史《资治通鉴》，历仕仁宗、英宗、神宗、哲宗四朝，卒赠太师、温国公，谥文正，为人温良谦恭、刚正不阿，做事用功刻苦、勤奋不辍。司马光砸缸救人的故事，家喻户晓。苏轼评价司马光："公忠信孝友，恭俭正直，出于天性。自少及老，语未尝妄。其好学如饥之嗜食，于财利纷华，如恶恶臭，诚心自然，天下信之。"

司马氏家族的排行用字，各地不同。如：

山西涑水司马氏排行用字："过前惟微，见之者明。我知既效，畤云弗矜。"

湖南湘潭司马氏排行用字："开先承祖德，继述裕家传。鉴学宗资治，文章启后贤。东浙源流远，南湘惠泽长。地灵钟后杰，百世颂其昌。"

湖北公安司马氏排行用字："宪点遵前哲，谋献达玉堂。养成端正品，建树寇乡邦。"

司马氏宗祠的部分对联：

“职官启姓；河内阀阅。”全联说司马氏的郡望和源流。

“河内世泽；太史家声。”上联言司马氏的郡望是河内。下联言汉司马迁继父司马谈任太史令。

“龙门良史；洛邑相公。”上联谓司马迁。下联谓司马光后来退居洛阳，继续编撰《通鉴》。

“题桥志奋；警枕功成。”上联指司马相如誓志为官，自成都去长安时在城北升仙桥柱上题道：“不乘高车驷马，不过汝下也！”下联指司马光以圆木为警枕，稍睡则枕转，醒来奋发读书。

“通鉴传名远；史记享誉高。”上联言司马光主编《资治通鉴》，下联言司马迁著《史记》。

“司空见惯浑闲事；马到成功壮声威。”此为嵌字联，首字嵌“司马”二字。

“涑水渊源之华胄；龙门金石之奇英。”上联谓司马光家居涑水，世称涑水先生。下联谓司马迁生于龙门，所著《史记》藏之金匮石室。

“奇志题桥，果驾高车驷马；知人称镜，由识伏龙凤雏。”上联说司马相如立誓为官之事。下联说司马徽向刘备推荐伏龙、凤雏之事。

“奉使称荣，藉湔妇耻；恤贫却女，慨助妻奁。”上联言司马相如与卓文君临邛卖酒，被岳父耻笑，后作《子虚赋》《上林赋》为武帝赏识，奉使西南，终于洗雪前耻。下联言司马光之兄司马旦，接济一个因罪罢官的人，那人将女儿送他为妾，他不但辞谢并且以妻子首饰帮助那人嫁女。

关于司马迁受宫刑一事，常令后人痛惜。司马迁饱读诗书，满腹珠玑，如此才华横溢，汉武帝为何对他处以宫刑？原来，汉朝有名将李陵，颇得大家赞赏。一次抗击匈奴时，武帝命骑都尉李陵押运粮草，李陵向武帝建议，不如让自己率兵深入敌军腹地，打他们个措手不及。武帝同意李陵的计划。李陵率军从居延出发，直插匈奴心脏，将匈奴骑兵杀得四处逃窜，不料有个部下被俘，供出了李陵的实力。匈奴调动大兵，围困李陵，李陵粮绝无援，被单于俘虏。时任太史令的司马迁为人耿介不阿，为李陵辩护。武帝没有采纳司马迁的谏言，反而以蛊惑之罪将司马迁处以宫刑。

司马迁在经历了宫刑之后，居然从生理和心理的巨大痛楚中走了出来，继续撰《史记》。《史记》自上古写到汉武，诚为前所未有的巨著。

司马光勤学的故事，一直激励着后人。朱熹在《三朝名臣言行录》中写道：

> 司马温公幼时，患记问不若人。群居讲习，众兄弟既成诵，游息矣，独下帷绝编，迨能倍诵乃止。用力多者收功远，其所精诵，乃终身不忘也。温公尝言："书不可不成诵。或在马上，或中夜不寝时，咏其文，思其义，所得多矣。"

大意是：司马光年幼时，老是担心自己记诵诗书以备应答的能力不如别人。大家在一起学习讨论，别的兄弟已经会背诵，去玩耍休息了，司马光还在室内独自苦读，直到能够熟练地背诵为止。读书时下的力气多，收获就会长远，精读和背诵过的书，就能终身不忘。司马光曾经说："读书不能不背诵，在骑马行路的时候，在半夜难眠的时候，吟咏读过的文章，思考文章的意思，收获一定多。"

司马光砸缸的故事，发生在河南光山，讲司马光用大石头砸破水缸，救出掉在大水缸里的同伴。故事出自《宋史》：

> 司马光，字君实，陕州夏县人也。……光生七岁，凛然如成人，闻讲《左氏春秋》，爱之，退为家人讲，即了其大指。自是手不释书，至不知饥渴寒暑。群儿戏于庭，一儿登瓮，足跌没水中，众皆弃去，光持石击瓮破之，水迸，儿得活。

司马光小时候就稳重如大人。他听人讲《左氏春秋》，心里喜爱，放学后又为家人讲他所听到的，自己也明白了《左氏春秋》的要义。他读书到了忘记饥渴冷热的程度。有一次，他跟小伙伴在后院玩耍，有个小孩失足掉到缸里，别的孩子一见出了事都跑了，唯有司马光急中生智，搬起一块石头砸缸，缸破水出，小孩得救了。

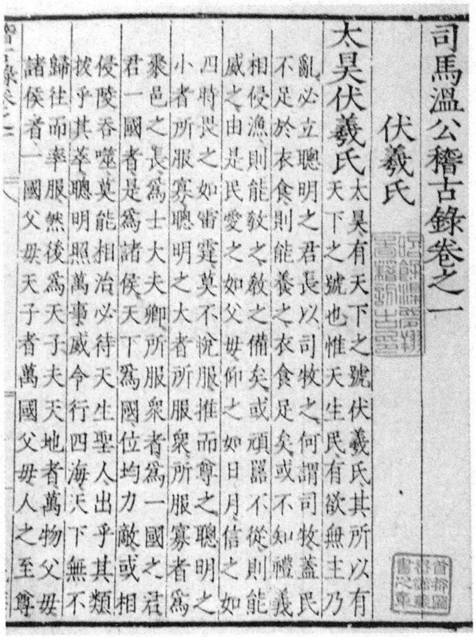
司馬溫公稽古錄卷之一
伏羲氏
太昊伏羲氏 太昊有天下之號伏羲氏其所以有天下之號也惟天生民有欲無主乃亂必立聰明之君長以司牧之何謂司牧蓋民不足於衣食則能養之衣食足矣或不知禮義相侵漁則能教之教之備矣或頑嚚不從則能威之由是民愛之如父母仰之如日月信之如四時畏之如雷霆莫不說服推而尊之聰明之小者所服寡聰明之大者所服衆所服寡者爲衆邑之長爲士大夫卿所服衆者爲一國之君君一國者是爲諸侯天下爲國位均力敵或相侵陵吞噬莫能相治必待天生聖人出乎其類拔乎其萃聰明照萬事威令行四海天下無不歸往而率服然後爲天子夫天地者萬物父母諸侯者一國父母天子者萬國父母人之至尊

司马光稽古录（首都图书馆藏）

三六　赵郡宇文氏

知道宇文这个姓氏，是因为在江都宫逼死隋炀帝的那个叛臣，名叫宇文化及。

宇文是复姓，来自匈奴，出自魏晋时辽东匈奴南单于之后，后来汉化，姓宇文。

南单于的一个分支称为鲜卑，在东汉三国时出现一个部落，自称是炎帝神农氏的后裔。史学界一般认为，宇文部落是北匈奴被东汉击溃西迁后，留在故地漠北的部众东迁，与鲜卑人混居同化的族群。因此，宇文部落是源自匈奴，而后融合了鲜卑血统的部族。此即《魏书》所云，宇文氏是“匈奴种，出于辽东塞外，其先南单于远属也”。

宇文氏之祖神农氏（佚名绘）

“宇文”的意思，就是天王。因土著人呼天为“宇”，呼王为“文”，合起来就是天王。东晋时，宇文部落进入中原，号称宇文国。关于宇文国的记载极少，其风俗大约是男人在头顶留发，以为首饰，女姓身披长襦，并无下裳。他们在秋天采收有毒植物

“乌头”，涂在箭头上，可以射杀禽兽。西晋时，宇文部落与拓跋部落通婚，五胡十六国时，依附强大的后赵政权。后来，北周的皇族和臣子都以宇文为姓，逐渐融入汉族，而且将宇文复姓带入汉姓之中。也有简化为单姓宇氏、文氏者。北周皇帝曾赐臣下姓宇文。

宇文氏早期活动在北方，南北朝时逐渐南迁，在河南洛阳形成宇文氏的聚集地。唐时他们入地为籍，遍及中原，但宋以后宇文氏已不大常见。今在河北、陕西、北京、浙江、四川、台湾等地有少量分布。

宇文氏的郡望，主要是赵郡和太原郡。

赵郡，为东汉建安年间所设，治所在广阿（今属邢台），辖地包括今石家庄赵县、高邑、赞皇和邢台宁晋、柏乡、临城等地。隋朝时，移治到今河北赵县。

太原郡，战国时秦国所置，治所在晋阳（今山西太原），辖地在今山西五台山和管涔山南部一带。北魏时辖地在今山西晋中一带。隋朝改晋阳为太原，另设晋阳，与太原同城。宋时改并州为太原府，明清皆称府。

宇文氏的堂号，都是以望立堂，如赵郡堂、太原堂。

宇文氏的宗祠楹联，也讲究用典和雅驯。如：

“巧思博学；善战多谋。”上联指隋朝宇文恺，多技艺，有巧思，曾兴建大兴城，开凿广通渠，营建东都城，著有《东都图记》《明堂图议》。下联指宇文恺之兄宇文忻，善战多谋，封英国公。

“折草累石；正色立朝。”上联谓南北朝时北周宇文深，幼时折草为旗，累石为营，后果为名将。下联谓隋朝宇文弼，官至尚书左丞，为人正色，为百僚所惮。

“望出太原郡；源自宇文国。”全联言宇文氏的郡望和源流。

“宇宙寥阔万里；文明昌盛千秋。”此联首字嵌“宇文”二字。

“观儿戏料为良将；立战功得沐侯封。”上联指宇文深。下联指宇文虬，少年从军，因战功封南安侯。

“六人称王传名远；五州总管播惠长。”上联说宇文氏在历史上称王者有六人。下联说北周孝闵帝之子宇文康，总督五州军事。

“幼岁攻书，不从笔砚为迂腐；少年受学，惟凭剑马取公侯。”上联谓隋大将军宇文庆事。下联谓北周宇文贵，尝辍书叹曰：“男儿当提剑汗马，以取公侯，何能为博士？”后仕魏为大将军，封许国公。

宇文氏的名人，略举如下：

北魏将领宇文肱，宇文泰之父，魏明帝时，聚兵攻破六韩拔陵部的军队，后率众加入鲜于修礼的部队，被魏军击败，战死。北周追尊其为德皇帝。

西魏将领宇文泰，在北魏分裂后，任西魏太师、大丞相、柱国大将军，治军整肃，深谋远虑，在东西魏战争中，指挥作战数十次，多获胜利，为建立北周奠定了基础。北周建立后，追尊其为文帝。

西魏将领宇文测，宇文泰族子。宇文测性沉密，少笃学，任安东将军，拜驸马都尉、太子少保。

西魏将领宇文显和，好读书，擅驰射，与魏孝武帝有布衣之交，后任散骑常侍。

北周创建者宇文觉，宇文泰第三子，在堂兄宇文护扶持下代西魏称天王，建国号为周，定都长安（今陕西西安），即位后，不满宇文护专权，后被宇文护废为略阳公，又被杀，谥孝闵皇帝。

北周皇帝宇文毓，宇文泰庶长子，北周建立后任柱国，后被宇文护立为天王，被宇文护毒死后，谥明皇帝。

北周大臣宇文深，好读兵书，胸有谋略，为政严明，抑制豪强，受人赞誉。

北周权臣宇文护，宇文泰之侄，早年跟随宇文泰征战，在与东魏的交战中屡建战功，曾任大冢宰，后被杀。

北周皇帝宇文邕，宇文泰第四子，生活俭朴，诸事希求超越古人，将华丽宫殿一律焚毁，征伐时躬亲行阵，消灭北齐，将奴婢豁免为良人，崇尚儒教，令沙门、道士还俗，谥武皇帝。

北周宗室宇文宪，宇文泰第五子，性通敏，有度量，善于抚绥，留心政术，后晋爵为王。

北周宗室宇文招，宇文泰之子，幼聪颖，读群书，好属文，学庾信体，词多轻艳，封正平郡公、赵国公，后为隋文帝所杀。

北周文人宇文逌，宇文泰之子，少好经史，解诗文，封滕国公。《周书》云："逌所著文章，颇行于世。"

北周武帝宇文邕（《中国大百科全书》）

北周皇帝宇文赟，法令严苛，自称天元皇帝，大兴土木，恣意声色，谥宣皇帝。

北周皇帝宇文阐，宣帝长子，先封鲁王，后立为皇太子，即位时年仅七岁，后被迫禅位于杨坚，谥静皇帝。

隋代建筑家宇文恺，性缜密，有巧思，历任营建宗庙副监、工部尚书等职，主持规划和修建长安城与洛阳城。

将领宇文述，隋初拜右卫大将军，与宰相杨素共谋立杨广为太子，性贪鄙，好馈赠，出征高句丽大败，被削职为民，后又起用，临死前乞炀帝照顾二子化及、智及。

隋末叛军首领宇文化及，曾任太仆少卿，因反对炀帝久驻扬州而发动叛乱，缢杀炀帝，立秦王杨浩为帝，自称大丞相，自知必败，叹曰："人生固当死，岂不一日为帝乎！"于是毒杀杨浩，即帝位于魏县，国号许，后为窦建德所杀。

宇文化及之子宇文成都，被炀帝封为天保大将军，称为隋唐第二条好汉，曾在晋阳与李渊之子李元霸比武，输给李元霸，所使凤翅镏金镋

番王礼佛图（赵光辅绘）

重三百二十斤，传说为九天应元雷神普化天尊转世。小说《说唐》对宇文成都多有描写。

北宋学者宇文之邵，自强于学，不易其志，常为经史琴酒之乐，学者称止止先生。司马光等盛誉之，以为“位下而言高，学富而行笃”，著《止止先生宇文公集》已佚。

在这些人物中，隋朝宇文化及的故事因《隋炀帝艳史》等说部的流传而广为人知。《隋炀帝艳史》全名《新镌全像通俗演义隋炀帝艳史》，题齐东野人编演，不经先生批评，叙述炀帝弑君篡位，诛戮贤臣，大建宫苑，不理朝政乃至亡国被杀的一生，有明末刊本，被清朝列为禁书。全书八卷，第三十九回《宇文谋君　贵儿骂贼》专写宇文化及谋反之事。

《隋炀帝艳史》第三十九回是这样写的：

……

原来宇文化及乃宇文述之子，为人色厉内荏，好贪多欲。当日闻众人来见，慌忙接入问道：“诸公垂顾，未知有何事故？”赵行枢说道：“今主上荒淫酒色，游逸过度，弃两京不顾，又欲再幸江东。今各营禁军，思乡甚切，日望西归，皆不愿从。我等众人意欲就军心有变，于中图事，诛杀无道，以就有道，此帝王之业也！必须立一盟主，钳束军士。众议皆以将军位尊望重，可为盟主，故特来奉请。”宇文化及闻言，大惊失色，慌得汗流浃背，忙说道：“此灭族之祸也，诸公何议及此？”司马德勘道：“各营禁军，皆我等执掌，况今人心摇动，又兼天下盗贼并起，外无勤王之师，主上势已孤立，谁能灭我等之族？”宇文化及道：“外虽如此，满朝臣子岂无一二忠义智勇之士？倘倡义报仇，却将奈何？诸公不可不虑。”裴虔通道：“吾观在廷臣子，皆谄谀之人，不过贪图禄位而已，谁肯倾心吐胆，为朝廷出力。即间有一二人，忠者未必有才，才者未必能忠。只一杨义臣，忠勇素著，近又削职去矣，谁能与我等为仇？将军请放心为之，万无一失也。”

宇文化及又沉吟半晌道：“公言固是，但主上大驾在此，玄武门骁健宫奴，尚有数百人，纵欲为乱，何由得人？倘先知觉其事，我等难免诛戮也。”众人闻言，一时答应不出，俱面面相觑。只见宇文智及说道：“此事何难？宫奴皆司宫魏氏所掌，魏氏最得主上亲信，今只消多将金银贿结魏氏，叫他请主上驱放宫奴；主上在昏聩之时，必然听从。宫奴一放，再无虑矣。”众人皆大喜道：“此等谋算，不减汉之张子房，何忧大事不成也。”宇文化及说道：“既蒙诸公见推，今不得已而从之，祸福唯命也。”众人大喜道：“得将军俯从众望，可计日而富贵矣！”

第四十回写“司马德勘等一面逼勒炀帝出殿，即一面带领甲兵，迎请宇文化及入朝为政。此时天色才明，宇文化及闻知消息，惊慌得抖衣而战，半晌不能言语。裴虔通道：‘将军不必迟疑，大事已成，请速速入朝，以理国政。’宇文化及见事已至此，料道推辞不得，只得内里穿了暗甲，外面蟒袍玉带，打扮得齐齐整整，就像汉平帝时的王莽，汉桓灵时的董卓、曹瞒，满脸上都是要篡位的模样”。一出造反闹剧，就此上演。

宋代学者宇文之邵，倒是个可传之人。《宋史》有宇文之邵传云：

宇文之邵，字公南，汉州绵竹人。举进士，为文州曲水令。

转运以轻缣高其价，使县鬻于民。之邵言：县下江上山地狭，人贫，耕者亡几，方岁俭饥，羌夷数入寇，不可复困之以求利。运使怒。

就是说，宇文之邵做文州曲水县令的时候，转运使把轻缣的价格抬高，让县衙强行卖给百姓，以谋取利益。宇文之邵替百姓着想，认为曲水县下临江，上接高山，地势狭隘，民生贫困，种地的人没有多少，又正赶上收成不好，敌人多次来侵犯，不可以再使百姓困苦以谋利。转运使大怒。

正好这时神宗即位，希望百官进言，宇文之邵于是上疏说：天下原本是一家，祖宗创建基业、保持江山的方法现在都在，陛下正为先帝守丧，那些谄佞奸邪之辈隐藏着没有动作，此时正好缅怀太祖、太宗等先皇的功德，好像他们时时在自己身边一样。京城是中原百姓观察效仿的地方，风俗应当淳朴厚道，不要崇尚奸诈刻薄、浮夸奢靡。公卿大夫是百姓的表率，他们应该用良好的名节勉励自己，可是他们现在率先将势利私念混杂在一起。希望陛下用崇尚节义廉耻的风气引导他们，让他们懂得重视自己的品德修养。方圆千里的地方，如果有利的事情未能兴办，有害的事情未能废除，这是转运使、提点刑狱的责任。方圆百里的地方，如果有利的事情未能兴办，有害的事情未能废除，这是郡守的责任。以前的赦免命令，应该将百姓拖欠公家的赋税一概免除，可是有关部门操之过急，查得太严，导致上面的恩泽不能遍及底层百姓，所以穷苦百姓更加贫困。朝廷如果选择贤才担任三司官职，稍微给郡县长官一点自主管理的权力，百姓的疾苦就消除了。在这之后，再借众多各负其责的官员来保证宗室外戚的稳定，根据《棠棣》《角弓》的意旨来促使家族亲人和睦，恢复已被废弃的典章，提拔沉抑难伸的人才，疏远谄媚阿谀的小人，招纳忠诚正直的贤士。所有制定的政令，一定要和大臣们共同商议，来推广其中的利好，而对发号施令作威作福的人严加限制。这样，天下百姓盼望的太平盛世就可以拱手而待了。

可惜，宇文之邵的疏奏没有得到回复,他的报效之心无人能够理解。宇文之邵叹息说：“我不可以再做官了。”于是辞官回家。他勤奋读书，探究经典,每天和朋友谈论学问,并以弹琴饮酒为乐,隐居十余年后早逝。

司马光说：“吾闻志不行，顾禄位如锱铢；道不同，视富贵如土芥。今于之邵见之矣。”范镇说：“之邵位下而言高，学富而行笃，少我二十一岁,而先我挂冠,使吾慊然。”于此可见人们对宇文之邵的推崇。

三七　长白完颜氏

完颜氏出自女真国（《日本藏中国古版画珍品》）

完颜阿骨打的名字，在中学历史课本上就有。当时奇怪怎么会有这样的名字，并不明白他作为金朝开创者的历史价值。他是女真族历史上的英雄。

女真，或作女贞，源自先秦的肃慎，汉晋称挹娄，北朝称勿吉，隋唐称靺鞨，辽金称女真。女真在明初分为建州、海西、东海三部。后来又按地域分为建州、长白、东海、扈伦四部。《金史·本纪第一》记载：“金之先，出靺鞨氏。靺鞨本号勿吉。勿吉，古肃慎地也。元魏时，勿吉有七部：曰粟末部，曰伯咄部，曰安车骨部，曰拂涅部，曰号室部，曰黑水部，曰白山部。隋称靺鞨，而七部并同。唐初，有黑水靺鞨，粟末靺鞨，其五部无闻。”阿骨打所属的完颜氏，是满族和锡伯族的古姓氏，也是部落名。

完颜氏的渊源，可以上溯至上古时北方的谷截，世居于长白山与松花江一带，后分布于黑水靺鞨和渤海女真之间。完颜，是相当于“萨满”的一种神圣称号。在中国北方，古代一些部落把跳神的巫师呼为“萨满”，他们认为是神的化身。因完颜氏独立自强，傲视群雄，故被视为神圣家族。金朝亡后，完颜氏多改为苏、颜、符、汪、王、顾、苑、鄢、张、赵、魏、瀛等姓。近年来，又有完颜氏的后裔申请改回完颜复姓。

在古肃慎语中，完颜有金子、金光、金色之义，引申为崇高、神圣之义。清皇室对完颜氏极为尊重，将完颜氏列为八旗氏族之首。

另据宋人宇文懋昭《大金国志》记载，阿骨打称帝时采纳渤海士人杨朴的建议，以王为姓，以曼为名，国号大金。“完颜”的快速读音，与汉语的“王”字相近，实际上“完颜”就是“王”的发音。

又有一说，因完颜氏的故里在松花江支流蜿蜒河两岸，故自称“蜿蜒”，亦即“完颜”。蜿蜒、完颜，音同。蜿蜒河在今黑龙江东北部绥滨县境内。

还有说完颜出自郭姓的。郭阿林、郭仲元曾被赐姓完颜，即完颜阿林、完颜仲元。也有说出自李姓的。李霆、李耀珠曾被赐姓完颜，即完颜霆、完颜耀珠。

自金代以来，因战争而迁徙的完颜女真人，以家族群聚式定居并成当地望族的地区有安徽肥东、福建泉州、台湾彰化、甘肃泾川等。安徽、福建、台湾的完、苑、粘姓，经查都是金代女真宗室的完颜氏后裔。而金朝灭亡以后，其中一支族人东归，后世子孙得到八旗制认可，被纳入镶黄旗。

完颜氏的郡望大致有：

一是长白，自先秦以后长白山就是完颜氏的世居之地，后来才迁往松花江中下游、西伯利亚，直至朝鲜半岛北部。明代王甲部世居吉林通化，英额部世居辽宁清源，佛阿拉部世居辽宁新宾，均系长白部。可见长白是完颜氏最重要的郡望。

二是喜都，即今吉林长春，东北地区的苏、王、符、顾、完、汪、颜、魏、苑等姓，多为喜都完颜氏的后裔。

三是阿城，即今黑龙江哈尔滨阿城区，乃是金朝故地。

四是岐山，即今陕西岐山，为完颜准的后裔所居，有完颜氏的祠碑，和甘肃泾川的完颜氏后裔属于同族。

五是泾川，即今甘肃泾川，为完颜宗弼后裔的聚居区。

六是肥东，即今安徽肥东。元末明初，金太祖四太子完颜宗弼的后代完颜佩跟随朱元璋南征北战，被封为女真将军，封地在今安徽肥东完颜牌坊村。

七是鹿邑，即今河南鹿邑涡北镇完楼村等地，为完颜必重的后裔所居。鹿邑完颜家族所居村落，均冠以完字，如完楼村、完老家村、完天齐村、完观庙村等。

八是广信陵，即今广东肇庆封开等地，那里有完颜氏后裔数百人聚居。

女真兴于白山黑水之间，唐时称黑水靺鞨，以渔猎为生。因为辽朝长期向女真索要狩猎用的猛禽海东青等贡物，导致女真起而抗之。女真首领完颜阿骨打建立政权并消灭辽。自建金朝后，完颜即为金朝的王姓。女真姓氏有百余种，分为白、黑两种，以白为贵，以黑为贱。完颜氏既是皇族的姓，自然是白色姓氏中最高贵的姓。

金建立后，完颜女真人以家族形式迁徙至今山东青州、安徽肥东、福建泉州、甘肃泾川等地。金灭辽后，与宋对峙，很快席卷而南，灭亡北宋，统一了包括黄河流域在内的北方。金在与南宋、西夏鼎立期间，迫使西夏臣附，南宋求和，从而维持霸主地位，后来因统治集团腐朽，起义不断，又受到蒙古大军的沉重打击，终至消亡。

完颜氏在清代仍然倍受尊崇，例如道光间完颜·麟庆曾任河道总督，其子完颜·崇实、完颜·崇厚均曾任盛京将军，完颜·崇厚因与沙俄签订《里瓦基亚条约》才被罢官。

完颜氏的名人，略有：

金太祖完颜阿骨打，《剑桥中国辽西夏金元史》云：“阿骨打是一名特别无情的、才能出众的将领，他善于抓住对手因指挥失策、御众过苛、组织涣散等因素而虚弱的机会来取胜。”

金熙宗完颜亶，自幼随辽代进士韩昉习汉文经史，研读中原典籍，还常同韩昉等人执射赋诗。完颜亶执政前期十分勤勉，后期嗜酒如命，不理朝政，滥杀无辜，为海陵王完颜亮所弑。

金朝名将完颜宗弼，本名斡啜，又作兀术，完颜阿骨打第四子。兀术有胆略，善骑射，多次率军击败宋军，是金朝主战派代表。金宋签订和议后，兀术撕毁和约，大举南侵，但在顺昌、颍昌、柘皋镇等地大败，被迫退守开封。他利用南宋宰相秦桧除掉宋将岳飞，迫宋称臣，签定和议，次年，宗弼还朝，独掌军政大权。在清人钱彩的《说岳全传》中，完颜宗弼被写成赤须龙转世，头戴一顶金镶象鼻盔，金光闪烁，旁插两根雉鸡尾，左右飘分。其结局，是因被牛皋骑在背上而气死。

海陵王完颜亮，字元功，自幼天才英发，深沉有谋，为熙宗完颜亶所忌惮，后弑君称帝。完颜亮在位时，励精图治，迁都燕京，但残暴狂傲，淫恶不堪。他企图统一南北，发大军南攻宋朝，却在瓜洲渡江作战时死于完颜元宜等手中。赵翼《二十二史札记》评论道：“海陵荒淫，最为丑秽，身为帝王，采取美艳，何求不得？乃专于宗族亲戚中恣为奸乱，甚至杀其父、杀其夫而纳之，此千古所未有也。”

金章宗完颜璟，初封金源郡王，历任尚书右丞等，即位后政治清明，被后世称为“明昌之治”。完颜璟崇尚文化，不重军事，整日与文人饮酒作诗，不思朝政，为日后金朝灭亡埋下了隐患。南宋见金朝衰败，以为有机可乘，出兵攻金，结果大败。南宋向金求和，双方签订和约。

金朝末代皇帝完颜承麟，金哀宗不愿做亡国之君，将帝位传予完颜承麟。下旨传位翌日，举行即位大典，大典未完，宋蒙联军已攻入城内。完颜承麟唯有草草完成大典，立刻带兵出迎，死于乱军之中。完颜承麟在位时间不足半日，是历史上在位时间最短的皇帝。

金末名将完颜陈和尚，本名彝，字良佐，曾为蒙古军所俘，后逃归金朝。他严于治军，令行禁止，所辖忠孝军勇悍善战。后与蒙古军战于三峰山，兵败求死。蒙古主帅劝降，陈和尚不屈，蒙古兵将他斫足折胫，豁口至耳，仍至死不屈。蒙古主帅钦佩其忠义，隆重葬之。明人李东阳有《金大将》咏之："汝何官？金大将。汝何名？陈和尚。好男子，明白死。生金人，死金鬼。胫可折，吻可裂，七尺身躯一腔血。金人愤泣元人夸，争愿再生来我家。吁嗟乎！……"

据说在河南鹿邑和安徽肥东，聚居着全国将近一半的完颜氏族人。在老子故里河南鹿邑涡北镇完楼村，有一片墓地，鹿邑完颜氏的祖先完颜必重就埋葬在这里。墓地上的一块石碑立于明万历年间，已经风化。数十年前，完颜家族对这块墓碑进行了重修。村民认为他们的祖先就是金兀术。完楼村旧时有完颜祠堂，为传统庙堂式，有金朝和满族的特色。祠堂内正面挂完颜氏世代祖先画像，当地人称"影像"。

鹿邑的完颜氏家族现在都划为汉族，单姓完。那是金亡后宗族四处逃生，为了生存而隐族易姓的缘故。完颜氏多数改为"王"姓，鹿邑的这一支保留了"完"姓。20 世纪，马铺镇完老家村的完颜后人听说安徽肥东县政府批准了完颜牌坊村完氏的请求，将单姓"完"改为"完颜"，为恢复满族的消息后，他们也向鹿邑县政府提出申请。1987 年，鹿邑的完颜氏后人终于也将单姓"完"恢复为"完颜"，从汉族改为满族。

如今完颜氏大部已经汉化，只有少许习俗得到保留。

完颜氏的祖先尚武，今鹿邑完颜氏家族的人也都性格豪爽。据说鹿邑的完颜氏村民有这样的族规：不看《说岳全传》等有关岳飞的小说，不唱《朱仙镇》《八大锤》等有关岳飞的戏曲。他们也不与岳姓通婚。甘肃泾川的完颜氏村民，也有"男人不娶岳姓女，女子不嫁岳姓男"的祖训。

完颜氏的书，著名的有清代完颜麟庆所著《雪鸿因缘图记》。

完颜麟庆，字伯余，号见亭，清代满洲镶黄旗人，亦署长白人，女真后裔，曾任江南河道总督，游历扬州等地，将所历所闻详加记录，并请画家绘图，以使生平鸿爪得以长留。《鸿雪因缘图记》书中有图数百，内容涉及山水、建筑、人物、舟车等，镌刻细致，纤毫毕具。郑振铎《中国古代木刻画史略》称此书“以图来记叙自己生平，刻得很精彩，可考见当时的生活实况”。《鸿雪因缘图记》有道光丁未年扬州木刻本、光绪丙戌石印本等。书中最特别的，是记录了作者在扬州文汇阁读书的情形，为文汇阁留下了珍贵史料。

现在看来，完颜麟庆的《鸿雪因缘图记》，差不多是扬州文汇阁存世期间最后的记载。

三八 雁门拓跋氏

拓跋，一作托跋，鲜卑姓氏，相传为黄帝后裔。鲜卑属于古老的族群。有学者从音转的角度诠释，认为鲜卑是《禹贡》中“析支”的音转。史载黄帝娶妻嫘祖，生子昌意，然后繁衍出拓跋氏。复姓拓跋虽是古老的姓氏，但人口总数并不多。拓跋的意思，前人认为北方风俗称“土”为“拓”，称“后”为“跋”，所以“拓跋”之义为土地的后裔。

拓跋诘汾逢天女（《东西晋演义》）

相传黄帝有四个妃子，生了二十五个儿子，其中十二个儿子姓姬，十三个儿子改为其他姓氏。元妃西陵氏，号嫘祖，生昌意、玄嚣、龙苗三子。长子昌意住在若水，又生乾荒、安、悃三子。其中的悃，封于北方，就是拓跋氏的祖先。这些传说虽不能尽信，但是在正史里，也有近似神话的记载。如拓跋诘汾，是索头部鲜卑族头领，前任首领拓跋邻之子，魏神元帝拓跋力微之父。据《魏书·序记》记载，拓跋力微乃拓跋诘汾与天女所生，颇具神话色彩。

据《魏书》记载，鲜卑拓跋氏的序幕是从西汉后期开启的。此时的拓跋氏，“远近所推，统国三十六，大姓九十九，威振北方，莫不率服”。所谓“统国三十六，大姓九十九”，应该指拓跋氏族部落联盟内部的各个小部落。

拓跋氏原住在黑龙江、嫩江流域，过着游牧生活。西汉时匈奴溃败西迁，拓跋氏进入匈奴故地。

东汉初年，拓跋氏开始从北方向南方迁徙，但是山高水深，步履维艰。据说他们后来得到一种形似马、声类牛的神兽导引，得以到达匈奴故地。此时拓跋氏的首领，名叫拓跋力微。《魏书·序纪》记载，拓跋力微是拓拔氏的真正始祖，他在位五十八年，活了一百零四岁。

到拓跋力微时期，拓跋氏南下云中，迁居盛乐(均在今内蒙古境内)。后来，拓跋氏在此建立代国，为前秦苻坚所灭。淝水之战后，拓跋珪重建代国，改国号为魏，史称北魏，先都平城（今山西大同），后迁都洛阳。北魏的统治区域，北至蒙古高原，西至今新疆东部，东至辽西，南至秦岭为界。拓跋氏建立的北魏，征服了中国北方及中亚局部，对中亚影响巨大。

拓跋氏发展的里程碑，是北魏孝文帝拓跋宏迁都洛阳，入主中原，然后大力推行汉化政策。当时除了王室拓跋氏，其他的贵族都改为汉字单姓——元。王室之外的宗亲，允许仍姓拓跋，但不与王室同氏。到西魏政权末代帝王元廓即位之后，又将元氏改回拓跋氏。隋朝统一中国后，拓拔氏嫡系仍然改为汉姓元，支系则改为长孙氏、李氏、王氏、郑氏、金氏、赵氏等，世代相传。

一说，拜占庭人所称的“桃花石”，可能就是拓跋或拓跋国的音译。也有人说，拓跋氏系西汉李氏之后李穆所改。李穆是西汉名将李陵的后代，后出仕北周，累迁都督、大将军、柱国大司空，被北周宣帝宇文赟赐姓拓跋。《周书·李穆传》记载：“李穆，赐姓拓跋氏。”李穆的后裔，有沿袭拓拔氏的，更多的又改回李氏。

拓跋氏的郡望，主要有雁门郡和颍川郡。

雁门郡，战国时赵国所置，地在今山西代县一带。秦汉沿用。后多以雁门为郡、道、县之建制。雁门关之称，始自唐初，因北方突厥崛起，屡有内犯，唐朝驻军于雁门山，在制高点铁裹门设关城，戍卒防守。

颍川郡，战国时秦国所置，地在今河南禹州一带。其地有河，名为颍水，故名颍川郡。郡治在阳翟（今河南禹州）。南北朝时，北魏移至颍阴（今河南许昌）。隋初废。唐时改为长社，后又改许州为颍川郡。

拓跋氏的堂号，都是以望立堂，有雁门堂、颍川堂等。

拓跋氏的名人，多与北魏有关。如：

北魏道武帝拓跋珪，北魏王朝建立者，鲜卑人。先世建立代政权，为苻坚所灭。他在淝水之战后乘机复国，初称代，不久改称魏，拥有黄河以北地区，成南北朝对峙之势。次年建都平城（今山西大同）。

北魏明元帝拓跋嗣，礼爱儒生，好学史传，可视为北魏开国以后的仁厚守成之主,对内巩固统治,对外扩展领土,是北魏重要而短暂的皇帝。

北魏太武帝拓跋焘，字佛狸，任用汉人，纳其谋略，整顿内政，屯田练武，先后攻灭北燕，破柔然，击敕勒，袭山胡，降鄯善，逐吐谷浑，攻南朝宋，统一北方。拓跋焘常亲自率军出征，决策雄断，部署周密，讲究战法，临阵勇猛，故多获胜利。

北魏孝文帝拓跋宏，亲政后从平城迁都洛阳，将鲜卑姓改为汉姓，鼓励鲜卑和汉族通婚，参照南朝典章制定朝仪。他认为魏的祖先出于黄帝，以土德王，系万物之元，故改姓元。

北魏大臣拓跋子推，北魏献文帝叔父，时任京兆尹，作为元老，反对孝文帝推行改革政策，维护贵族豪强的根本利益。献文帝无奈之下，打算让位于拓跋子推，因人反对，才传位于子。

北魏咸阳王拓跋禧，北魏宗室大臣，任太尉，封咸阳王，曾受遗诏辅政，为人骄奢成性，贿赂公行，以奴仆臣吏广营田产，开采盐铁，后谋反叛，事泄被杀。

北魏任城王拓跋澄，能征善战，骁勇异常。孝文帝推行汉化改革时，有贵族反对，发动兵变，孝文帝派拓跋澄率军镇压，一举平息叛乱。

射鸱都将拓跋干，北魏将军，机敏善悟，沉稳勇敢，善于骑射。太宗出游白登山时，拓跋干骑马随从。有双鸱飞在空中鸣叫，太宗命左右射击，无人能中。拓跋干自请射击，连中双鸱，军中称其为“射鸱”都将。

高阳王拓跋雍，北魏孝文帝之弟，先封颍川王，后改封高阳王，屡迁司空，议定律令，富贵敌国，一食值钱数万，有僮仆六千、使女五百，曾与河间王拓跋琛斗富。

彭城王拓跋勰，北魏献文帝之子，知识渊博，品行端正，忠孝两全，为北魏孝文帝汉化改革的积极支持者。

平阳公拓跋丕，在鲜卑宗室中，属于元老贵族，年长北魏孝文帝四辈，为四朝老臣。其弟拓跋业与其子拓跋隆、拓跋超等皆参与抵制北魏孝文帝的改革，皆被镇压。

太子拓跋恂，汉名元恂，北魏孝文帝长子，素不好学，身体肥胖，因怕洛阳天气炎热，常思北归，不愿说汉语、穿汉服，对所赐汉族衣冠尽皆撕毁，坚持编发左衽。

在拓跋氏的历史人物中，北魏太武帝拓跋焘的小字——佛狸，最引人注意，因为宋人辛弃疾《永遇乐·京口北固亭怀古》曾经提到“佛狸祠下”。全词是：

千古江山，英雄无觅孙仲谋处。舞榭歌台，风流总被雨打风吹去。斜阳草树，寻常巷陌，人道寄奴曾住。想当年，金戈铁马，气吞万里如虎。

元嘉草草，封狼居胥，赢得仓皇北顾。四十三年，望中犹记，烽火扬州路。可堪回首，佛狸祠下，一片神鸦社鼓。凭谁问：廉颇老矣，尚能饭否？

人马图（赵雍绘）

辛弃疾在另一首词《水调歌头·舟次扬州和杨济翁周显先韵》中，也提到佛狸：“谁道投鞭飞渡，忆昔鸣髇血污，风雨佛狸愁。”佛狸祠旧在江苏六合东南瓜步山上，清人陈维崧《减字木兰花·广陵旅邸送三弟纬南归》词云：“佛狸城下，兄弟禅房通夜话。”当年佛狸反击刘宋，两个月时间便从黄河北岸打到长江北岸，在江北瓜步山建立行宫。行宫后来成为庙宇，因为拓跋焘小字佛狸，所以民间称它佛狸祠。百姓似乎只把佛狸当作神祇奉祀，并不追究他的来历。佛狸祠南宋时犹存，故辛弃疾说：“佛狸祠下，一片神鸦社鼓。”

另外，“佛狸”的读音，按前人所注，“佛”音如“弼”。“佛狸”其实就是“狴狸”，也就是狼。鲜卑人的图腾是狼，拓拔焘的小名由此而来。

在拓跋氏的历史人物中，最让人困惑不解的是北魏孝文帝拓跋宏和他的儿子拓跋恂。父亲是那么锐意推行改革，儿子是那么冥顽不化，乃至于儿子先被父亲立为太子，后遭赐死。

拓跋恂，北魏孝文帝的太子，他的母亲是孝文贞皇后林氏。拓跋恂出生后的第二年，林氏按照北魏“子贵母死”的惯例被赐死，拓跋恂由祖母冯太后养育。拓跋恂在十一岁的时候就被立为太子，孝文帝对他的言谈举止、读书行礼也都一一作了规定。然而这位太子不喜欢读书学习，人又长得高大肥壮，不习惯黄河地区的炎热，尤其不爱穿他父亲倡导的汉服。教师劝他，他就恨教师。终于，乘父亲外出之机，杀死教师，打算与左右侍从逃回老家。他的父亲闻讯赶回，大为震惊和惋惜，对外却还要严守秘密。父亲对儿子的过失并不留情，亲自动手杖责，自己打完了，叫别人接着打，打了一百多下，儿子已是皮开肉绽，躺了一个多月才能起床。孝文帝召见群臣，商议废掉太子之事，一些大臣照例磕头求情。孝文帝说："你们自责是为了自己，我所商议的是却是国家大事。古人言，为大义可以灭亲。如今这小子竟违抗父亲，包藏祸心，今日不除去这小子，将来必留大患，朕死之后会重演西晋的永嘉之乱。"孝文帝毅然将太子废为平民，关押起来，派兵看守，衣服饮食等仅使其能免受饥寒而已。拓跋恂身处困境，颇为后悔，诵读佛经，有意向善。

孝文帝本来还是很爱太子的，想为他娶司徒的长女为妻，但司徒的女儿还小，只好等长大再娶，于是就先给太子娶了两个女孩做侧室。这时太子只有十三四岁。孝文帝还想让儿子自由一些，不必终日读书，吃过饭可回宫中。但是大臣说，太子年幼，正是求学上进之时，不宜在白天贪恋后宫的欢娱，这样也不利于太子身体的成长发育。孝文帝认为这话很有道理，就不让儿子白天进后宫。

这时候，孝文帝正在南征北战，鼎新革故，大力号召朝野穿汉人服装，行汉人礼仪。然而太子拓跋恂也真的很怪，他等父亲再次外出，居然又与左右密谋反叛。这一次孝文帝下了决心，命人带着诏书和毒酒，赐死儿子。拓跋恂死时，年仅十五，尸体用平常衣服和粗木棺材收殓，就地埋葬。

北魏孝文帝拓跋宏，这个北朝皇帝坚信自己是汉族后裔。而他的儿子，至死都认为自己是鲜卑人。

三九 漆水耶律氏

多年以前，我独自在圆明园中盘桓，时至黄昏，信步来到昆明湖东岸，只见墓冢一抔，殿房三间，细看之下，才知道那是耶律楚材的墓祠。

耶律楚材墓是京郊著名古迹，自元明以来诗人题咏不少。孰料当年墓前的石雕翁仲眼部，常被夏夜的流萤丛集，发出淡绿的萤光，乡人以为不祥，便将翁仲推入水中。此后，耶律楚材墓祠渐为土石覆盖，湮没于荒草之中。直至清代修建清漪园，才在原地恢复旧观。现在的耶律楚材祠，是双层套院，院中三间北房是祠堂，内有一尊耶律楚材塑像。门前石碑刻着乾隆帝的御制诗，旁边立着一个石翁仲。由此北行，又是一区院落，中有巨冢，乃是耶律楚材及其续弦苏氏的合葬墓。这位元代有名的政治家，成了我真正走近的第一位契丹人。

耶律氏是辽朝的国姓，汉化后改姓刘。据有关资料，耶律和萧两个姓氏，用汉字书写是“耶律”和“萧”，以契丹字书写是“移剌”和“石抹”。“移剌”二字速读，音近似于“刘”，所以耶律氏亦称为刘氏。另一种说法更为可信，认为契丹族的姓氏，据《辽史·国语解》所说，王族姓耶律氏，皇后姓萧氏，当时已经分为两姓。又据《辽史·后妃传序》，因为辽太祖羡慕汉高皇帝刘邦，故耶律兼称刘氏，同时羡慕相国萧何，故皇后称为萧氏。再据《契丹国志·族姓原始》，契丹部族本无姓氏，只是各以所居地名呼之，王族所居之地名为世里，“世里”以汉语译之，就是耶律。

契丹是古代中国北方的一个古老民族，属于东胡族系，论其起源，则是源自东胡的一个支系——鲜卑。鲜卑中有一个宇文部，契丹就是这个宇文部的分支。契丹这个名称，最早出现在北魏时期，当时主要分布在辽水流域以北的潢河与土河一带，过着渔猎畜牧式的氏族部落生活。在北魏后期，契丹形成了八个部族，他们之间没有什么联系，只是向北魏朝廷进贡。到了隋朝时，由于突厥势力扩张，对各部族征伐不止，契丹各部为了防卫突厥，开始互相联络，彼此支援，从而形成松散的部落联盟。唐朝初期，契丹出现了以大贺氏为首的部落联盟，在八部酋长中选举一人为首领，成为盟主。盟主任期三年，到期改选，但大贺氏的人有连任的特权。契丹的首领后来率部归唐，唐太宗授予旗鼓，表示对首领权威的承认。唐朝又在契丹地域设置行政机构松漠都督府，任命其首领为都督。唐玄宗时期，大贺氏部落联盟瓦解，重建了遥辇氏部落联盟，在被回纥统治了一段时期后，又重新归附唐朝。唐朝后期的衰落，为契丹的独立发展提供了良机。唐朝末年，中原混战，不少汉人逃入契丹以躲避战乱。汉族的先进生产技术，对契丹的经济发展起了促进作用。契丹八部中，迭剌部离中原较近，发展最快，势力超过了其他七部。迭剌部的部落酋长一直由耶律氏家族世袭，这个家族属于契丹社会的上层，地位仅次于联盟首领。这时候的契丹，有了发达的牧业和农业，开始由原始社会

契丹射猎图（胡瓌绘）

向阶级社会过渡。耶律氏在辽、金、宋时期发展到巅峰，元以后逐渐衰落。耶律氏族人为了躲避祸乱，纷纷改为一些汉姓。

耶律氏的郡望，有漆水、辽西、漠北等。这些郡望的名字，有的只是大概的地理概念，并非实际的行政区划。

漆水，古称姬水，传说中轩辕黄帝的起源地，在陕西中部偏西北，渭河支流。耶律氏的郡望可能就是渭河支流漆水，在今陕西岐山附近。从《辽史》记载和存世的碑刻来看，契丹贵族中的耶律氏封爵多以漆水为郡望。如《辽史》记载的耶律颓昱、耶律海里、耶律挞不也、耶律阿思等，封的都是漆水郡王。

辽西，指辽河以西地区（今辽宁西部及河北北部）。战国、秦汉至南北朝时设郡，治所在今辽宁义县，后迁至今河北迁安、卢龙。关于契丹族的郡望，可以通过出土墓葬的有关资料得知一般情形。契丹墓志虽然不多，但在以辽宁阜新为中心的辽西南地区比较集中，以阜新最为集中。辽西应是契丹的重要郡望。唐人金昌绪《春怨》诗："打起黄莺儿，莫教枝上啼。啼时惊妾梦，不得到辽西。"

漠北，又称岭北，指中国北方沙漠、戈壁以北的广大地区，清代特指乌里雅苏台将军辖区，现分属于中国、蒙古、俄罗斯、哈萨克斯坦等。

耶律氏的名人，主要是辽朝皇族：

辽太祖耶律阿保机，名亿，辽朝开国君主，耶律撒剌长子。耶律阿保机勇猛善骑射，明达世务，统一契丹其他七部，任用汉人，制定法律，改革习俗，创造契丹文化，发展农商，建元神册。

辽太宗耶律德光，辽太祖耶律阿保机次子，辽朝第二位皇帝。他将官分为南北，北官以契丹旧制治契丹人，南官以汉人礼制治汉族人，又整订赋税，奖励耕织，发展生产，灭亡后晋，改国号为辽。

辽世宗耶律阮，字兀欲，辽朝第三位皇帝，曾从辽太宗伐晋，封永康王，即位后，改元天禄，后为耶律察割所杀。

辽穆宗耶律璟，辽太宗耶律德光长子，辽朝第四位皇帝，曾封寿安王，耶律察割杀辽世宗耶律阮后，又被耶律璟所杀。耶律璟是有名的昏君和暴君，后为近侍所杀。

辽景宗耶律贤，辽世宗耶律阮次子，辽朝第五位皇帝。辽穆宗被侍从杀死后，耶律贤被推举为帝，改元保宁。他在位期间，设立机构，宽减刑罚，让百姓有申冤之处，又重用汉官，革除弊制，使辽朝中兴。

辽圣宗耶律隆绪，景宗耶律贤长子，辽朝第六位皇帝，改元统和，改国号为契丹，整治弊政，改革法度，屡败宋军，订立澶渊之盟，两朝各守旧界，精射法，晓音律，好绘画。

辽兴宗耶律宗真，辽圣宗耶律隆绪长子，辽朝第七位皇帝，通晓音律，爱好儒学，豁达大度，改元景福，平削后党，用兵西夏，对宋施压，兵戈不息，导致辽朝日益衰落。

道宗耶律洪基，辽兴宗耶律宗真长子，辽朝第八位皇帝，改元清宁，改国号为大辽。他为人昏庸，忠奸莫辨，迷于酒色，但好汉文化，多作诗赋。

辽天祚帝耶律延禧，辽道宗耶律洪基之孙，辽朝最后一位皇帝，曾封梁王、燕国王等，改元乾统，在位期间政治腐败，人心涣散，内外交困，而耶律延禧无所作为，一味享乐。女真族起兵反辽，辽朝灭亡。

就对后世的影响之深而言，耶律楚材应是契丹、蒙古时期的知名政治家。耶律楚材是辽朝东丹王耶律倍八世孙，金朝尚书右丞耶律履之子，后辅佐成吉思汗父子三十余年，担任中书令。他以儒家之道治国，为元朝的建立奠定了基础。后来耶律楚材遭到排挤，渐失信任，抑郁而死，追封广宁王，谥号文正，有《湛然居士集》。

成吉思汗广罗人才，得知耶律楚材足智多谋、深谋远略之后，便请他参政。耶律楚材经过数天的跋涉，终于赶到成吉思汗的行在。成吉思汗见他身长八尺，美髯宏声，喜不自胜，用蒙古语称他为“吾图撒合里”，即美髯公，而不直呼其名。成吉思汗指着耶律楚材对其子说：“此人乃天赐我家，此后军国庶政，当悉委之。”耶律楚材为蒙古效力三十余年，一半时间当丞相，凡是军国大事无不参与决策。他为元朝制定法度，抑制豪强，保佑黎民。元军攻克汴梁后，欲将守城的百万宋朝军民全部杀掉。耶律楚材得知后，立即向太宗表示坚决反对。耶律楚材说，元军风餐露宿，南征北战，目的是为了获得土地和人民，如果只有土地，没有人民，土地又有什么用呢？太宗还是犹豫不决。耶律楚材继续说：“奇巧之工，厚藏之家，皆萃于此，若尽杀之，将无所获。”太宗这才同意耶律楚材的意见。一场屠城惨案避免了。耶律楚材是元代推行文治的先行者，他保护经史典籍，恢复科举制度，推举儒生参与国家治理。他提议在燕京设立编修所，在平阳设立经籍所，编辑印刷经史，使文献得以保存。

耶律楚材逝世于蒙古高原。时人遵照他的遗愿，将其遗体运回燕京故里，安葬在玉泉山下（今昆明湖滨）。他死后，家中只有“琴阮十余，及古今书画、金石、遗文数千卷”而已。

耶律楚材的诗，韵律流畅，情调苍凉。王士禛《池北偶谈》称其文集“多禅悦之语。其诗亦质率，间有可采者”。如《庚辰西域清明》：

清明时节过边城，远客临风几许情。
野鸟间关难解语，山花烂漫不知名。
蒲萄酒熟愁肠乱，玛瑙杯寒醉眼明。
遥想故园今好在，梨花深院鹧鸪声。

耶律氏现在几乎销声匿迹。倒是西安城南有个村子，因为村民姓耶律而引起轰动。村子叫耶柿坡村，全村有千余村民，都坚信自己是契丹后人。村中长者保存有耶律氏先祖容像，村中的孩子也起四个字的名字。很多姓耶的村民愿意恢复耶律姓。

四十 满洲爱新觉罗氏

距离我们最近的那个古代王朝，是爱新觉罗氏主导建立的清朝。相传，远古时代天女佛库伦在长白山附近的湖里沐浴，神鸦衔来一枚红色的果子，佛库伦食后身体沉重，不能升天，不久产下一个男婴，体貌奇伟，落地能言。佛库伦对儿子说："汝以爱新觉罗为姓，名库布里雍舜。"这是关于爱新觉罗氏起源的神话。那个男孩成为爱新觉罗家族的祖先。

爱新觉罗是清朝皇室的姓氏，因此变得尊贵一时。其实在满族姓氏中，爱新觉罗原来是个小姓。满族的八大姓，是佟佳氏、瓜尔佳氏、马佳氏、索绰络氏、赫舍里氏、富察氏、那拉氏和钮祜禄氏，没有爱新觉罗氏。古代女真人无所谓姓氏，多以部族的名字为姓，如完颜部的姓完颜，叶赫部的姓叶赫。努尔哈赤的远祖是爱新部的，又是远支，也就姓爱新觉罗。爱新觉罗在满语中的意思，"爱新"指黄金，"觉罗"指地方。"爱新觉罗"等于说像金子一般高贵的地方。

满洲的姓氏分成两部分，一部分是姓氏，一部分是基于血缘宗亲关系的族名。在爱新觉罗的姓氏中，爱新是族名，觉罗是姓氏，两者的关系类似于汉族的某姓和某家族的关系，如韦姓与京兆韦氏、张姓与清河张氏。除了爱新觉罗，属于觉罗这一姓氏的还有舒舒觉罗、通颜觉罗、伊尔根觉罗等，源于同一始祖。因为爱新觉罗·努尔哈赤建立了后金，遂成望族，使爱新也成为姓氏的一部分。

有一个疑问经常困扰后世学者，就是爱新觉罗虽是清朝的皇姓，但在满文资料中很少见到这个姓氏。在《满文老档》和《满洲实录》中，爱新觉罗这个词只出现过几次。以至于有学者怀疑爱新觉罗这个姓有没有可能是由清朝皇室创造出来的。

爱新觉罗氏本是人数很少的家族。在皇太极时期，爱新觉罗家族不过百人。顺治时皇族成员四百余人，康熙时近五百人，雍正时超过千人，嘉庆时超过四千人。清朝灭亡时，爱新觉罗皇族后裔已达两万人。自努尔哈赤建立后金起，到末代皇帝溥仪为止，后金与清朝一共存在将近三百年。其间有十几位皇帝和众多后妃，所以他们的子孙增加速度远远超过普通家族的发展速度。如今，据说姓爱新觉罗的人多达三四十万。

爱新觉罗氏的历史人物，有后金开国大汗爱新觉罗·努尔哈赤，清朝开国皇帝爱新觉罗·皇太极，清朝入关的顺治皇帝爱新觉罗·福临，康熙皇帝爱新觉罗·玄烨，雍正皇帝爱新觉罗·胤禛，乾隆皇帝爱新觉罗·弘历，嘉庆皇帝爱新觉罗·颙琰，道光皇帝爱新觉罗·旻宁，咸丰皇帝爱新觉罗·奕詝，同治皇帝爱新觉罗·载淳，光绪皇帝爱新觉罗·载湉，清朝末代皇帝爱新觉罗·溥仪等。

清世宗爱新觉罗·胤禛行乐图（佚名绘）

近代爱新觉罗家族的名人，略有：

醇亲王爱新觉罗·载沣，溥仪的生父，宣统年间任摄政王。载沣为人谨慎，性情温和，清亡后长期赋闲在家，因风寒病逝。

海军大臣爱新觉罗·载洵，溥仪的六叔，清亡后在北京、天津闲居。伪满洲国时，载洵拒绝担任伪职。

军咨大臣爱新觉罗·载涛，

溥仪的七叔，也拒绝到伪满洲国任职。

亲王爱新觉罗・溥杰，溥仪的胞弟，曾随溥仪前往东北。后任全国政协文史资料研究委员会专员、全国人大常委会委员等职。

盐政大臣爱新觉罗・载泽，清亡后积极谋划复辟，后来在穷困中郁郁而终。

慈禧太后所立大阿哥爱新觉罗・溥儁，道光皇帝曾孙，清亡后挥霍无度，坐吃山空，穷窘而死。

书画家爱新觉罗・溥儒，又名溥心畬，道光皇帝曾孙，与张大千并称“南张北溥”，清亡后专事绘画，因画技精湛而闻名。

溥仪的伴读爱新觉罗・毓崇，乾隆皇帝六世孙，一直在溥仪身边当差。伪满洲国覆灭后，毓崇在长春靠捡破烂为生。

在历史的长空中，爱新觉罗氏像颗一闪而过的流星。它曾经被万众仰视，光焰万丈，曾几何时，它又像历代皇族姓氏的覆亡一样，成了为人忌讳的词。据说溥仪退位时承诺过，爱新觉罗家族的人从此改姓为赵、艾、骆、罗、金、毓、肇等。实际上，清朝皇族后裔对爱新觉罗这个姓氏态度复杂。有人讳莫如深，也有人感到骄傲。

清亡之后，爱新觉罗家族风流云散，血统的纯正无从谈起，家谱的续修也没有可能。1937 年之前，在所谓的康德年间修过一次家谱，将宗室都罗列其中。后来经辽宁民族事务委员会批准，爱新觉罗密雅纳支派恢复了爱新觉罗的家庙，在每年的阴历五月十三举行家族祭祀。但是，清朝的最后三代皇帝因为近亲结婚，几乎无后，所以皇室直系子孙很少。参加爱新觉罗家庙祭祀的，多为宗室之后，且已不再限于近支。清亡后，宗室多改为汉姓，爱新觉罗氏多改成金姓、赵姓或其他汉姓。

爱新觉罗家族的很多后人，觉得自己和爱新觉罗这个姓氏已经没有什么关系。祖先的荣耀与屈辱都已消散殆尽，油盐柴米成为生存的主要内容。他们走过故宫的红墙，想要进去看一眼，也照样要掏钱买票。尽管也有一些人热衷于炫耀自己身上有爱新觉罗氏的血统，似乎“爱新觉罗”四个字能让他们摆脱庸常。

爱新觉罗氏进入中原之前，并无按辈分用字之说，到康熙时，才效仿汉人按辈分取名。康熙的儿辈用“胤”字排行，孙辈用“弘”排行，曾孙辈用“永”字排行。乾隆皇帝根据自己的一首诗，决定此后用“永”“绵”“奕”“载”等字排行。道光时定“溥”“毓”“恒”“启”诸字，咸丰时定“焘”“闿”“增”“旗”诸字。到溥仪时，又增加了“敬”“志”“开”“瑞”“锡”“英”“源”“盛”“正”“兆”“懋”“祥”等字。

我对于爱新觉罗家族的了解，先是看了溥仪的《我的前半生》。那不是一个皇帝的本纪，更像是一个罪犯的忏悔。这本书是“文革”结束时出版的，当时还很稀见，后来被南京一个同事借去，归还我时已经破烂不堪。爱新觉罗·溥仪是清朝的末代皇帝，退位后继续住在紫禁城，后来才搬出来。书中有一段描写给我的印象很深。根据民初优待皇室的条件，溥仪退位以后仍可保持皇帝的尊号，民国政府对待溥仪要采用外国对待君主的礼仪，每年还要给溥仪四百万元费用。直到 1924 年，直系军阀将领冯玉祥在北京发动政变，把贿选总统曹锟赶下台，同时把末代皇帝溥仪驱逐出紫禁城，取消了对皇室的一切优厚待遇。

冯玉祥是派部将鹿钟麟到紫禁城去赶走溥仪的。鹿钟麟到紫禁城时，溥仪还在打网球。他听到消息后震怒，派人与鹿仲麟据理力争。但是接下来的消息让溥仪胆战心惊，因为鹿仲麟下了最后通牒：二十分钟之内溥仪不撤离紫禁城，军队将会从西山朝紫禁城开炮！数十年后，被特赦的溥仪遇到了老冤家鹿仲麟，鹿仲麟才向溥仪说出当年的真相，说自己当年仅带了一支二十人的手枪队，在西山架炮轰炸紫禁城完全是唬人的。此时溥仪恍然大悟，虽然不无尴尬，但又谈笑如初。

爱新觉罗家族的人我只见过一个，那就是启功。启功是雍正皇帝的九世孙，但启功本人不承认自己姓爱新觉罗。他对我说，曾经有人给他写了一封信，信封上写的是“爱新觉罗·启功亲收”，启功就在信封上

爱新觉罗·弘历（乾隆皇帝）像（佚名绘）

写“查无此人”四字退回了。启功说，自己不吃祖宗的饭，不做八旗子弟。启功先生访问扬州时，有关方面组织了一个座谈会，请启功先生随便谈谈，我也参加了。那一天，他主要谈了清代文化。他一再强调，扬州是清代文化的精华或者说核心，无论研究经济、学问、艺术，离开扬州就无从谈起。

爱新觉罗氏最伟大的皇帝，是康熙皇帝和乾隆皇帝。但即使是“乾隆盛世”，也不像宣传的那样雄伟和大度。我读英国人马戛尔尼的《乾隆英使觐见记》，看到了另一个乾隆皇帝。乾隆末期，英国派遣以乔治·马戛尔尼勋爵为首的庞大代表团，以给乾隆皇帝祝寿的名义出使中国。这是古代中国和英国的第一次官方正式接触。英国的本意是为了通商贸易，乾隆皇帝却以为是蛮夷朝拜，造成了戏剧性的外交冲突。随后的一系列政治、经济、外交等事务让爱新觉罗氏皇族与中国近代史紧密联系在一起，其一系列决策与应对措施也对近代中国社会产生了深远影响。

语言和文化以及社会传统的隔阂，尤其是社会制度和思想观念的差异，阻碍了中英之间的正常交流。在那个时代，在爱新觉罗氏皇帝的词典里，除了“普天之下，莫非王土；率土之滨，莫非王臣”，没有国际平等交往的概念，让人感慨万千。

参考书目

[汉]司马迁等编著:《二十五史》,上海:上海古籍出版社,2005年。

[唐]林宝著:《元和姓纂》,北京:中华书局,1994年。

[宋]邓名世著:《古今姓氏书辨证》,南昌:江西人民出版社,2006年。

[清]彭定求编:《全唐诗》,北京:中华书局,1960年。

[清]黄本骥:《历代职官表》,上海:上海古籍出版社,1982年。

臧励龢等编:《中国人名大辞典》,上海:商务印书馆,1921年。

臧励龢等编:《中国古今地名大辞典》,上海:商务印书馆,1931年。

唐圭璋编:《全宋词》,北京:中华书局,1980年。

《笔记小说大观》,扬州:广陵古籍刻印社,1983年。

魏励编:《中国文史简表汇编》,北京:商务印书馆,2007年。